문화기호학과 공간 스토리텔링

문화산업총서 6호
문화기호학과 공간 스토리텔링

2015년 12월 20일 초판 1쇄 발행
2016년 7월 7일 초판 2쇄 발행

지은이 | 김영순 · 박여성 · 오장근 · 임지혜
교정교열 | 정난진
펴낸이 | 이찬규
펴낸곳 | 북코리아
등록번호 | 제03-01240호
주소 | 13209 경기도 성남시 중원구 사기막골로 45번길 14
우림2차 A동 1007호
전화 | 02-704-7840
팩스 | 02-704-7848
이메일 | sunhaksa@korea.com
홈페이지 | www.북코리아.kr
ISBN | 978-89-6324-449-5 (94300)
978-89-6324-144-9 (세트)

값 15,000원

* 이 도서의 국립중앙도서관 출판예정도서목록(CIP)은 서지정보유통지원시스템 홈페이지(http://seoji.nl.go.kr)와
국가자료공동목록시스템(http://www.nl.go.kr/kolisnet)에서 이용하실 수 있습니다. (CIP제어번호 : CIP2015035159)

문화산업총서 6

문화기호학과 공간 스토리텔링

STORYTELLING OF CULTURE SEMIOTICS AND SPACE

김영순 · 박여성 · 오장근 · 임지혜

북코리아

프롤로그
스토리텔링, 문화기호학을 만나다

이 책은 제목 그대로 문화기호학과 공간 스토리텔링을 다룬 책이다. 그렇다면 '문화기호학'과 '공간 스토리텔링'이 어떤 관계이기에 '과'라는 접속어로 엮여 있을까? 이렇게 의아해하는 독자들이 있을 것이다. 책을 펴보면 그 궁금증이 금세 달아날 것이다.

문화기호학의 본질적인 과제는 첫째, "어느 한 문화에서 영향을 끼친 기호체계를 고려하여 그 문화에 사용하는 기호체계를 연구한다." 둘째, "한 문화의 구성원들이 개개인에게 영향을 끼친 장단점을 고려하여 문화를 기호체계로서 연구한다." 이렇게 보면 문화기호학의 두 가지 과제가 이 책의 주 연구대상인 스토리텔링과 모종의 '썸'을 타고 있다는 것을 쉽게 알 수 있을 것이다.

자, 이렇게 설명해보자. 스토리텔링은 언어기호를 기반으로 한다. 그렇기에 당연히 언어적 기호체계를 갖는 기호체계 중 하나일 것으로 볼 수 있다. 또한 스토리텔링은 당대의 문화를 반영하여 구성되며 다양한 문화기호로서 표출된다. 그럼으로써 스토리텔링은 기호생산자 측에서 스토리를 만들어내어 표현하고, 기호수용자 측에서 이 기호들의 연쇄를 받아들여 해석하는 하나의 기호과정이다. 이 점에서 스토리텔링은 문화기호학으로 이해할 수 있는 계기가 된다.

이를 좀 더 구체적으로 살펴보자. 문화기호학에는 세 가지 주요 개념이 있다. 이들은 바로 과정, 코드, 매체인데 이 개념들로도 스토리텔링과의 관련 설명이 가능하다. 먼저 과정에 대해서는 이야기를 만드는 스토리텔러, 매체로서 스토리(즉, 이야기), 또한 그 이야기를 듣는 독자가 있으니 자연스럽게 기호과정을 구성한다. 기호 생산자로서 스토리텔러와 기호 수신자로서 독자 사이를 매개하는 텍스트는 다양한 매체로 나타날 수 있다. 이 기호 사용자들과 텍스트에 코드가 존재한다. 그래야 수용과 해석 행위가 유발되기 때문이다.

이런 맥락에서 이 책 『문화기호학과 공간 스토리텔링』은 '문화기호학'과 '공간 스토리텔링'이라는 두 가지 대표적인 키워드로부터 시작한다. 이 키워드를 비롯하여 제주의 공간이 이 책의 큰 몫을 차지한다. 이런 내용이 담긴 이 책은 머리말, 에필로그와 더불어 6장의 핵심적인 내용으로 이루어졌다.

우선 이 책은 '문화기호학'이라는 생소한 학문을 바탕으로 시작하기에 1장에서는 '문화기호학의 개념과 과제'를 다룬다. 이 장에서는 문화기호학을 이해하기 위한 작업으로부터 시작한다. 문화기호학의 태동과 학문적 목적, 문화의 기호체계로서 과정, 코드, 매체를 설명하고 기호체계로서의 문화를 사회, 문명, 정신이라는 키워드를 통해 문화기호를 이해하기 위한 총체적 구상을 제안한다. 아울러 문화기호학이 스토리텔링에 개입할 수 있는 정당성에 대해 설명한다.

2장 '문화기호학으로 보는 공간 스토리텔링'에서는 스토리텔링의 개념과 기존의 연구 경향에 대해 소개하고, 스토리텔링 공간을 위한 기호학적 접근을 시도한다. 이를 바탕으로 공간의 맥락 분석, 장소성을 토대로 한 테마와 이야기 부여, 이 이야기를 기반으로 한 공간 구성의 세 단계를 공간 스토리텔링 단계로 정의하고 이를 문화기호학의 주요 개념의 한 가지인 '과정', 즉 기호과정으로 설명하였다.

3장 '공간 디자인을 위한 스토리텔링 모형'에서는 공간과 인간 사이의 소통을 가능하게 하는 스토리텔링 과정 모형을 공간 수용자의 관점에서 제안하였다. 특히 이 장에서는 공간 수용자에게 인식된 이야기를 통해 특정 공간에 대해 의미를 창조하는 과정, 즉 스토리를 통해 공간의 의미를 만드는 과정으로서 '자기 창의적 스토리텔링'을 고안하였다. 자기 창의적 스토리텔링은 미디어 공간 분석, 문화원형 분석, 문화가치 분석의 단계를 거쳐 공간의 새로운 플롯을 도출하고 지역특성에 맞는 커뮤니케이션 전략으로서 스토리텔링을 말한다. 여기에는 정보제시형, 행위지시형, 흥미위주형, 과제해결형 스토리텔링이 있다. 특히 이 장에서는 자기 창의적 스토리텔링의 사례로서 광주 충장로의 공간 스토리텔링을 소개한다.

4장 '제주도 스토리텔링의 현황과 실태'에서는 제주도의 스토리텔링 개발 현황을 파악하고 이들을 자연형, 문화형, 과학형 스토리텔링으로 유형화하여 설명하였다. 자연형 스토리텔링의 사례로서 제주 길 스토리텔링을, 문화형 스토리텔링 사례로서 제주 유배문화 스토리텔링을, 과학형 스토리텔링으로서는 제주 지질공원 스토리텔링 사례를 소개하였다. 특히 제주형 스토리텔링을 위한 NC-콘셉트를 제안하였다. NC-콘셉트는 바로 자연(Nature)을 기반으로 하여 문화(Culture), 소통(Communication), 소비(Consume)의 3요소를 조화시킨 개념이다. 이를 융합형 스토리텔링으로 이해할 수 있다.

5장 '제주도 공간의 문화가치 분석'은 제주도 문화자원 현황을 개괄하고 이들이 지닌 문화가치를 분석한다. 이 장에서는 문화자원에 대해 지역성을 활용하여 사회·경제적 가치를 창출할 수 있는 물리적 위치를 가진 유형의 장소로 정의한다. 문화자원을 자연자원과 인문자원으로 구분하고, 유형별 문화가치 분석을 기호학적으로 매핑하기 위해 다양한 의미가치들을 담은 연상어휘들에 대한 포지셔닝을 행한다. 이 포지셔닝의 대상영역은 미적(정신)공간, 심리(감각)공간, 정보(기술)공간, 의미(교육)공간이다. 이와 같은 문화가치 분석은 제주도 지역은 물론 공간에 어떤 특정한 의미를 부여하거나 기존의 의미를 다른 의미로 전환하고자 할 때 유용한 기제가 될 것이다.

6장 '제주도 공간의 스토리텔링'은 앞서 논의한 문화기호학 이론과 개념들, 공간 스토리텔링의 설명들, 문화기호학적 문화가치 분석 등을 기반으로 제주도를 위한 공간 스토리텔링을 제안하는 장이다. 특히 4장에서 제안한 'NC-콘셉트'를 바탕으로 제주형 'NC-스토리텔링 전략'을 선보인다. 의미가치형 스토리텔링, 교육비판형 스토리텔링, 감성유희형 스토리텔링, 정보기능형 스토리텔링이 바로 그것이다. 제주도는 세계자연유산에 선정되어 글로벌 인지도가 상승하고 있다. 기억을 만들 수 있는 공간, 인간과 소통이 가능한 공간을 만들기 위해 NC-스토리텔링 전략이라는 매우 유용한 도구를 제안한다.

저자들이 이 책에서 추구하고자 하는 공간 스토리텔링은 제주도 공간 스토리텔링 사례에서 보여준 바와 같이 결국 우리의 문화를 반영하고, 앞으로의 문화를 창출하고자 하는 공간의 문화 디자인이라고 볼 수 있다. 이렇듯 스토리텔링은 공간을 장소화하고 그 공간에 인간을 존재하게 하고 의미를 만들어내게 한다. 특히 공간 스토리텔링은 공간을 언어 같은 문화기호 체계로 간주하여 공간에 의미를 부여하는 기호학적 작업이다.

이 책의 태동은 저자 4명이 2013년 공동 연구로 실시한 「제주도 문화자원의 종합적 스토리텔링화 방안」(제주발전연구원, 2013-06)에 바탕을 두었다. 이 연구를 위해 제주에 관한 문헌들을 검토하고 수차례 제주도 현지답사를 진행하였으며, 관련 기관을 방문하고 인터뷰도 하였다. 저자들은 이런 노력들이 연구보고서로만 그치지 않고 일반 대중에게 공간 스토리텔링의 맛을 보여주고자 하는 데 동의하였다. 또한 연구실에서 이론가로 머물러 있는 동료 기호학자들에게는 기호학적 실천의 방향을, 스토리텔링 전문가들에게는 스토리텔링이 공간과 상관될 수 있음을 보여주고자 했다. 이런 마음과 동기로 출발한 저술 작업은 만만치 않았다. 이번 기회를 통해 저자들은 연구보고서를 저술 작업으로 전환하는 것이 연구보고서를 거치지 않고 바로 저술하는 어려움에 못지않음을 깨닫게 되었다. 그렇지만 협동 연구는 이러한 어려움을 불식할 수 있는 좋은 방법이고, 연구자가 갖고 있는 편견과 아집을 넘어서는 데 기여함을 경험하였다.

이 책의 4명의 저자는 기호학, 텍스트학 분야에서 각기 나름대로 탁월한 연구성과를 내는 중진학자들이다. 지금까지 각자 공동연구보다 단독 연구라고 일컫는 개인 연구에 치중해온 것은 사실이다. 이렇듯 개인 연구로 점철해온 한국의 인문학 연구계에서 이와 같은 협동연구로 인한 저술 출판은 그리 흔한 예가 아니니다. 이는 오늘의 공동 저술 성과를 자랑하려는 것이 아니라 앞으로도 지속적인 교류와 상호 신뢰를 바탕으로 국내외 각 지역에 대한 사례연구들을 계속 추진하자는 일종의 도원결의를 하고자 함이다.

지금 대학은 학문의 향연장이 아니라 먹고살기 위한 살벌한 취업의 장으로 전환되어가고 있다. 대학의 존재 이유가 무력화되고 직업학교로의 추락이 가속화되는 우려도 부인할 수 없다. 물론 빵이 중요하지 않은 것은 아니다. 먹고사는 문제는 중요하다고 본다. 그러나 어떻게 살아가야 할지에 관한 존재의 문제는 더욱 중요한 문제이다. 이런 본질적인 문제를 고민하기는커녕 먹고사는 문제만 이야기한다면 그것이야말로 아무런 고민도 하지 않는 것과 다를 바 없다. 서문을 쓰면서 다시 '인간다움'을 깊이 성찰해 본다. 그리고 대학의 테두리에 갇혀 있는 지식인들을 생각해본다. 우리 인문학이 현실을 외면하고 이론만을 위한 이론, 그들만의 리그, 이론지상주의의 포로가 되지는 않았는지 반성하면서…….

이제 인문학도 현실을 간과해서는 안 된다. 현실의 문제에 관여해야 하며 이상을 말해야 한다. 인문학이 이상을 말하지 않는다면 우리의 현실은 변하지 않고 미래는 나아질 수 없다. 인문학의 이상이 무엇인가. 바로 인문학의 본질은 인간에 대해 좀 더 충실하자는 것이다. 스토리텔링은 순전히 그 주체가 인간이다. 공간 스토리텔링은 인간과 공간의 대화를 촉진하고, 인간이 그 공간을 기억할 수 있는 인문학적 기제이다. 인간을 바꿀 수 없다면 공간을 인간적으로 디자인해야 한다. 그것이 공간 스토리텔링의 정신이다.

이 책은 바로 이런 공간 스토리텔링을 다루고 있다. 독자들이여, 우리 주위에서 관찰한 대상들이 어떤 의미가치를 가지며 그것이 매력적인 이야기 구조로 직조되어 우리에게 어떤 삶의 기쁨과 진지함을 주는지 살펴보라. 그리고 공간 스토리텔링이 어떻게 미래를 위한 발전 잠재력을 겸비한 문화상품으로 만들어내는지, 나아가 독자들 스스로 스토리텔링을 만들어가는 과정을 하나하나 곱씹어보기를 당부 드린다.

2015년 가을 끝자락에

저자 일동

CONTENTS

CONTENTS

TABLE CONTENTS

TABLE CONTENTS

PICTURE CONTENTS

PICTURE CONTENTS

PICTURE CONTENTS

1장

문화기호학의 개념과 과제

1. 문화기호학이란?

2. 문화의 기호체계: 과정과 코드 그리고 매체

3. 기호체계로서의 문화: 사회, 문명, 정신

이 장은 본 저서의 기본이 되는 문화기호학을 설명하기 위해 베를린 공대 명예교수이자, 동 대학 기호학연구소장과 세계기호학회 회장을 역임한 롤란트 포스너(Roland Posner) 교수의 문화기호학 이론의 개념들을 소개하고자 한다. 특히 포스너 교수의 『문화학의 개념들(Konzepte der Kulturwissenschaft)』의 '문화기호학' 장에서 일부 내용을 발췌하여 다듬어 소개한 것임을 밝히는 바이다.

1. 문화기호학이란?

문화기호학은 말 그대로 문화기호를 연구하는 학문 혹은 문화를 기호학적으로 연구하는 학문이라고 볼 수 있다. 이 둘은 다른 것 같지만 사실은 학문적 공통분모를 가지고 있다. 전자는 문화기호를 탐구하는 데 필요한 학문이기에 문화기호라는 연구 대상은 명확하지만 그것을 다루는 방법론이 부족하다. 반면에 후자의 경우는 명확한 방법론을 적용할 구체적인 대상을 가지고 있어야 한다. 이렇게 문화기호학은 이중의 개념을 내포하는 것처럼 보인다. 따라서 문화기호학의 개념을 정확히 이해하기 위해서는 문화와 기호학의 개념을 먼저 이해해야 한다.

먼저 방법론이라 할 수 있는 기호학을 알아보도록 하자. 기호학이란 '기호'를 연구하는 학문이다. 기호란 누군가에게 '어떤 것'을 참조하도록 지시하는 대상을 뜻한다(Jakobson 1975). 기호는 기호를 이해하는 누군가(해석자)가 존재한다는 것을 그 전제로 한다. 기호와 그 기호의 해석자가 존재하는 과정을 '기호과정'이라고 한다(Morris 1972). 해석자는 기호와 메시지를 해석한다. 해석자가 무엇인가를 해석하기 위해서는 그와 관련된 상황이 전제되어야 된다. 무엇인가를 해석하기 위해 관련 있는 상황이 존재하는 것처럼 이런 기호, 메시지, 상황과 연결된 다수의 해석자들로 '기호체계'가 이루어진다. 그러므로 기호학은 기호체계의 틀 내에서 기호과정에 따른 기호의 기능을 연구하는 학문이다.

다음은 문화에 대해 이해해야 하는데, 문화를 의미하는 라틴어 cultura(경작, 가공, 교육)는 라틴어 동사 colere(돌보다, 순화하다, 교화하다, 숭배하다)에서 유래한다. 요한 고트프리트 헤르더(Johann Gottfried Herder 1887)는 개인과 사회(인류 전체)의 자아교육과정을 '문화'라고 정의한다(Wefelmeyer 1984 참조). 에드워드 타일러(Edward B. Tylor 1871)는 '문화'의 개념을 자아교육의 수단으로 사용했다. "문화란 인간이 사회의 구성원으로서 습득할 수 있는 모든 것, 다시 말하면 지식, 믿음, 예술, 도덕, 법률, 관습 및 습관 등을 포함한다."

이와 같은 배경을 기반으로 문화기호학은 에른스트 카시러(Ernst Cassirer, 1923~29)에 의해 주창되었다. 그에 따르면 문화기호학은 '상징형식'으로서의 기호체계에 관해 규정된 유형들을 기술하는 것이라고 한다. 또한 문화기호학은 한 사회의 상징형식들이 그 사회의 문화를 규명한다는 논제를 다루는 학문영역이다. 따라서 문화기호학은 인간에 의해 창조되고 유지되는 문화를 그 연구대상으로 삼는 기호학의 한 분과에 속한다. 구체적으로 카시러는 두 가지 과제, 즉 "어느 한 문화(헤르더나 타일러의 정의에 따른 의미)에서 그 문화에 영향을 끼친 기호체계를 고려하여 그 문화에서 사용하고 있는 기호체계를 연구한다." 그리고 "한 문화의 구성원들이 개개인에게 영향을 끼친 장단점을 고려하여 문화를 기호체계로서 연구한다."를 문화기호학의 주 연구대상으로 설정하였다.

세계의 모든 기호체계를 '기호계(記號界)'로 본다면(Lotman 1990; Posner 2001, 80), 문화기호학은 문화를 기호계의 한 분야로서 연구한다. 그 결과 다음과 같은 문제들이 문화기호학의 연구문제로 제시되었다.

- 한 문화의 기호와 기호과정 및 기호체계들이 비문화적(자연적) 기호와 기호과정 및 기호체계들과 어떻게 상이한가?
- 문화적 기호해석자는 자연적 기호해석자와 어떻게 구별되는가?

• 한 문화의 정체성과 경계성을 규정짓는 것은 무엇인가?

• 기호계의 틀에서 다양한 문화들이 어떻게 서로 관련을 맺고 있는가?

• 문화변동은 어떻게 이루어지는가?

문화기호학은 이러한 물음에 대한 이론적 토대를 구축하는 데 도움을 줄 것이다. 따라서 문화기호학은 세계의 모든 문화를 경험적으로 이해하고 비교 분석할 수 있는 근간을 세우게 될 것이다(Wimmer/Umiker-Sebeok 1979; Schwimmer 1986). 그러나 문화를 다루는 문화기호학의 접근방법은 전통적인 정신과학과 사회과학이 지향하는 방법론과는 서로 다르다(Posner 1991, 37). 그래서 문화기호학은 문화기호학이 이론화될 수 있도록 방법론의 결과를 보다 자세히 기술하려 한다. 문화기호학은 '정신'과 '사회적 역할' 그리고 '규범' 같은 개념들을 수반하지 않고, 다양한 문화역사적 서술에 나타난 것 같은 이론 부재의 이야기에 상관없이 문화현상의 분석을 가능케 해준다(Reckwitz 2000). 얼마 전까지만 해도 문화개념이 훌륭한 민족이나 종족 또는 계층 및 생물의 종류에만 제한적으로 적용되었다면(Elias 1939 1권 2-10쪽, 「독일문화와 서양 문명」 참조), 기호학적 성향에서의 문화개념은 인간이나 동물 및 기계류의 문화현상을 학문적으로 설명하는 데 더 이상 걸림돌이 되지 않고, 문화개념에 힘입어 일종의 이론적으로 체계화된 일반개념이 될 것이다.

2. 문화의 기호체계: 과정과 코드 그리고 매체

1) 과정

이미 언급된 것처럼 무엇인가가 기호로서 기능하는, 다시 말하면 기호로서 해석되는 모든 과정을 '기호과정'이라고 부른다(Posner/Reinecke 1977). 모든 과정과 마찬가지로 기호과정도 인과관계에 놓여 있다. 기호과정은 기호과정 자체로도 서로 구분되어 있고, 기호과정에 참여한 특별한 인자들로 인해 여타의 과정과도 구분된다. 기호와 해석자(송신자와 수신자) 그리고 기호가 해석자에게 전달하는 메시지, 이 세 가지가 모두 기호과정에 속한다. 기호를 인식하고 하나의 메시지를 구성하는 해석자의 반응을 '해석소(Interpretant)'라고 한다.

예를 들어 '연기'와 같이 자연적으로 생성된 하나의 기호가 있다고 하자. 그것을 인식하는 누군가(해석자)는 근처에서 불(지시자)이 났다(메시지)는 것을 추측한다(해석소). 이때 해석자는 수신자(Empfänger)의 역할을 담당한다. 그리고 예를 들어 '불(fire)'이라는 용어처럼 송신자(Sender)가 의도적으로 무엇인가를 전달하려는 기호과정이 있다. 이때의 '불'이라는 용어는 화자 또는 송신자가 청자 또는 수신자에게 근처에 불이 났다(지시)는 것을 지시하거나 라이터 불을 달라고(메시지) 하는 요구일 수 있다. 청자는 그러한 메시지로 인해 수신자(화자가 무엇인가를 의도적으로 표현함으로써 믿게 만드는 사람들)로, 그리고 구경꾼(화자가 무엇인가를 의도적으로 표현했음에도 불구하고 믿지 않는 사람들)으로, 또는 송신자가 전혀 의식하지 않는 나머지 수신자로서의 기능을 담당한다. 이때 송신자와 수신자 및 구경꾼 그리고 나머지 수신자를 '기호사용자'라고 부른다.

송신자와 수신자가 하나의 코드(이를테면 영어)를 능숙하게 사용하게 되면 상황이 바뀐다고 해도 송신자가 의도하는 방향으로 수신자가 기호를 해석하도록 도와줄 수 있다. 이러한 코드는 기표(signifiant: 구두로 발음하는 음운론적 형태의 산물 faiər)와 기의(signifié: 의미의 형태, 전깃불과 따뜻함 그리고 에너지)로 구분된다(Saussure 1916). 공동으로 사용하는 여타의 코드 역시 송신자와 수신자의 해석과정(기표와 기의의 구분)의 일부분을 자동적으로 이루어지게 한다. 그러므로 송신자와 수신자는 특수한 상황에 몰입할 수 있게 된다. 이러한 특수한 상황은 송신자와 수신자가 기표와 기의를 특별한 방법으로 발음하고 이해하도록 도와준다(Prieto 1972, 48; Blanke/Posner 1998). 예를 들어 연기(Rauch)를 인식하는 것처럼 복잡한 상황과 결부된 추론과정은 불(Feuer)이라는 표현을 듣는 것과 관계가 있다. 따라서 그러한 추론과정은 특별한 메시지를 도출한다(예를 들어 불꽃 없이 연기만 나는 연소와 케이블 화재 및 황무지 화재와 산림화재, 다시 말하면 권총이나 대포발사 또는 성냥이나 라이터로 불을 켜다 등).

위에서 언급한 두 예(연기와 불)는 기호의, 다시 말하면 기호과정 형태의 다양한 스펙트럼 중의 한 경우이다. 그러한 기호과정 형태는 송신자 없는 표시, 송신자는 있지만 코드가 없는 암시, 그리고 암시에 대한 암시처럼 코드화된 암시를 포함하여 코드 없는 또는 코드화된 의사소통과 언어전달을 총망라한다(Posner 1996). 예를 들어 전투를 끝내고 나서 승리의 표시로 뿔뿔이 흩어져 있던 군대에게 산봉우리에서 불을 지피는 옛날 장수들의 습관도 이러한 예에 속한다. 뿔뿔이 흩어져 있던 군대는 연기의 형태(기표)를 보고 승리(기의)를 이해하여 메시지(우리가 승리했다)를 도출해낼 수 있다(이는 송신자와 코드는 있지만 언어가 없는 의사소통적 기호과정에 속한다).

고대 이래로 기호학의 주요 과제 중의 하나는 가능한 기호과정 형태들의 차이점을 설명하는 것이었다(Hülser 1997; Manetti 1997). 이때 두 가지 상반된 연구방법이 있다. 그중 하나는 아우구스티누스부터 움베르토 에코에 이르기까지 기호과정의 전체 스펙트럼을 기호과정의 전체적인 상이성 내에서 개념의 일관된 체계를 통해 이해하려고 노력한 반면, 다른 하나는 이러한 스펙트럼을 통해 오로지 코드화된 기호과정(Lévi-Strauss 1958; Barthes 1953, 1964 참조)과 의사소통(Buyssens 1943; Prieto 1968; Mounin 1970)만 기호학의 대상으로 수용하고자 했다.

다음 장에서는 대부분의 기호학 개론서(Morris 1972; Sebeok 1979; Krampen 1981; Schönrich 1999 참조)처럼 기호학의 폭넓은 이론들을 다루면서 그것을 문화과정에 적용하게 될 것이다.

2) 코드

'기호과정에서 나타난 형태에서 어떤 것이 문화적이고 어떤 것이 비문화적인가?' 라는 질문보다 좀 더 근본적인 질문은 코드가 기호과정에 참여했는지의 여부이다. 만약 코드가 기호과정에 참여했다면, 이 코드는 어떠한 종류에 속하는 것일까? 코드는 기표와 기의, 그리고 이 두 가지를 서로 배열하는 규칙으로 구성된다(Nöth 2000, 216-226). 코드는 유전자 코드처럼 선천적으로 부여받거나 행위코드처럼 세계와의 교류를 통해 습득된다. 또한 코드는 개개인 또는 다른 사람과의 결의(약속)를 통해 사용되기도 한다. 따라서 코드는 자연적 코드와 관습적 코드 그리고 인공적 코드의 세 가지로 구분된다(Keller/Lüdtke 1997).

한 생물의 자연적 코드는 생물학적인 방법으로 유전을 통해 후손에게 전해진다. 이때 코드는 진화의 테두리 내에서 상황에 따라 약간의 변화가 생긴다. 이와 반대로 관습적(관습적이 된 인위적) 코드는 한 세대에서 다음 세대로 모두가 전승되는 것은 아니다. 이때 전승된 코드가 존재한다면 그 코드는 전통이 된다(Cavalli-Sforza/Feldman 1991; Nyíri 1988). 생물학에서는 유사한 신체와 유사한 자연적 코드를 계속해서 공유하는 생물군을 같은 종(種)에 속한다고 말한다. 정신과학에서는 지속적으로 유사한 전통을 공유(다시 말하면 여러 세대를 거쳐 계속해서 전통적인 코드를 공유)하는 같은 종류의 생물군을 같은 문화에 속한다고 한다.

동일한 생물학적 종류에 속하지만 이질적인 문화를 지니고 서로 떨어져 사는 생물체[種]를 일종의 '유사종(Pseudospeziation)'이라 부른다(Erikson 1966; Eibl-Eibesfeldt 1979, 47). 지정학적인 격리상태와 관련에서 발생하는 문화적 차이는 서로 다른 문화를 지닌 구성원들이 공동의 후손을 생산하는 것을 점점 더 어렵게 만들고, 그 결과 그들의 유전자풀(pool)은 점점 다양해질 수밖에 없다. 이러한 방법으로 동일한 생물학적 종에 속하는 다양한 종족이 생겨난다. 이러한 발전과정이 끊임없이 지속된다면, 동일하면서 다양한 문화를 지닌 구성원들이 다양한 생물학적 종의 성립을 유도한다(White 1978; Gould 1989, 187; de Winter 1984).

주목할 만한 것은 인간뿐만 아니라 다른 생물체도 전통을 형성한다는 점에 주목해야 한다. 포유동물뿐만 아니라 조류의 세계에서도 마찬가지 현상이 일어난다(Bonner 1980; Becker 1993 참조). 이때 한 생물이 어떤 생물학적인 혈통을 지니고 있느냐가 중요한 것이 아니라, 그 생물의 인지적 장치가 기표와 기의의 기능을 사용하여 다른 개체들과 공동의 전통을 발전시킬 수 있느냐가 중요하다. 그렇기 때문에 인공지능을 지닌 시스템, 즉 기계들도 원칙적으로 문화를 형성할 수 있다.

3) 매체

기호를 해석하는 데 있어 지속적으로 동일한 관습적 코드를 사용하는 개인들을 한 문화 또는 동일한 문화의 '구성원'이라고 한다. 동일한 관습적 코드를 사용함으로써 개인들은 다양한 기호과정에서 유사한 문화를 지닌 구성원이 될 수 있다. 이러한 코드를 사용하여 메시지를 교환하는 동일 문화 구성원은 지속적으로 상호 교류를 한다. 다양한 요소들이 수없이 많은 기호작용을 넘나들며 동일하게 유지될수록 개개인은 오랫 동안 유사한 문화의 구성원으로 남게 된다. 수없이 많은 기호과정을 동일하게 유지시켜주는 요소들의 종류를 특징짓기 위해 '매체(Medium)' 개념이 도입되었다.

예를 들어 기호과정이 수신자에게 송신자와 동일한 감각기관(귀)을 요구한다면, 기호과정이 동일한 접촉물질(물리적 경로)로 사용된다면(공기), 또는 기호과정이 동일한 기계장치(기술적 경로)로 투입된다면(전화기), 기호과정이 동일한 사회적 기관(소방서)에 나타난다면, 기호작용이 동일한 기능(조난요청을 전달하는 데)에 쓰인다면, 또는 기호작용이 동일한 코드(영어)로 적용된다면, 기호과정은 동일한 매체로 진행된다고 말한다.

이러한 전제조건의 형태를 구분한다면, 생물학적 매체개념이나 물리적 매체개념 또는 기술적 매체개념이나 사회적 매체개념 및 기능적 매체개념 또는 코드와 관련된 매체개념 중의 하나를 선택해서 사용해야 한다(Posner 1985, 255쪽 이하와 제16장 '매체문화학' 참조). 문화에서 모든 기호체계는 매체이기 때문에 다양한 매체 형태의 특징을 구분하는 것이 중요하다.

생물학적 매체개념은 기호를 생산하거나 수용하는 데 참여한 신체기관(감각기관)에 따라 기호과정을 특징짓는다. 인간과 관련해서 생각해보자. 기호를 눈으로 받아들였다면 시각적 매체, 귀로 받아들였다면 청각적 매체, 코로 받아들였다면 후각적 매체, 혀로 받아들였다면 미각적 매체, 피부로 받아들였다면 촉각적 매체로 구분한다.

물리적 매체개념은 기호와 수신자의 수용기관 또는 송신자의 생산기관 사이의 물질적 연관성을 규정하기 위해 화학적 요소 또는 그것의 물리적 상태(접촉재료)에 따라 기호과정을 특징짓는다. 시각적 기호과정은 시각적 파장을 전달하는 전자기장(電磁氣場)에 의존한다(시각적 매체). 청각적 기호과정은 기호와 수신자 간의 물질적 연결체로서 음향적으로 전도력이 있는 고체 또는 액체 및 가스 형태를 필요로 한다(청각적 매체). 후각적 기호과정은 특히 가스 형태(삼투성 매체)의 합성된 화학물에 이용된다. 미각적 기호작용은 일정한 액체나 고체를 사용한다(미각적 매체). 촉각적 매체는 물질적 수단인 피부를 통해 촉각의 자극을 전달하는 것과 관계가 있다(촉각적 매체). 포스너(Posner 1997~2000 제1권 논문 6-12)는 사람과 동물의 기호과정에 대한 생물학적 · 물리적 관점을 보다 상세히 기술하였다.

기술적 매체개념은 접촉물질을 변화시키는 데 사용된 기술수단에 따라 기호과정을 특징짓는다. 시각적 기호과정에서 연필과 종이 또는 캔버스와 붓 및 안경, 오페라 망원경 또는 망원경과 더불어 기술수단으로서 타자로 친 원고의 타자기뿐만 아니라 사진현상실과 슬라이드 필름의 카메라, 즉 셀룰로이드 필름과 필름 자르는 책상, 환등기 영사막과 인화지 또는 모니터가 달린 컴퓨터와 마우스 그리고 프린터와 프린터용지가 기호과정에 사용된 기구이다. 시각적 기호과정은 사용된 기구의 종류에 따라 프린트매체와 영사매체 또는 모니터매체 등으로 분류될 수 있다. 이 기구의 생산품들과 상응하는 타자용지와 인쇄된 텍스트 그리고 사진과 슬라이드 필름 또는 필름과 비디오테이프 등은 기술적 매체가 된다. 청각적 기호과정도 유추하여 생각해볼 수 있다. 레코드와 녹음기 그리고 축음기 등을 매체라고 말하기 때문에 악기와 마이크, 스피커 그리고 송신기와 수신기 및 음반과 테이프 그리고 CD는 청각적 기호과정을 돕는 기술적 매체가 된다. 후각적 기호과정에서는 냄새가 현재 지속적으로 또는 짧은 시간 동안 공간 도처에 퍼져 있거나 또는 그것을 우리 몸의 감각기관, 즉 코가 받아들이는 정도에 따라 방향제와 분무기 그리고 향수병을 기술적 매체로 사용한다. 미각적 기호과정에서는 음식조리기술처럼 수프그릇과 빵 굽는 곳 그리고 바비큐 기계 등 조리기구와 마찬가지로 아침밥과 접시요리 또는 아이스 막대 등을 미각적 매체라 한다. 촉각적 기호과정이 발생하기 전에 비누나 파우더 그리고 크림과 마사지오일 또는 립스틱으로 준비가 이루어진다. 그 이후에 피부는 다른 피부 또는 장갑, 링 또는 파리채, 브러시나 샤워기 또는 전파발신기 등을 사용함으로써 때리기나 권투, 레슬링과 쓰다듬기, 두드리기나 문지르기, 꼬집기나 찌르기, 마사지하기와 물 붓기 및 광선 쏘이기를 통해 접촉된다. 여기에 사용된 기구처럼 복싱경기와 레슬링경기 그리고 마사지와 사우나 및 일광욕실 같은 표현은 촉각적인 매체로 사용된다.

사회적 매체개념은 기호를 생산하는 목표와 더불어 생물학적 수단과 물질적 수단 그리고 기술적 수단을 조직하는 사회적 기관에 따라 기호과정을 특징짓는다. 시각적 기호과정은 전시회를 개최하는 갤러리나 박물관 또는 도서관 같은 사회적 매체를 통해 이루어진다. 예를 들어 언론기관과 출판사 그리고 인쇄물을 파는 서점, 또는 영화를 상영하거나 비디오테이프를 대여해주는 영화관 그리고 비디오가게 등이다. 청각적 기호과정은 음반업계를 통해, 후각적 기호과정은 약국이나 화장품가게를 통해, 미각적 기호과정은 식품업계나 요식업계를 통해, 촉각적 기호작용은 스포츠단체나 마사지 관련업계를 통해 이루어진다. 그렇지만 이러한 사회적 매체들 대부분이 오로지 하나의 의사소통수단 조직으로 단순화될 수는 없다. 콘서트홀이나 오페라홀 또는 스포츠경기장과 웰빙센터 그리고 교회 및 TV, 인터넷 사이트 등도 생각할 수 있다(Giesecke 1988; Baltzer 2001).

기능적 매체개념은 전달된 메시지의 목적에 따라 기호과정을 특징짓는다. 이때 문학이나 예술학 또는 음악학에서 널리 사용되는 장르나 담론 형태가 일반적인 형태에서도 중요하게 여겨진다(Morris 1973, 215-248쪽 참조). 의사소통의 목적은 기호과정이 어떤 생물학적 · 물리적 · 기술적 · 사회적 매체를 통해 진행되는 것과는 전혀 상관없이 메시지에 동일한 구조를 부여한다. 그래서 우리는 신문뿐만 아니라 라디오나 TV에서 뉴스나 만평 또는 비평과 르포 및 광고를 구분한다. 책을 실용서와 대중문학으로 구분하듯이 영화도 기록영화와 오락영화로, 음악도 고전음악과 대중음악으로 구분한다. 또한 오락영역도 매체의 생물학적 제한에 따라 다시금 다양하게 분류된다. 예를 들어 한 소설이 책에서는 범죄소설과 탐정소설 그리고 향토사소설 및 역사소설로 구분되고, 영화에서는 범죄영화와 탐정영화 또는 향토영화와 역사영화, TV에서는 범죄시리즈와 탐정시리즈 또는 향토시리즈, 즉 '역사적인 묘사'로 서술된다. 그렇기 때문에 한 사건이 뉴스나 만평이나 비평 또는 르포나 소설이나 광고로 전달될 때, '메시지가 담겨 있는 이러한 제한적 요소를 어떻게 구분할 수 있을까?'라는 일반적인 질문을 제기할 수 있다. 그래서 뉴스나 만평 또는 비평이나 르포 또는 소설과 광고 등을 '기능적 매체'라고 부른다(Hempfer 1973; Rolf 1993).

코드와 관련된 매체개념은 규칙의 종류에 따라 기호체계를 특징짓는다. 기호 사용자는 규칙으로 기호를 수용할 때 기호에 메시지를 첨가한다. TV처럼 한 기관이 '언어 분과'를 설치하거나, 한 국제적인 출판사가 독일어 분과 또는 영어 분과 또는 프랑스어 분과를 분류하여 부서로 둔다면, 이와 같은 분과의 구분은 일종의 코드와 관련된 분류다. 코드와 관련된 서양음악은 조성(調聲) 음악과 무조(無調)음악처럼 모노음악과 다성음악으로 구분되고, 회화는 구상화와 추상화가 대비되며, 건축구조는 신로마네스크풍 대(對) 고딕풍과 신고딕풍 대(對) 실용주의풍, 즉 신실용주의풍 등으로 건축물이 분류된다. 출판사가 책을 독일어나 영어 또는 프랑스어로 출판할지, 작곡가가 조성음악이나 무조음악으로 작곡할지, 화가가 구상화나 추상화를 그릴지, 건축가가 집을 신로마네스크풍이나 신고딕풍으로 또는 신실용주의풍으로 건축할 것인지에 대한 판단은 문학과 음악 또는 회화나 건축의 다양한 매체를 통해 결정된다.

모든 매체는 지속적으로 전달될 수 있는 메시지의 종류를 규정한다. 그렇기 때문에 모든 매체를 '경로(Kanal)'라고 부르기도 한다. 매체는 특별한 종류의 메시지로 구분되며, 다른 여타의 것들은 여기에서 제외된다(Posner 1985, 257쪽과 264쪽 참조). 이때 생물학적 · 물리적 · 기술적 · 사회적 · 기능적 · 코드기술적 제한들이 대부분 서로 맞물려 작용하게 된다. 그래서 '팝송콘서트'라는 매체는 동시에 눈과 귀를 감각기관으로, 공기를 접촉물질로, 악기와 마이크 그리고 스피커처럼 서치라이트와 영사막을 기술적 기구로, 강당(공연장)이나 야외무대처럼 콘서트 장소를 사회적 기관으로, 팝송을 텍스트 분류로, 영어를 코드로 사용하여 서구율동과 조성음악을 전달한다(Müller 1996). 이러한 특별한 매체들은 감정이 실려 일반적으로 이해할 수 있는 메시지를 전달하기 위해 서로 조화 있게 구성되었다. 그래서 전달된 메시지는 대중에게 감동을 줄 수 있다. 그와 반대로 예를 들어 소규모의 그룹에서 까다로운 주제로 토론하는 것을 꺼리는 사람은 라디오를 통해 전문가들의 대담을 경청해야 한다.

위에서 언급한 예들은 기호과정을 서술하는 데 있어 제시한 모든 매체개념들을 도입하는 데 의미가 있다. 이러한 폭넓은 의미에서 매체는 기호체계이다. 이러한 기호체계의 요소들은 어느 시기 동안 동일한 특성을 유지한다. 그래서 기호체계에서 진행되고 있는 기호과정들은 동일한 제약을 받는다.

한 문화의 기호과정 조직에서 매체 특수성의 정도와 매체의 역할 종류 그리고 매체의 인기도 등은 문화이론적으로 흥미 있다. 문화사 내에서 매체의 역동성은 이러한 상황에서 발생한다(Böhme-Dürr 1997; Threadgold 1997; Gumperz/Hymes 1972).

3. 기호체계로서의 문화: 사회, 문명, 정신

서양에서 이루어지는 문화학의 연구대상은 연구소나 대학에서 연구되고 있는 것처럼 대부분 제한된 매체에 집중되어 있다.

- 문헌학이나 역사학에서는 종이에 쓰여 시각적으로 수용되고 전달되어 종교기관이나 정치기관에 소장되어 있는 언어기호체(문학작품이나 역사적 문헌자료)
- 예술학과 건축학에서는 종교기관이나 정치기관이 지정한 시각적이나 촉각적으로 수용되고 전달된 그림이나 조각상 그리고 건물 등 공간적으로 경험할 수 있는 기호체(회화와 문화재 그리고 교회 및 성채)
- 음악학에서는 사람의 발성기관이나 악기로 만들어 청각적으로 수용되고 전달되어 종교기관이나 정치기관에서 사용하는 음성기호체(악곡)

이러한 매체와 관련된 기호들은 19세기와 20세기에 발명된 새로운 기술적 매체들의 출현과 이에 부응하는 학문의 발전으로 더욱더 당연하게 사용되었다.

기호학이 대두하기 전에 이미 문화를 체계적인 주요 연구대상으로 삼았던 학문은 인류학(Posner의 책 5장 '문화인류학'과 Bidney 1953; Turner 1967; Harris 1968; Geertz 1973; Leach 1976;

Vivelo 1978; Moore 1997; Kroeber/Kluckhohn 1952 참조)과 고고학이다(Leroi-Gourhan 1964; Chang 1967; Binford 1972; Renfrew 1973; Schiffer 1976; Clarke 1972, 1978; Frerichs 1981, 2003). 문화기호학자에게는 인류학과 고고학에서 제기된 문제들을 끄집어내어 다루고, 기호학적 개념으로 그것들을 이해해보려는 노력이 상당히 도움이 될 것이다.

이러한 문제들은 세계의 문화를 매체라는 관점 너머로 이끌기 때문이다. 20세기 중반에 이르러 이 두 학문은 문화연구의 중심적인 대상영역 및 중요한 문제들을 지속적인 연구의 목표로 삼았다(Singer 1978, 1980). 이러한 연구대상영역의 차이에 걸맞게 인류학은 사회인류학(Weber 1920, 1950; Radcliffe-Brown 1940, 1952; Evans-Pritchard 1962)과 물질인류학(Thurnwald 1932; Bidney 1953; Clarke 1978), 문화인류학(Kroeber 1923, 1953; Kluckhohn 1951, 1962; Lévi-Strauss 1945, 1958)이라는 세 분과로 나누어진다(Posner 1992, 12; Hansen 1993).

- 사회인류학의 연구대상은 사회문화, 즉 사회다. 모든 사회는 기관과 그 기관 안에서 거행되는 제의/제례의식으로 구성된다. 이 연구의 실례는 기독교교회와 예배의식 같은 종교기관이다.
- 물질인류학의 연구대상은 사회의 물질적 문화, 즉 사회문명이다. 한 사회의 문명은 그 사회가 생산하여 사용하는 인공물이나 완성품으로 구성된다. 예를 들어 종교적 인공물은 십자가와 찬송가 그리고 향(香)과 성체(聖體) 및 묵주와 성경이다.
- 문화인류학의 연구대상은 한 사회문화 내에 고착된 그 사회의 정신문화, 다시 말하면 문화의 정신이다. 한 사회의 정신은 정신관(생각과 가치관)과 정신을 규정하는 관습으로 구성된다(정신에 대한 개념은 Raulff 1987, 11; Posner 1991, 68). 가톨릭교회의 상징적 성자의 모습과 '대죄(大罪)와 허용된 죄악'의 분류 등 성식자의 몸짓처럼 이에 상응하는 전문용어가 종교 정신관에 대한 예에 해당된다.

이러한 인류학 분과학문의 대상들은 독립적으로 연구될 뿐만 아니라, 서로 연계되어 연구된다. 그래서 우리는 '규정된 형태의 사회를 정의하기 위해 그 사회가 어떠한 문명과 정신을 발전시킬 수 있는가?', 그리고 '문명을 정의하기 위해 한 사회가 어떠한 사회적 구조와 정신들을 허용해야 하는가?', 또 '정신을 정의하기 위해 한 사회가 어떠한 사회적 구조와 문명을 실행하는 데 고심하는가?'라는 질문을 던져볼 필요가 있다.

위에서 언급한 세 가지 대상을 연구하기 위해 마찬가지로 사회문화(기관과 의례)와 물질문화(인공물과 인공물의 사용) 그리고 정신문화(정신관과 정신관의 통용)가 어떻게 한 세대에서 다음 세대로 계속 전승될 수 있는지에 대한 문제도 중요하다. 이러한 전달 메커니즘(Mead 1912; Thurnwald 1936, 1950; Lotman/Uspenskij 1971; Lotman 1975)을 일반적으로 '전통'이라고 부른다.

요약해서 말하자면 인류학과 고고학의 의미에서 한 문화란 일정한 정신을 지니고 그 정신을 바탕으로 한 문명을 발전시켜나가는 한 사회를 말한다. 이제 문화기호학자들은 다음과 같은 질문들에 관심을 가지게 될 것이다. 사회와 문명 그리고 정신 간에 어떠한 관계가 형성되는가? 또 기호체계 간에 어떠한 관계가 형성되는가? 기호와 메시지 그리고 해석자와 코드 및 매체 같은 개념으로 기관과 인공물 그리고 정신관 및 문화전달 메커니즘 같은 대상들이 정확하게 설명될 수 있는가? 다른 말로 표현하자면 인류학자나 고고학자들이 연구한 대상들이 카시러의 의미에서 상징적 형태의 요소로 이해될 수 있는가?

1) 사회문화(사회): 기호 사용자

한 사회는 개인들의 집합체로 구성되어 있다. 규칙적으로 기호과정을 통해 서로 관련을 맺고 있는 개인들의 그룹이 이 사회의 구조를 결정한다. 이러한 그룹을 '제도[기관](Institutionen)'라고 부른다. 한 사회가 어떠한 기관들로 구성되어 있는가에 따라 그 사회의 사회문화가 규정된다(Homans 1950; Bourdieu 1970; Luhmann 1984; Smits 1987; Giesecke 1988; Alexander/Seidmann 1990; Cole 1996; Parmentier 1996; Kashima 2001; Baltzer 2001). 모든 사회는 사회 자체가 지니고 있는 고유의 물질문화와 정신문화를 발전시킨다. 그렇지만 두 사회 간의 경계가 두 사회의 물질문화와 정신문화 간의 경계와 일치하는 것은 아니다(Clarke 1978; Posner 1990; Berry 1997).

- 한 사회의 개개인들은 다른 사회와의 관계 속에 수용될 수 있고, 그들의 인공물이나 생각과 가치관을 수용할 수 있다. 인종과 문화를 초월한 국제결혼이라든지 외국의 기능공들(수공업자나 상인 또는 세무사 등)이 다른 나라에 정착할 때, 이러한 경우가 생긴다.
- 한 사회의 물질문화에서 생산된 인공물은 다른 사회의 구성원들에 의해 습득되고 모방되어 사용될 수 있다. 유럽인이 획득하고 모방하여 사용한 중국 도자기, 그리고 일본인이 획득하고 모방하여 사용한 유럽 차량기술 등은 이러한 문명교류의 구체적인 사례들이다.
- 한 사회에서 개인의 행위를 규정하는 정신은 다른 사회의 구성원들에 의해 수용되고 그들의 행위를 규정짓는다. 먼저 '흑인의 단조로운 음악'이라고 거부되었던 미국 내 흑인음악이 제2차 세계대전 이후 독일에 수용되어 이후 몇십 년 동안 독자적으로 발전되고 토착화된 음악양식(예를 들어 독일의 록음악)으로 남은 경우가 이에 해당된다. 이를테면 재즈 팬들의 정신은 오늘날 아주 다양한 사회와 문명 출신의 개인들을 서로 연결시켜준다.

그렇다면 누가 한 사회의 물질문화와 정신문화를 규정하는가? 누가 그들의 문화를 담당하고 있는가? 우리는 이러한 질문에 대해 서로 중복되는 영역을 고려하면서 다음과 같이 대답할 수 있다.

- 한 사회를 구성하는 개개인들은 인공물과 정신관이라는 특징을 갖고 있다. 그러므로 모든 개개인은 개인적 문화의 운반자이다.
- 모든 사회는 하나의 전체로서 인공물과 정신관의 특징을 지니고 있다. 따라서 모든 사회는 집단적 문화의 운반자에 해당한다.
- 한 사회 내에서 개인들의 모임으로 구성된 그룹들(비록 겹치기는 하지만)은 인공물과 정신관에 따라 특징이 구분된다. 따라서 이 그룹들도 집단적 문화의 운반자에 해당한다. 가톨릭교회나 기독교교회 그리고 다른 신앙공동체들이 이와 같은 기관에 속한다.

즉, 개인뿐만 아니라 사회 또는 기관들이 독자적인 기호 사용자로서 문화운반자의 기능을 담당하게 된다. 개인과 관련해서 우리는 개인을 '나눌 수 없는 개인'으로 표현할지에 대해 질문해볼 필요가 있다. 개인이 전통적 기호를 사용하는 송신자와 수취인 그리고 구경꾼 및 수신자의 역할을 담당할 수 있기 때문이다. 개인은 전통적인 기호 사용자로서의 기능을 담당한다. 그러나 개인이 하나하나 독립적으로 구분된다면, 이러한 능력은 소멸되고 만다.

또한 전체로서 한 사회는 전통적 기호 사용자로 간주된다. 한 사회는 국가라는 형태 내에서 협상을 벌일 수 있고, 전쟁과 평화를 선언할 수 있고, 국가 간 계약을 맺거나 깨뜨릴 수 있다. 유추해서 교회나 병원 그리고 학교 또는 관공서 및 극장 같은 기관들도 전통적 기호 사용자로 생각할 수 있다. 누구나 대학과 자신을 동일한 기관으로 간주하여 편지를 쓰고 그에 대한 답신을 받을 수 있다(예를 들어 '대학총장인 나의 위임으로').

문화의 운반자는 기호 사용자이다. 이러한 견해는 비교행태학에서 보여준 것처럼 동물에게도 마찬가지로 통용된다. 개개의 영장류뿐만 아니라, 전체 영장류들도 자연적 또는 전통적 기호를 생산하고 수용하면서 그들의 의지를 표현할 수 있다[예를 들어 한 침팬지 무리에서 암놈 그룹이 다 같이 등장함으로써 그 무리에서 수놈의 사회적 역할을 지시한다(de Waal 1982, 1989)].

더욱이 오늘날 유토피아적 공상에서는 기계들도 문화의 운반자 역할을 담당한다. 기계들도 기계사회를 형성하고 공통적으로 사용하는 전통적 코드를 발전시키면서 어느 정도 똑같이 문화의 구성원으로 받아들여지고 있다. 기계들은 이러한 코드의 도움으로 해석할 수 있는 기호를 생산하고 수용한다(Posner 1993, 262-267; 2000).

2) 물질문화: 인공물과 텍스트

하나의 문명은 한 사회에서 생산하여 사용하는 완성품을 포함한 인공물의 총체로 나타난다. 따라서 모든 문명은 모든 종류의 기호과정을 위한 출발점이 된다. 이것을 자세히 알고 싶은 사람은 '무엇이 인공물인가'를 연구해야 한다(Polsom 1982, 15; Bernard 1942, 69; 1951, 86; Thompson 1979; Warnier 1999).

(1) 인공물

한 개인의 행위가 개념상 행위결과와 구분되고, 의도적인 행위와 의도가 아닌 행위가 구별될 수 있다면, 인공물이라는 개념은 쉽게 정의된다. 한 인공물은 행위결과가 그 자체로 의도적이건 의도적이 아니건 간에 상관없이 의도적인 행위결과의 총체가 된다(Herskovits 1948; Rossi-Landi 1968, 1975; Becker 1993; Scolz 2002). 예를 들어 한 여자가 하이힐을 신고 길거리를 걸어 다닐 때 나는 소리처럼 인공물은 단기간에 생성되었다가 사라질 수 있다. 인공물은 이 여자의 신발이 진흙탕에 발자국을 남기는 것처럼 오랫동안 생성되어 보존될 수 있다. 이와 같이 영구적 인공물과 일과성 인공물이 구분된다.

인공물은 대부분 어떠한 기능을 담당하기 위해 만들어진다. 하나의 기능을 수행하기 위해 생산된 영구적 인공물을 '도구(Werkzeug)'라고 부른다. 한 문화에서는 무엇인가 도구가 될 수 있는 것이 다른 문화에서는 기능을 갖지 않는 인공물이 될 수도 있다(Posner 1992, 20쪽 참조). 모든 인간문화는 자신들의 도구를 기능에 따라 분류한다. 독일어의 기호 명칭에서도 이와 같은 것이 나타난다(예를 들어 망치는 두드리는 기계, 드릴은 구멍을 뚫는 기계). 끌과 줄, 톱과 곡괭이, 실패와 펌프 그리고 지우개와 펀치 및 사인펜 등도 이와 같은 도구임을 유추할 수 있다.

(2) 텍스트

무엇인가 하나의 인공물이 되고 한 사회에서 기능을 가지면서 코드로 메시지를 전달하는 기호가 된다면, 그것은 문화기호학에서 '문화의 텍스트'로 간주된다. 비록 텍스트의 모든 속성이 의도적이지는 않지만, 텍스트는 항상 의도적 행위결과물이다(Beardsley/Wimsatt 1954; Hirsch 1967; Grice 1975; Danneberg/Müller 1983). 텍스트는 인공물이기 때문에 생산될 수 있을 뿐만 아니라, 재생산되기도 한다. 이러한 방법으로 동일한 인공물 형태에서 다양한 규칙들을 발견할 수 있다. 플라스틱 가구와 옷장에 걸려 있는 옷 그리고 컨베이어벨트에서 생산된 자동차 등과 같은 산업생산품들이 여기에 속한다. 텍스트가 이러한 방식으로 재생산된다면, 기호화된 텍스트의 속성들(기표와 기의)은 변화가 없다. 이러한 것들은 특히 언어로 된 텍스트에서도 마찬가지이다. 이런 이유로 동일한 텍스트로 쓰인 '너의 성경책'이나 '나의 성경책'은 같다고 할 수 있다(두 권의 성경책이 루터판 번역성경 1쇄라면). 이런 경우 우리는 '나와 너의 텍스트' 규칙을 구별하고 이 판(版)

의 텍스트 형태를 비교해볼 수 있다(Posner 1991, 68쪽 이후 참조).

여기서 사용된 텍스트 개념은 20세기 중반에 이르러서야 비로소 문화기호학의 틀에서 발전되었다. 이 책에서 사용된 텍스트 개념은 18세기 이후 문헌학에서 통용된 협의의 텍스트 개념과 대조를 이룬다. 문화기호학적인 텍스트 개념은 일련의 일반화 단계에서 문헌학적 텍스트 개념으로부터 출발하였다(Posner 1992, 23쪽 이후 참조). 문헌학에서는 오랫동안 오로지 시각적으로 수용할 수 있는(문체화된) 언어의 기호체를 텍스트로 간주해왔다. 1950년대 첫 번째 보편화 단계에서 비로소 순차적으로 나열된 모든 언어적 기호를 '텍스트'로 간주하였다(Saussure 1967, 9-75). 이렇게 함으로써 청각적으로 수용될 수 있는 언어적 기호연쇄체도 텍스트에 포함되었다. 1960년대 이후 비언어적인 기호연쇄체(예를 들어 수학과 논리학의 공식)를 텍스트로 간주하기 시작한 것이 두 번째 보편화 단계이다. 오늘날은 비록 개개의 교통기호와 교통기호의 연속, 그리고 회화와 하나의 플라스틱 및 건물과 악곡, 일종의 춤 또는 언어적 표현들까지도 마지막 세 번째 보편화 단계에서는 선형의 조건에 관계없이 모든 코드화된 기호규칙이 텍스트로 간주된다.

텍스트 개념과 그에 따른 텍스트 이론의 결과들이 매체 너머에 자리매김했다. 텍스트 개념은 다양한 매체 내에서 완전한 상태를 설명하는 데 도움을 줄 수 있다. 코드화된 기호 규칙들은 일반적으로 재생산될 수 있기 때문에 회화나 플라스틱의 재생산 또한 악곡연주처럼 텍스트가 될 수 있다. 심지어 재생산된 것은 원본처럼 '동일한 텍스트'로 간주될 수 있다. 재생산된 것은 동일한 텍스트 형태로 된 텍스트로 다시 만들어지기 때문이다. 텍스트 형태에 대한 텍스트도 생산될 수 있기 때문에 음악총보(總譜)도 일종의 텍스트가 된다. 음악총보를 다양화시킨다면, 하나의 음악공연을 규정하는 형태인 일종의 텍스트 형태의 많은 규칙들을 볼 수 있다(Goodman 1968 참조). 특히 멀티미디어적 기호생산에서 일반화된 텍스트 개념은 다양한 매체로부터 참여한 기호체를 호환시켜 보여주면서 대부분 직관적으로 진행되는 결정과정을 투명하게 보여준다. 연극감독과 오페라감독 또는 영화감독들이 텍스트로 말과 표정 또는 몸짓 및 배경음악을 삽입하고자 할 때, 그들은 자신들이 의도한 메시지를 어떻게 가장 효과적으로 전달할 수 있는지에 대한 질문을 미리 예상한다. 일종의 완전한 텍스트 내에서 이러한 여러 매체로 구성된 메시지의 통일성 역시 텍스트 이론으로 설명된다.

문화학에서 문화기호학의 일반적 텍스트 개념은 예술학과 건축학 그리고 음악학과 새로운 매체(과)학처럼 공동의 토대로서 문헌학의 연구대상과 일치한다. 문화기호학에 적용되는 일반적인 텍스트 개념은 각 분과의 경계를 이어주고, 모든 매체에서 기호체의 구조나 성과를 비교 연구하는 데 비은유적이고 개념적인 토대를 마련해준다.

따라서 인류학자들은 문명을 인공물의 집합체로 간주할 뿐만 아니라, 광의의 의미로는 문명을 문화기호학적으로 텍스트의 집합체로서 설명하는 것이 바람직하다고 본다. 그러나 고고학에서 하나의 문제점이 대두된다. 고고학의 주요 연구대상이 '도구(Werkzeug)'라고 부르는 이전(以前) 문화의 영구적 인공물이기 때문에 도구를 텍스트로 이해하는 것은 오늘날까지 일반적으로 수용되지 않고 있다. 그렇지만 우리는 도구 또한 문화기호학의 텍스트 개념에 속한다고 쉽게 설명할 수 있다(Posner 1992, 27쪽 이후 참조). 도구들은 일반적으로 정해진 기능(사용목적)을 위해 생산되었고, 생산자는 의도된 기능을 그의 생산품에 코드화시켰기 때문에 그것들을 재인식할 수 있다. 따라서 도구들은 도구의 형태를 통해 담당해야 할 기능을 참조하도록 지시한다.

지금까지 문화기호학의 의미에서 텍스트의 가장 단순한 경우를 살펴보았다. 여기에서 도구의 형태는 기표이고, 도구의 기능은 기의이다. 기표와 기의는 하나의 (다소 잘 동기화된) 전통적인 코드를 통해 서로 연결되어 있다. 이러한 방법으로 칼의 형태(자르는 면이 달린 손잡이)는 자르는 기능을 지시하고, 펌프의 형태(흡입피스톤이 달린 손잡이)는 펌프 기능 등을 지시한다. 따라서 도구 또한 한 문화에서 일종의 코드화된 메시지를 지니고 있는 인공물처럼 하나의 기능을 가지고 있는 인공물이다. 그래서 도구 또한 텍스트로 간주된다.

인류학의 의미에서 한 문명은 기호학적으로 텍스트의 집합체로 설명될 수 있다는 것이 이러한 성찰의 결과로서 분명해졌다. 그러므로 두 번째 인류학 분과학문의 연구영역인 물질인류학 또한 기호학적인 개념의 토대 위에 재구성될 수 있다.

3) 정신문화(기질): 코드

한 사회의 기질은 그 사회를 구성하는 구성원들의 정신관으로 이루어진다. 즉, 정신관이란 한 사회의 구성원들이 적용하고 표현하는 것을 규정하는 사고와 가치관 그리고 전통이다. 광의의 의미에서 사고란 한 사회가 그 사회 자체를 해석하고 현실을 해석하는 모든 범주이다. '인간'과 '동물' 그리고 '식물' 같은 개념들이 '천당'과 '지옥'처럼 이러한 사고에 속한다. 한 문화의 가치관을 설명해주는 사례들은 '자유'와 '평등', '동포애' 및 '책임의식', '공정성'과 '진리애' 등이다. 이러한 정신관의 기호학적 형태들은 어떻게 규정되는가? 이러한 질문 또한 우리가 제시하는 이론적인 틀 내에서 손쉽게 대답할 수 있는 사항이다. 하나의 세계관이 전달할 메시지를 담고 있는 실체를 지니고 있다면, 즉 무엇인가를 표현할 상징적 형태가 존재한다면(Cassirer 1923-29; Schwemmer 1997, 143), 다시 말해 하나의 기표가 있고 그것의 기의가 정신관을 표현한다면, 그 정신관은 한 사회에서 역할을 수행할 수 있다. 그 밖에 기표와 기의의 쌍들은 오로지 체계와 관련해서만 나타난다(Saussure 1967, 136). 기표와 기의의 체계가 코드이기 때문에 정신이 코드의 집합으로 이해될 수 있다고 결론을 내릴 수 있다. 이러한 코드는 전통으로부터 온다. 따라서 정신문화는 한 사회의 구성원들이 공유하고 있는 기호 전통의 체계라고밖에 볼 수 없다. 코드는 구성원들의 사회적 행위와 그들이 만든 인공물들의 역할과 의미를 규정한다.

전통적인 코드의 집합체로 정신문화를 설명하는 방식을 통해 인류학의 세 번째 분과학문인 문화인류학의 연구영역 또한 기호학적인 개념의 토대 위에 재구성될 수 있다.

4) 사회 · 물질 · 정신문화의 기호학적 관계

사회 · 물질 · 정신문화를 기호학적 분석으로 선호할 때 우선시하는 방법 중의 하나는 사회인류학과 물질인류학 그리고 문화인류학의 연구대상을 이론적으로 잘 무장된 체계로 서로 연계시키자는 것이다. 한 사회가 기호 사용자의 집합체로, 그리고 문명이 텍스트의 집합체로, 정신이 전통적인 코드의 집합체로 정의된다면, 이 세 영역은 필연적으로 서로 맞물려 있다. 기호 사용자가 텍스트를 이해하기 위해서는 코드에 의존해야 하기 때문이다.

따라서 기호학은 "문화는 특별한 기호체계이다"라는 명제 아래 인류학과 고고학의 연구대상의 통일성과 여타 문화학의 통일성을 입증할 수 있다. 그래서 우리는 서론에서 이미 제기한 논제를 다음과 같이 정확하게 표현할 수 있다. 기호체계로서 문화는 개인 및 집단적 기호 사용자로 구성된다. 기호 사용자는 텍스트를 생산하고 수용한다. 전통적 코드의 도움으로 기호 사용자를 통해 메시지가 전달되고, 그 메시지는 기호 사용자가 문제들을 극복하는 데 도움을 준다.

문화개념에 대한 이러한 설명은 인간문화뿐만 아니라 동물문화와 기계문화에도 해당되고, 인간과 동물 그리고 기계가 서로 협력하고 공동의 기호 전통을 통해 상호교류하는 문화에도 적용된다. 또한 인간문화 내에서 이러한 문화개념은 혈통문화와 언어공동체 또는 민족국가에만 적용될 뿐만 아니라, 소규모의 공동체 내에서도 적용된다. 이러한 의미에서 한 인간은 서양 또는 유럽 그리고 독일, 바이에른 주 및 뮌헨문화의 구성원이 될 수 있다(Baumann 1999). 또한 매니저 · 공무원 · 노동자문화처럼 기업문화와 공장문화 그리고 학생들의 하위문화 및 귀족 · 시민 · 농부문화에 대한 말들도 기호학적 문화개념으로 재구성되고 정당화될 수 있다. 따라서 문화는 아주 복잡하지만 통일된 양상을 띠고 있다. 정확히 표현하자면, 한 기호체계로서 문화의 완전성은 아래의 세 가지로 구성된다.

① 한 사회는 여러 그룹으로 나누어진(가끔 서로 교차되기는 하지만) 매우 다양한 기호 사용자를 포함한다. 예를 들어 한 그룹이 사회적 기관이 된다면, 그 그룹은 집단적 기호 사용자로 분류된다.

② 한 문명은 매우 다양한 텍스트로 구성된다. 텍스트는 각자 다른 매체에 소속되어 있기 때문에 다양한 텍스트 집합으로 분류된다.

③ 한 기질(정신)은 다양한 코드로 구성된다. 그 코드는 코드의 규칙형태와 코드를 통해 서로 연결된 기표와 기의의 속성을 근거로 다양한 코드 종류로 분류될 수 있다.

이러한 상반된 구조 때문에 각각의 문화기호체계 또한 기호체계에 대한 한 체계로서 간주된다. 모든 문화는 그 자체가 기호체계에 대한 체계 안에 조직되었고 많은 경쟁적인 조직원칙들이 적용될 수 있기 때문에 경쟁관계에 있는 조직원칙의 상대적인 우위성에 대하여 지속적인 합의가 필요하다. 그래서 문화변동의 근간이 되는 문화의 역동성이 발생한다.

5) 문화기호학과 스토리텔링

위에서 살펴본 바와 같이 문화기호학의 본질적인 과제는 "어느 한 문화에서 영향을 끼친 기호체계를 고려하여 그 문화에 사용하는 기호체계를 연구한다."와 또 다른 과제로 "한 문화의 구성원들이 개개인에게 영향을 끼친 장단점을 고려하여 문화를 기호체계로서 연구한다."로 정리하였다. 그렇다면 본서의 주 연구대상인 스토리텔링은 문화기호학과 어떤 상관성을 갖는가. 이 점에 대해 다음과 같은 설명이 가능하다.

스토리텔링은 언어기호를 기반으로 한다. 그렇기에 당연히 언어적 기호체계를 갖는 기호체계라고 볼 수 있다. 또한 스토리텔링은 당대의 문화를 반영하여 구성되며 다양한 문화기호로서 표출된다. 스토리텔링은 기호생산자 측에서 스토리를 만들어내고 표현하고, 기호수용자 측에서 이 기호들의 연쇄를 받아들이고 해석하는 하나의 기호과정이다. 이 점에서 스토리텔링은 문화기호학으로 이해할 수 있는 계기가 마련된다.

이를 구체적으로 설명하면 문화기호학에서의 주요 세 가지 개념인 과정, 코드, 매체로서도 설명이 가능하다는 것이다. 먼저 기호과정에 대해서는 이야기를 만드는 스토리텔러, 매체로서 스토리(즉, 이야기), 또한 그 이야기를 듣는 독자가 있으니 자연스럽게 기호과정을 구성한다. 기호 생산자로서 스토리텔러와 기호 수신자로서 독자 간에 매개하는 텍스트는 다양한 매체로 나타날 수 있다. 이 기호 사용자들과 텍스트에 코드가 존재한다. 그래야 수용과 해석 행위가 유발되기 때문이다.

우리가 이 책에서 추구하고자 하는 공간 스토리텔링은 결국 우리의 문화를 반영하고, 앞으로의 문화를 창출하고자 하는 공간의 문화 디자인이라고 볼 수 있다. 스토리텔링은 공간을 장소화하고 그 공간에 인간을 존재하게 하고 의미를 만들어내게 한다. 특히 공간 스토리텔링은 공간을 언어 같은 기호체계로 간주하여 공간에 의미를 부여하는 기호학적 작업이다. 이 책은 주로 제주도 공간을 중심으로 공간 스토리텔링을 논의했다. 저자들이 어떻게 기호학적 작업을 펼쳤는지 주목하길 바란다.

2장

문화기호학으로 보는 공간 스토리텔링

1. 스토리텔링의 개념과 연구동향
2. 스토리텔링 공간의 기호학적 접근
3. 공간 스토리텔링 과정 모형

1. 스토리텔링의 개념과 연구동향

최근 들어 학문적 영역이나 언론 매체 등에서 '스토리텔링(storytelling)'이라는 용어가 자주 등장한다. 이제는 스토리텔링이 낯설게 느껴지지 않을 만큼 대중화되었다. 소설, 애니메이션, 영화, 드라마를 넘어 마케팅, 관광, 공간, 자기계발에 이르기까지 '스토리텔링'이라는 용어는 다양한 분야에서 사용되고 있다.

스토리텔링은 '이야기'를 뜻하는 'story'와 이를 '말하'는 'telling'이 결합한 단어로, '이야기하기'라는 동명사적 형태를 띠기 때문에 상당히 역동적으로 느껴질 수 있다. 구태여 우리말로 번역할 필요도 없이 그 의미가 무엇인지를 간파할 수 있다. 이제 스토리텔링은 우리 사회에서 원래의 뜻을 포함하여 이야기하는 방식, 이야기하는 상황을 뛰어넘는 의미로 다양하게 사용되고 있다.

이러한 스토리텔링에 대해 좀 더 알아보도록 하자. 스토리텔링은 넓은 의미로 공감적 의사소통 행위를 의미하며 이야기를 통해 상대방에게 감동을 주거나 공감을 불러일으키는 것 또는 자신이 전하고자 하는 메시지를 납득시키는 것으로, 일방적인 메시지 전달이 아닌 상호 간의 의견 교환을 통해 '동의'를 얻는 과정으로서 소통적 차원의 개념으로도 사용된다. 이와 같이 통섭적인 면모를 지니고 있는 스토리텔링은 잡다한 분과들을 나열한 단순한 병합이 아니라 여러 학문을 두루 통합할 수 있는 융합적 성격을 지니고 있다(최혜실 2009).

스토리텔링은 이야기를 기반으로 한다. 이야기는 정형화된 문자 텍스트 속에서 수용자의 적극적인 개입을 유도하는 채널이 제한적이지만, 스토리텔링은 다양한 매체를 통해 수용자의 적극적인 소통행위를 유도한다는 점에서 차별성이 있다. 내러티브(narrative)가 story로 구성된다면 스토리텔링은 담화로 전달되는 것으로, 내러티브가 전통적인 언술을 대상으로 내적 구조에 초점을 맞추었다면 스토리텔링은 새로운 매체와 결합하면서 이야기하기의 양상이 어떻게 달라지는지에 초점을 두고 있다고 볼 수 있다(김광욱 2008). 박기수(2007)도 스토리텔링의 채널이자 매체인 telling이 텍스트 향유의 지배적인 요소로 등장하였다고 말하며, telling의 방식은 점차 다양해지고 있고, 그 자체가 텍스트의 구조 안에서 끊임없이 재맥락화되어 새로운 이야기와 스토리텔링이 창출됨에 따라 재맥락화는 스토리텔링의 형식에 대한 질문으로 이어지고 있음을 제시한다.

어떤 학문이라도 그 분과학문에 적합한 '이야기'로 구성되고, '이야기'를 필요로 하며, '이야기'를 연구하고 있기 때문이다. 스토리텔링과 관련된 연구들은 하나의 분야에 종속되지 않고 여러 분야의 융합으로 이루어진 경우가 많다.

스토리텔링이라는 용어는 1995년 미국 콜로라도에서 열린 '디지털 스토리텔링 페스티벌'을 계기로 알려지기 시작하였고, 그로부터 20년이 채 되지 않은 현재 대한민국에서 스토리텔링은 디지털 기술뿐만 아니라 다양한 분야에서 통칭되고 학문적 연구에서도 주목받고 있다.

예를 들어 문학을 소재로 하는 테마파크, 인문학적 백과사전을 만들기 위한 디지털 기술 등이 이러한 경우이다. 따라서 이 책에서는 연구의 결과물이 지향하는 분야에 따라 스토리텔링 관련 연구들을 나눈다. 문학을 소재로 하는 테마파크는 공간 관련 스토리텔링 연구로, 인문학적 백과사전을 만들기 위한 디지털 기술은 디지털과 관련된 스토리텔링 연구로 분류한다. 이렇게 융합학문의 키워드로서 작동하는 스토리텔링의 최근 국내의 연구동향을 살펴보면 다음과 같다. 우선 문학과 이에 따른 콘텐츠 분야에서 김광욱(2008)은 이야기, 이야기하기, 이야기판(champ) 개념을 다루고 있으며, 장미영(2004)은 문화 요소별 시놉시스화와 포트폴리오 구축에 관해 논의한다. 한편 한명희(2008)는 이야기하기의 '방식'과 OSMU화되는 것을, 박기수(2011)는 『해리포터 시리즈』의 스토리텔링 전략을 논의하였다. 또한 최성실(2010)의 경우 문화 스토리텔링의 정의를 통해 문화담론을 재구축하고자 시도한다.

영상과 이에 따른 콘텐츠 분야에서는 백승국(2004)의 드라마 「겨울연가」의 서사구조 분석, 김정희(2007)의 멜로영화 콘텐츠 스토리텔링 전략 분석, 김종태(2010)의 「올드보이」 스토리텔링 전략 분석에 관한 연구들이 주목을 끈다. 또한 박성수 외(2007)는 영상의 이미지와 리듬에 관한 분석을 행하고 있으며, 성민경 외(2002)는 영상 타이틀의 표현방법과 그에 따른 상호작용에 대해 논의하고 있다. 또한 신경숙 외(2008)는 영상 스토리텔링의 가능성과 활용 양상을 기술하고 있다.

교육과 이에 따른 콘텐츠 분야의 경우 강숙희(2007)는 초등학생 대상 디지털 스토리텔링에 관한 연구를 시도했으며, 권혁일(2008)은 초등학교 수학교과 스토리텔링의 적용에 대해 기술하고 있다. 또한 김재춘 외(2009)는 교수현장에 있어 의미 생성 활동으로서 스토리텔링을 다루고 있으며, 김해영(2009)은 스토리텔링의 학교교육과 사회교육 방안에 대해 논의하고 있다. 이와 더불어 김영주(2008)는 동화의 어휘, 문형, 문화교육 교재 구성을 스토리텔링에 연관지어 논의하며, 김영순 외(2010)는 지역문화교육에 있어서 스토리텔링 사례를 소개하고 적용 가능성을 탐색하고 있다.

디지털 · 게임 분야에서 고욱 · 이인화(2003)는 디지털 스토리텔링 정의와 유형화 구분을 시도했으며, 한혜원(2007)과 서성은(2011)은 트랜스미디어 스토리텔링에 관한 융합 연구를 제안하고 있다. 또한 박동숙 외(2001)는 게임 스토리텔링을 내러티브 장치와 관련해서 논의하고 있으며, 이용욱 외(2010)는 게임 스토리텔링에서 '재미' 기제 패턴을 추출하는 방법에 대해 제안하고 있다. 나아가 김만수 외(2010)는 협업적 디지털 스토리텔링 모형을 소개하고 있다.

최근의 경향으로 스토리텔링이 관광 및 공간 연구 영역에도 관여하고 있다. 이를테면 황성윤 외(2002)는 관광지에 이야기를 부여하는 공간 스토리텔링을 제안했으며, 최인호 외(2008)는 스토리텔링 활용 장소 마케팅 4단계 연구를 선보였다. 또한 전명숙(2007)은 스토리텔링이 관광자원을 설명할 수 있는 해설자 역할을 한다고 주장했으며, 최혜실(2004)의 경우는 문학작품의 공간화와 테마파크화를 연구하였다. 나아가 노재현(2009)은 공간 스토리텔링의 개념을 물리적 경관에서 의식 프레임 수준으로 심화시켰다. 또한 강상대(2007)는 도시 정체성 구현을 위한 문화자원의 스토리텔링화를 주장했고, 김영순 외(2008)는 인천 검단 지역의 공간 연구에 스토리텔링 개념을 접목하여 지역문화 콘텐츠와 스토리텔링의 연관성에 주목하였다.

이와 같은 다양한 연구 결과의 이면에는 스토리텔링을 전문적으로 연구하는 대학의 전공학과와 학술단체가 존재하고 있음을 부인할 수 없다. 이를테면 한국디지털스토리텔링학회가 결성되어 있으며, 대학에서는 본 저서의 공동 저자 가운데 한 사람인 박여성 교수가 재직하는 제주대 사회교육대학원 스토리텔링 전공을 비롯하여 강원대 스토리텔링학과, 이화여대 디지털미디어학부, 카이스트 문화기술대학원, 장안대학교 디지털스토리텔링학과가 있다. 또한 스토리텔링에 대해 교육을 받을 수 있는 문화콘텐츠학과가 인하대, 한양대, 건국대, 상명대, 선문대, 경남대, 안동대 등에 설치되어 있다. 이와 같은 전문 학술기관과 학과에서 스토리텔링의 이론 및 실습에 대한 강의와 연구가 진행되고 있어 우리나라의 스토리텔링 연구의 미래는 밝다고 볼 수 있다.

이상에서 언급한 국내의 스토리텔링 연구의 특징을 요약하자면 주로 2000년대에 들어서면서 디지털 영역에서 우선 연구되기 시작하였고, 이후 문학과 문화 분야에서 주로 연구되면서 스토리텔링이 문화 콘텐츠의 핵심적인 요소로 자리 잡게 되었다. 그리고 이는 곧 상품 마케팅, 경영, 테마파크, 지역 관광, 공간 기획, 자기계발방법 등으로 확장되었다고 볼 수 있다.

2. 스토리텔링 공간의 기호학적 접근

1) 스토리텔링 공간의 개념

김은희(2001)와 김철수(2006)에 따르면 공간은 인간이 어떤 물리적인 현상을 지각할 수 있을 때 그 의미가 생긴다고 한다. 이를테면 비가 오는 날 친구와 함께 우산을 쓰고 걸어갈 때 우산 속은 두 사람만의 공간이 되지만, 비가 그치고 우산이 접히면 두 사람의 공간이 없어지는 것과 같이 공간은 존재하는 것보다 인지되고 활용되는 것에 의의가 있다고 볼 수 있다. 즉, 공간은 인간이 활용하는 용도와 특정한 경험으로 공간에 부여하는 의미에 따라 그 성격과 가치가 달라진다.

공간은 인문학적 관점에서 두 가지 방향으로 접근할 수 있는데, 하나는 물리적으로 실존하는 자체로서의 절대적 공간이고, 다른 하나는 인간 간의 관계 생성을 통해 나타나는 상대적 공간이다(Damir-Gelisdorf & Hendirich 2005, 27; 김영순 2011, 130 재인용). 따라서 인간과 공간은 일련의 관계를 구성하는 데 다음 〈표 2-1〉는 이런 관계를 구분짓고 있다.

〈표 2-1〉에서 신화 공간은 '순수 체계(pure system)'가 작동하는 공간이다. 이 공간의 특징은 최초의 공간 특성을 지닌다. 즉 물리적 · 객관적 · 절대적 공간으로서, 인간

〈표 2-1〉 인간과 공간의 관계 구분

관계 유형			내용 및 특징
Choay (1969)	pure system	신화 공간	• 공간 종속형, 공간 순응형 • 종교적 · 신화적 성격 • 환경에 생존 및 적응하기 위한 토대의 기능
	mixed system	실용 공간	• 공간 정복형 • 합리적 · 이성적 성격 • 인간의 편의를 위한 기능(교통, 운송, 무역 등)
Soja (1996)	third space	존재 공간	• 공간 창조형(공간 = 인간 의미 저장소) • 감성적 · 소통적 성격 • 인간이 부여하는 가치들의 안식처로서의 기능

은 자연의 공간에서 경외감을 느끼고 생존하기 위해 환경에 적응하는 방법을 찾는 데 주력한다. 이 공간에서 인간과 공간의 관계는 종속적이다. 쇼이(Choay 1986)에 의하면 근대 이전의 공간 형태는 인간의 삶과 행위를 그대로 상징하는 형태를 띠고 있었고, 그들의 작은 우주를 표상하고 삶 자체를 그대로 반영했다. 그에 따르면 공간의 의미 작용(signification)은 서로 상응하는 관계에 있는 일련의 문화적 시스템과 상응하며, 이러한 문화적 시스템은 그 공간에 거주하는 구성원들의 사회생활에 관한 모든 양상을 포함하고 있다.

실용 공간은 현대적 의미의 공간이다. 많은 공간은 합리적이고 논리적으로 구성되며, 그것은 소비를 위한 경제가치에 의해 분할되어 있고, 교통 · 운송 · 무역 등 인간의 편의를 위한 기능과 관련이 있다. 쇼이(Choay 1986)에 의하면 근대 이후의 공간 형태는 인간의 삶이나 행위와 밀접한 관련이 없는 채로 경제적 · 실용적 · 효율적 가치를 반영하고 있고, 교통신호나 상업광고판 같은 보충적인 기호의 도움으로 재의미화(Re-semantized)되는 형태를 띠고 있다. 이와 같은 공간을 '혼합 체계(mixed system)'라고 지칭하며, 이 시스템의 기능적 논리는 경제적 효율성으로부터 비롯한 것이다. 이처럼 근대 이후의 도시 양식은 혼합되고 획일화되었으며, 대부분의 도시민은 다른 사람들의 창조물 속에서 살고 있다. 이것은 도시의 불명료성을 가져왔으며, 현대도시의 공간들은 그 나름대로의 방식으로 의미작용을 하고 있는 것은 확실하지만 마치 외국어를 읽는 것과 같아서 우리가 그 글을 읽을 수 있다 해도 이해하지는 못한다고 볼 수 있는 그런 공간이다.

존재 공간은 공간이 인간의 의미를 저장하는 기능을 맡고 있다는 가정에서 출발한다고 볼 수 있다. 이 공간은 스토리텔링의 사회문화적 확장에 해당하는 감성적 · 소통적 · 참여적 공간으로 간주될 수 있다. 또한 이 공간은 이미 의미가 주어진 공간 혹은 의미를 새롭게 부여할 공간으로서 공간이 인간에 의해 부여되는 가치들의 안식처로서의 기능을 한다.

이 책에서 주목하는 스토리텔링의 공간은 소자(Soja, 1996)가 주목하는 제3 공간(third space)이라고 볼 수 있다. 이 공간은 상대적 공간이자, 인간의 다양한 삶의 의미가 교차되는 과정에서 끊임없이 사회적으로 재구성되고 확장되는 제3 공간이라고 볼 수 있다. 제3 공간에서의 주체는 특정한 담론에 의해 개념화된 공간을 그대로 수용하지 않고, 비판하고 전용하며 재구성하는 다양한 주체의 모습으로 나타난다. 우리가 이 책에서 행하려는 스토리텔링 공간, 즉 공간의 스토리텔링은 인간의 이야기가 연결된 의미(가치)의 공간을 뜻한다. 다시 말해 공간이 인간의 의미로 전환되어 새롭게 창조된 특정한 가치의 공간, 또는 인간이 공간으로부터 발굴한 의미가 강화된 정체성의 공간을 의미한다. 스토리텔링의 관점에서 보면 인간이 땅을 딛고 서 있는 '현실'의 공간과

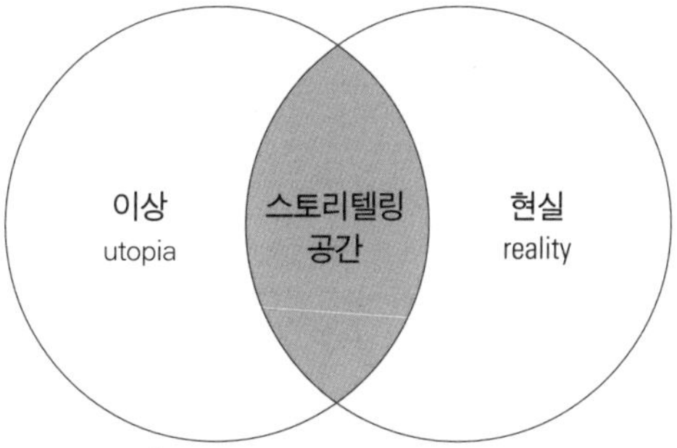

〈그림 2-1〉 이상과 현실의 '관계'로서 스토리텔링 공간

인간이 중요하게 생각하는 의미와 가치로 구성된 '이상'의 공간은 서로 분리해서 이해될 수 없으며, 스토리텔링 공간은 인간의 필요에 의해 '이상'과 '현실'이 적절히 조율된 공간으로 이해할 수 있다. 이를 도식화하면 앞의 〈그림 2-1〉과 같다.

2) 스토리텔링 공간의 기호학적 의미

앞서 설명한 스토리텔링 개념에서 스토리는 인간을 대상 또는 목적으로 한다. 따라서 인간을 중심으로 이상적인 공간과 현실적인 공간을 구분할 수 있는데, 스토리텔링은 이와 같이 '이상'과 '현실'의 상관관계 속에 놓이게 된다. 이런 맥락에서 스토리텔링은 '이상'과 '현실' 관계 조율에 따라 다양한 의미영역 창출의 가능성을 가지게 된다.

이와 같은 이상과 현실의 이분법을 그레마스(Algirdas J. Greimas)의 기호사각형(Semiotic Square)*을 활용하여 스토리텔링 공간의 의미를 확장해보고자 한다. 이렇게 함으로써 이 책은 '이상' 또는 '현실' 중심의 이분법적 사고의 한계를 뛰어넘어 새롭게 확장된 의미의 영역으로서 스토리텔링 공간을 설명하고자 한다.

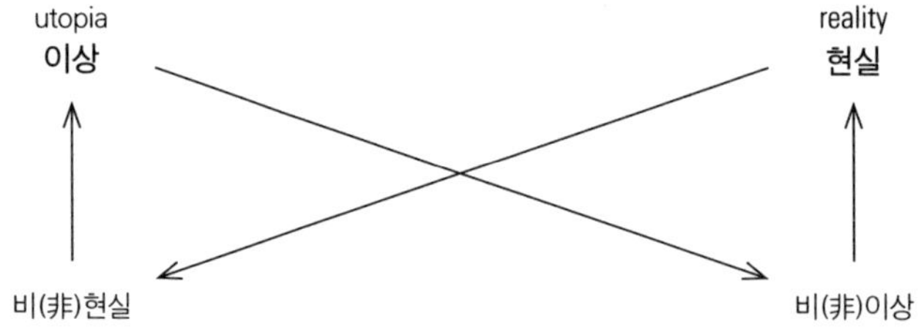

〈그림 2-2〉 스토리텔링 공간의 기호사각형

* 기호사각형은 스콜라철학의 '논리사각형(logical square)'과 야콥슨이 제안한 '모순(contradiction)' 및 '상반(contrariety)'의 구분을 결합한 것으로, 기호의 체계가 이항 대립(이것 아니면 저것) 이상의 의미를 가질 수 있다는 것을 보여준다(Chandler 2006 재인용).

〈그림 2-2〉와 같이 기호사각형은 세 가지 항의 의미상 대립구조를 보여주고 있는데, 첫 번째 대립은 '이상'과 '현실'의 각기 다른 변별적 자질(distinctive features)에 의한 반대관계에서 나타난다. '이상'은 인간이 생각할 수 있는 가장 완전한 상태를 뜻하는 것으로, 인간의 꿈이나 비전 등으로 묘사되는 영역을 지칭한다. 반면에 '현실'은 실제로 존재하는 사실이나 상태를 뜻하는 것으로, 인간의 실제 삶에 대해 객관적(물리적)이고 구체적으로 묘사하는 영역을 지칭한다.

또한 기호사각형의 두 번째 대립은 '이상'의 변별적 자질을 부정하는 '비(非)이상'과 '현실'의 변별적 자질을 부정하는 '비(非)현실'이 구축하는 모순관계에서 형성된다. 이들의 영역은 실질적인 스토리텔링 공간의 의미를 내포하고 있는데, 이는 궁극적인 '이상'과 '현실'을 부정하여 새롭게 만들어진 타협의 공간으로 볼 수 있다.

기호사각형의 세 번째 대립은 '비(非)이상'이 '현실'의 변별적 자질을 전제하고, '비(非)현실'이 '이상'의 변별적 자질을 전제하는 함축관계에서 나타난다. 이것은 '이상'과 '현실'이 대립적인 반대항의 위치에 있지만, 두 항이 기호사각형으로 확장된 의미영역이 가지고 있는 방향성으로 연결될 수 있음을 시사한다.

이와 같이 '반대', '모순', '함축'의 관계로 나타나는 대립구조를 도식화한 기호사각형은 스토리텔링의 존재의 공간, 실용의 공간, 탐색/강화의 공간, 변용/창조의 공간과 같이 네 가지 의미 범주를 구축할 수 있다. 먼저 〈그림 2-3〉에서와 같이 존재의

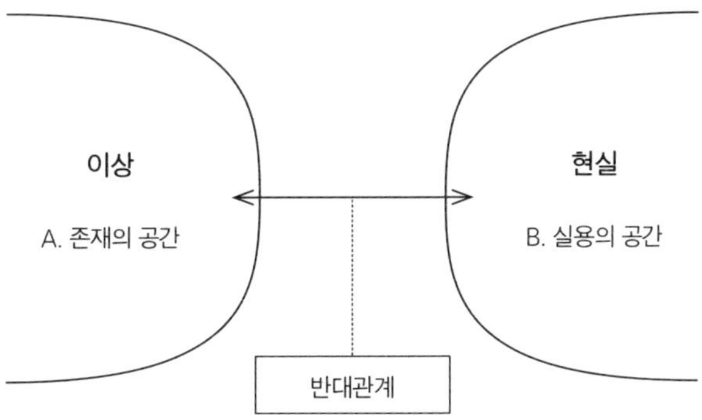

〈그림 2-3〉 이상과 현실의 대립 공간

공간과 실용의 공간에 대해 살펴보도록 한다.

'이상'의 공간은 존재의 공간으로 공간 의미의 제3 영역에 해당하며, '현실'의 공간은 실용의 공간으로 가정할 수 있다. 이 두 공간은 상반된 반대의 개념으로 구성된다. 기호사각형으로 확장된 의미로서 모순과 함축의 관계에 따라 두 가지 방향의 의미공간으로 나눠지는 두 공간은 앞의 대립 공간들(이상과 현실)이 조화롭게 공존하는 공간으로, 스토리텔링 공간의 핵심적 영역이 된다. 다음 〈그림 2-4〉는 탐색/강화의 공간을 도식화한 것이다.

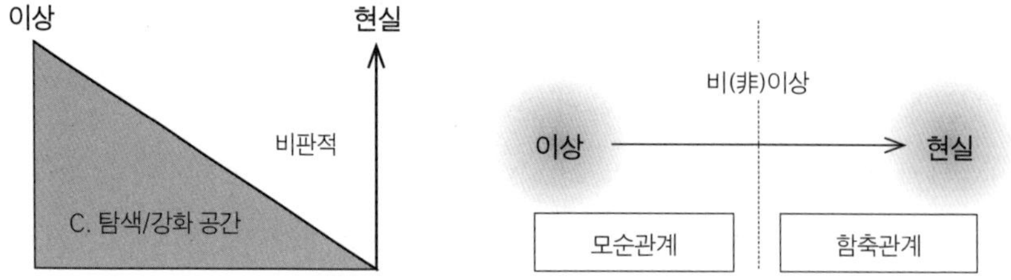

〈그림 2-4〉 이상에서 현실로의 '장소성 탐색/강화' 공간

'비(非)이상'의 공간은 '이상'을 부정하고 '현실'을 전제하는 공간이다. 이는 위의 〈그림 2-4〉와 같이 이상에서 현실로 진행하는 방향성을 획득하게 되는데, 이 과정에서 도출되는 영역은 역사적 경험을 전제한 인간의 삶의 시간성을 반영하는 장소성을 탐색하고 강화하는 '탐색/강화'의 공간이라고 할 수 있다.

다음 〈그림 2-5〉는 변용/창조의 공간을 도식화한 것이다.

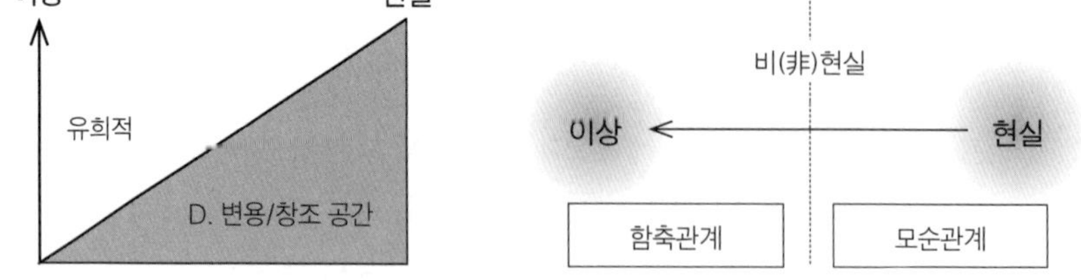

〈그림 2-5〉 현실에서 이상으로의 '장소성 변용/창조' 공간

'비(非)현실'의 공간은 '현실'을 부정하고 '이상'을 전제하는 공간이다. 이는 현실에서 이상으로 진행하는 방향성을 획득하게 되는데, 이 과정에서 도출되는 영역은 인간의 꿈과 비전을 위한 장소성을 변용하고 이를 창조할 수 있는 '변용/창조' 공간이다. 이것은 현실 공간에 실제로 존재하는 가치에 안주하지 않고, 이를 극복하고 관리하여 원하는 방향으로 공간의 가치를 변용함으로써 인간이 원하는 삶의 의미를 공간에 부여하여 새롭게 가치가 창조됨을 의미한다. 즉, 이상적인 가치들을 현실 공간에 부여하여 장소를 조성하는 노력의 공간이다.

3) 스토리텔링 공간의 문화적 의미가치 지형도

앞 절에서 논의한 기호학적 관점에서의 스토리텔링 공간에 대하여 문화적 의미가치를 구성해야 한다. 이를 위해 기호사각형으로 확장된 세 가지 관계(반대관계, 모순관계, 함축관계)의 축을 변형한 셈프리니(Semprini 1992)의 기호학적 매핑구조를 통해 문화적 의미가치 지형도를 구축하고자 한다. 그럼으로써 스토리텔링 공간의 의미가치와 정체성을 확인할 수 있을 것이다.

셈프리니의 기호학적 매핑구조를 기반으로 이 연구에서는 스토리텔링 공간의 문화적 의미가치 구조를 '의미(교육)공간', '정보(기술)공간', '심리(감각)공간', '미적(정신)공간'의 네 가지 의미영역으로 기술하고자 한다. 이들 영역은 플로슈(Floch 1990)의 기호사각형이 지니는 네 가지 콘셉트인 '유토피아적 가치', '유희적 가치', '실제적 가치' 그리고 '비판적 가치'가 서로 중첩되고 교차하면서 생성되는 가치영역들로, 스토리텔링 공간의 의미가치 지형을 표시하는 데 기준과 정당성을 제공하게 된다.

이런 맥락에서 스토리텔링 공간의 네 가지 의미가치 영역들은 다음 〈그림 2-6〉과 같이 도식화하여 설명할 수 있다.

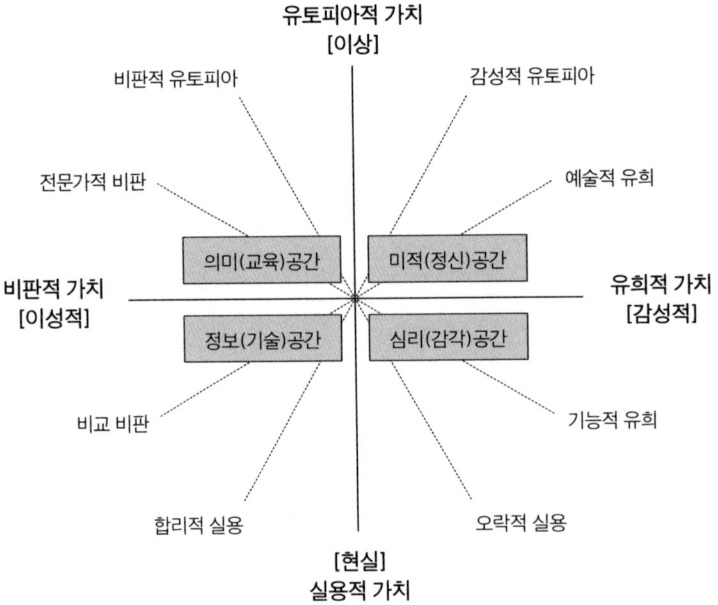

〈그림 2-6〉 스토리텔링 공간의 문화적 의미가치 지형도

첫째, '의미(교육)공간'은 '유토피아적 가치/이상'의 축과 '비판적 가치/이성'의 축이 교차하여 생성된 영역이다. 이 영역에서 '이상'의 가치들이 '현실'의 구체적인 물질화가 되기 위한 첫 번째 과정으로 진행된다. 즉, '1차 실용화' 단계라고 볼 수 있다. 이것은 중요한 이상적 가치의 실현을 목적으로 인간의 의도하에 특정한 공간에서 인지되는 장소성이 변용되는 과정을 포함한다. 따라서 이 공간의 성격은 '교육적인', '의미적인', '비판적인', '전문가적인' 등으로 파악될 수 있다.

의미(교육)공간에서의 스토리텔링은 '공간비판형/행위유도형'으로 설명될 수 있다. 행위유도형 스토리텔링은 공간 수용자에게 해야 할 행위 또는 하지 말아야 할 행위를 지시하고, 이를 공간 체험의 중요한 규칙으로 제안하여 도시공간의 의미 창출을 유도하는 공간 스토리텔링 전략을 뜻한다. 여기에서 공간 스토리텔링 전략은 공간 수용자들이 '이 공간에서 무엇을 할 것인가'에 대한 규칙을 찾아내는 것이다. 대표적인

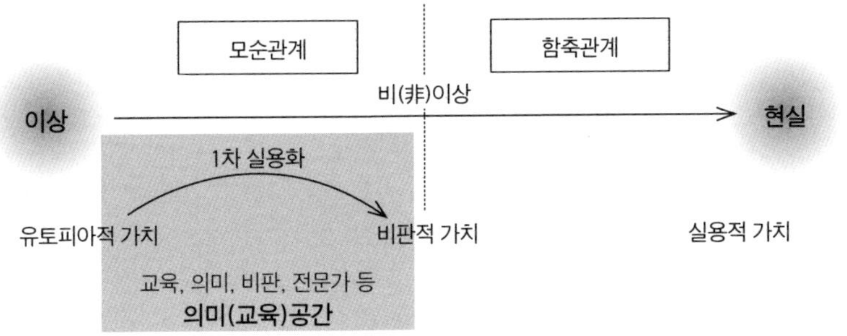

〈그림 2-7〉 스토리텔링 공간: 의미(교육)공간

유형으로 해당 장소의 역사적인 기억 또는 상징하는 의미를 표현해내는 주요 건축물, 역사 유적, 표지물 등을 제시할 수 있으며, 공간 수용자들은 해당 공간의 이야기를 스스로 배열하고 조합할 수 있다. 이 경우에 주어진 장소들은 고유한 의미를 내포한 공간으로 규정되기도 하고, 공간 수용자에 의해 재구성된 융합적 의미를 창출한 공간으로 간주되기도 한다. 물론 이야기의 특성에 따라 역사적 사료에 근거하여 정밀하게 복원시킨 구조물이 효과적일지, 현 시대의 흐름을 반영하여 새로운 캐릭터를 개발하는 것이 효과적일지에 대한 것은 표면적 형식 층위에서 적합성을 논의할 문제이다. 따라서 공간 스토리텔링에는 주제, 목적, 유형 등 다양한 공간 기획의 조건들을 고려할 필요가 있다.

둘째, '정보(기술)공간'은 '비판적 가치/이성'의 축과 '실용적 가치/현실'의 축이 교차하여 생성된 영역으로서 '이상'의 가치들이 '현실'의 구체적인 물질화가 되기 위한 두 번째 과정으로, '2차 실용화' 단계라고 볼 수 있다. 이것은 중요한 이상적 가치의 물리적인 현실화를 목적으로 인간의 의도하에 실제 공간에 구체적으로 인지되는 장소성이 창조되는 과정을 포함한다. 따라서 이 공간의 성격은 '물리적인', '기술적인', '구체적인', '합리적인' 등으로 파악될 수 있다.

정보(기술)공간에서의 스토리텔링은 '정보제공형'으로 설명될 수 있다. 정보제공형 스토리텔링은 우리 주변에서 흔히 찾아볼 수 있는 스토리텔링 유형으로, 공간 기

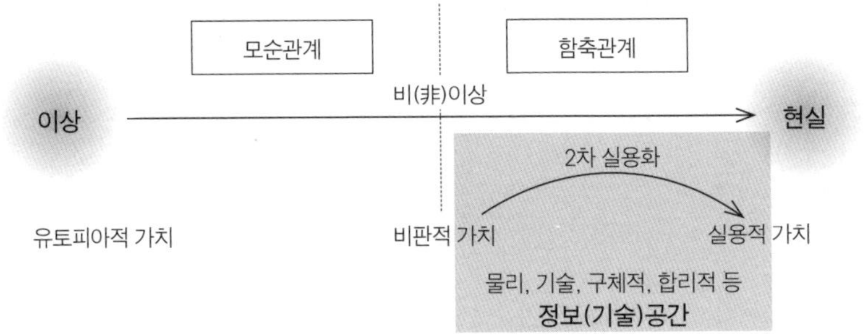

〈그림 2-8〉 스토리텔링 공간: 정보(기술)공간

획자의 의도에 따라 공간의 기능이 정해지고 이를 수용자가 찾아내고 학습하는 유형이다. 가장 전형적인 유형으로, 공간 콘텐츠 설명이 주어지고 이를 수용자가 확인하는 박물관형 공간 스토리 창출 전략이 있다. 이 유형은 동선을 따라 텍스트, 이미지, 전시물을 효과적으로 구성함으로써 수용자가 공간의 이야기를 받아들이고 이해하는 것을 돕는다.

셋째, '심리(감각)공간'은 '실용적 가치/현실'의 축과 '유희적 가치/감성'의 축이 교차하여 생성된 영역으로서 '현실'의 구체적인 속성들이 '이상'적인 가치가 되기 위한 첫 번째 과정으로, '1차 의미화' 단계라고 볼 수 있다. 여기서는 실제 공간의 시간성(역사성)을 토대로 이상적인 가치를 이끌어내는 장소성 탐색의 과정을 포함한다. 따라서 이 공간의 성격은 '감각적인', '신체적인', '유희적인', '심리적인' 등으로 파악될 수 있다.

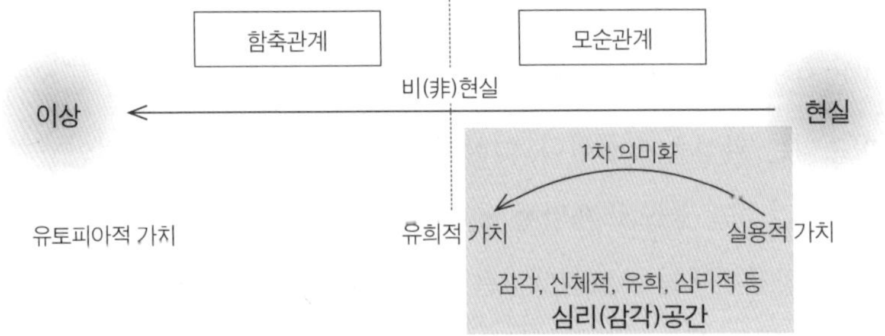

〈그림 2-9〉 스토리텔링 공간: 심리(감각)공간

심리(감각)공간에서의 스토리텔링은 '흥미지향형'으로 설명될 수 있다. 흥미지향형 스토리텔링의 특성은 수용자가 공간 참여를 통해 즐겁게 놀며 장난을 할 수 있는 유희적 속성에 있다. 이 스토리텔링의 대표적인 공간은 축제, 공연장, 테마파크 등 놀이시설과 이벤트가 충분히 조성되어 있는 엔터테인먼트 콘텐츠 공간을 예로 들 수 있다. 즉, 대중적으로 소구할 수 있는 유희적인 속성과 도시 공간의 다양한 의미 창출의 콘텐츠를 연계함으로써 공간 수용자들의 관심과 흥미로 공간의 의미가 구성될 수 있도록 유도하는 스토리텔링 전략이다. 그러나 흥미지향형 스토리텔링은 해당 장소의 오락성이 사라지게 되면 공간 수용자들이 더 이상 찾지 않고 기억하지도 않는 경우가 많다. 이 같은 폐단을 지양하기 위해서는 해당 장소가 유희적인 속성에만 의지하지 않고, 크고 작은 이야기의 연쇄를 만들어냄으로써 구전과 미디어를 통해 공간의 의미가 재구성될 수 있도록 해야 할 것이다.

넷째, '미적(정신)공간'은 '유희적 가치/감성'의 축과 '유토피아적 가치/이상'의 축이 교차하여 생성된 영역으로서 '현실'의 구체적인 속성들이 '이상'적인 가치가 되기 위한 두 번째 과정으로, '2차 의미화' 단계라고 볼 수 있다. 이것은 실제 공간의 시간성(역사성)에 적합한 이상적 가치들을 더욱 다양하고 풍요롭게 하여 공간의 품격을 향상시키는 장소성 강화의 과정을 포함한다. 따라서 이 공간의 성격은 '정신적인', '미적인', '이상적인', '예술적인' 등으로 파악될 수 있다.

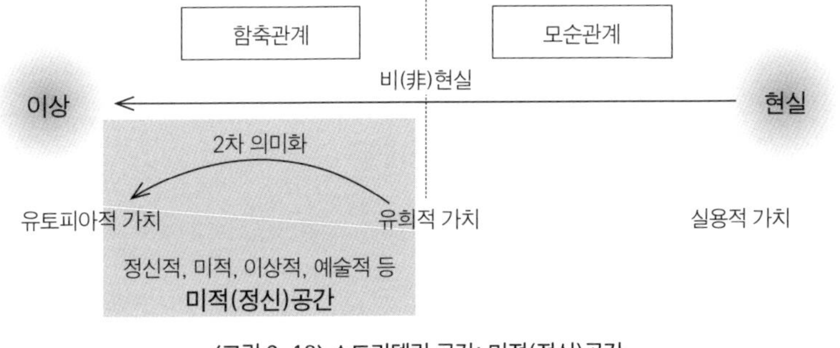

〈그림 2-10〉 스토리텔링 공간: 미적(정신)공간

이와 같은 미적(정신)공간에서의 스토리텔링은 '가치지향형/과제해결형'으로 설명될 수 있다. 이 유형의 스토리텔링은 공간 수용자의 취향과 의지에 따라 공간에 참여하는 방식이 달라짐으로써 공간의 의미가 자율적으로 구성되는 열린 구조를 가지고 있다는 것이 특징이다. 따라서 이 유형은 다른 세 가지 스토리텔링 유형에 비해 상대적으로 공간 수용자의 자기 창의적 스토리텔링 의존도가 높다고 볼 수 있다. 이러한 유형은 간혹 극단적인 공간 체험의 이야기를 만들어내기도 한다. 공간 참여자 개인의 의도나 해결해야 할 과제의 성격에 따라 해당 장소에 부여되는 의미와 가치가 판이하게 달라지는 경우가 있기 때문이다.

3. 공간 스토리텔링 과정 모형

1) 공간 스토리텔링의 개념

위의 2절에서 스토리텔링에 대한 기호학적 접근을 통해 스토리텔링이 지니는 문화적 의미가치에 대한 체계를 구조화했다면 이 장에서는 공간 스토리텔링의 과정 모형을 제안하고자 한다. 다시 말해 스토리텔링의 문화적 의미가치체계와 유형이 개념적 영역이라면, 이 장에서 다루는 공간 스토리텔링 과정 모형은 스토리텔링의 절차에 관한 내용이라고 볼 수 있다.

현대의 공간에서 텅 빈, 내용이 없는 '장소'를 어떻게 만들어낼 것인가?'라는 질문에 대한 해답을 '스토리텔링'에서 모색할 수 있다고 본다. 즉, 공간이 장소화되는 것으로서 전제가 되는 스토리텔링의 개념을 살펴볼 것이다.

인간은 공간을 체험하고 기억하며, 공간 속에서 이야기를 만들어내어 이야기하는 인간, 즉 '호모 나란스(homo narrans)'적 특성을 지닌다. 좀 더 구체적으로 말하자면 공간 없이는 이야기가 생겨날 수 없으며, 인간이 어떤 공간 속에서 특정한 체험을 함으로써 이야기가 탄생하게 된다는 것이다.

이야기를 함으로써 인간은 공간을 소재 또는 매개로 하여 다른 인간과 소통할 수 있다. 이처럼 공간과 인간 사이에 이야기가 자리함으로써 인간은 자신을 둘러싼 세계와의 소통을 확인할 수 있다.

이때 '스토리텔링'은 공간과 인간 사이에 이야기를 연결하는 교량이자, 그 이야기의 생성을 촉진하는 촉매 같은 역할을 하게 된다. 즉, 공간을 인간의 의미로 전환하고 장소화하기 위해서는 스토리텔링이 필요하다는 논리다. 스토리텔링은 부유하는 공간을 인간의 인식 속에 가두어 기억의 재생장소로 치환시킬 수 있기 때문이다(김영순 2011).

일반적으로 '공간 스토리텔링'이라고 하면 공간 생산자들이 공간을 통해 이야기하는 것으로 이해되고 있다. 이것은 공간기획의 입장에서 다루어지는 개념으로, 도시계획자 또는 건축가들이 인공적인 공간을 통해 공간의 소비자에게 말 걸기를 시도하는 것으로 이해할 수 있다.

하지만 '공간 스토리텔링'은 공간의 소비자가 개입하지 않으면 결코 완성될 수 없다. 공간의 소비자는 공간 속에서 움직이고 행동하고 느낌으로써 공간에 대해 알아가며, 그 공간에 친숙해지면서 의미를 부여하고 이름을 붙여 부르게 된다.

따라서 공간 스토리텔링은 두 가지 개념으로 정의할 수 있다. 첫 번째는 현대적이며 발신자적인 관점으로, 공간 생산자가 공간을 매체로 하여 공간 소비자에게 이야기를 하는 행위이다. 이것은 공간을 기획할 때 적용되는 것으로서, 공간 생산자가 의도하는 의미를 공간 소비자가 읽고 해석하는 과정의 스토리텔링이라고 볼 수 있다.

두 번째는 원초적이며 수신자적인 관점으로, 인간이 삶의 터전인 공간 그 자체에 이야기를 부여하는 행위이다. 이것은 공간의 소비자가 직접 공간의 의미를 생산하고, 의도하는 방향으로 공간을 활용함으로써 공간의 주인이 되는 과정의 스토리텔링이다.

흥미로운 것은 이러한 두 가지 공간 스토리텔링은 서로 분리되어 있는 것이 아니라 서로 맞물려 작용한다는 것이다. 현대의 도시공간의 경우 공간기획자가 생산해내는 공간을 소비자가 지속적으로 읽어내고 의미를 만들어가야만 스토리텔링의 의의가 있다고 본다.

2) 공간 스토리텔링 단계

공간 스토리텔링의 과정은 앞에서 제시한 발신자적인 관점과 수신자적인 관점의 두 가지 개념을 적용한 모형으로, 총 3단계로 나누어 살펴볼 수 있다(김영순 · 정미강 2007).

첫 번째 단계는 공간의 수신자적 관점에서 공간 맥락을 분석하여 이를 통해 공간의 본질인 장소성을 도출하는 과정이다. 이 과정에서 공간의 맥락을 파악한다. 이를 위해 우선 공간의 질(quality)과 결(texture)을 파악해야 한다(이동언 1999: 110-112). 이것은 공간의 역사적 · 지형적 특성, 인간의 행위적 특성 속에서 드러날 수 있는 것으로, 지형의 관찰, 현상학적 관찰, 인터뷰, 문헌조사 등을 통해 발견될 수 있다. 여기서 공간의 질은 주어진 사건의 종합적 의미, 특징, 전체성을 말하며, 공간의 결은 질을 구성하는 관계나 세부적인 조직으로 이해할 수 있다.

이러한 공간의 다양한 역사적 · 지형적 특성, 인간의 행위적 특성들을 관찰하고 분석함으로써 도시 연속체의 맥락을 파악하는 것은 공간을 있는 그대로 바라보기 위함이다. 이를 통해 공간을 제대로 이해하게 되면 그 본질을 명확히 인지하여 온전하고도 완전에 가까울 수 있는 장소성을 도출할 수 있다.

두 번째 단계는 도출된 장소성을 토대로 테마와 이야기를 부여하는 과정이다. 테마와 이야기는 공간의 정주자 및 방문자가 장소성을 체험할 수 있는 발판을 마련해주는 역할을 한다. 따라서 공간의 맥락 분석을 통해 도출된 장소성을 특정한 테마로 구체화시키고, 이를 기반으로 알맞은 이야기를 발굴하거나 구성하는 것은 공간 스토리텔링의 가장 핵심적인 단계라고 할 수 있다.

공간에 부여되는 이야기의 종류에는 세 가지 유형이 가능한데, ① 원래 공간에 존재하는 이야기, ② 미디어를 통해 만들어진 가상의 이야기, ③ 새로운 공간을 위한 새로운 이야기의 도입이 바로 그것이다. 이와 같은 세 가지 이야기 유형은 공간의 개발이나 기획의 목적에 따라 적절히 적용될 수 있으며, 이 이야기가 해당 공간의 장소성과 연결되어 새로운 의미작용을 도출할 수 있어야 한다. 이것은 이야기가 진정성을

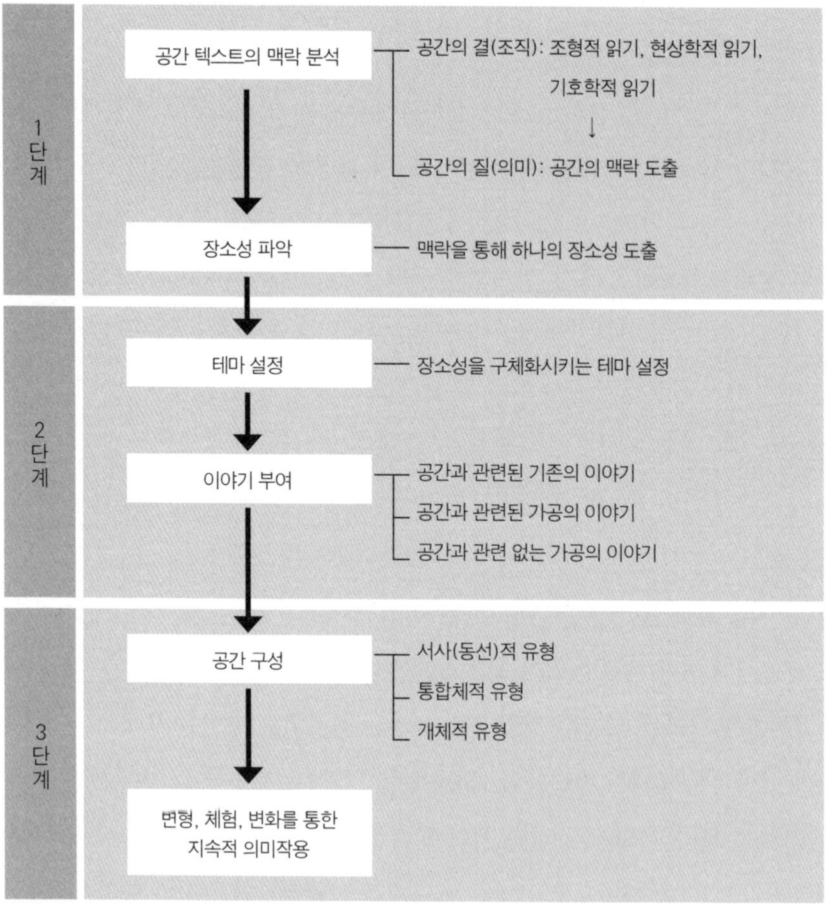

〈그림 2-11〉 공간 스토리텔링 3단계

획득하고, 공간과 이야기가 함께 생명력을 유지하는 것을 의미한다.

세 번째 단계는 공간의 기획자적 관점으로, 이야기를 기반으로 하여 공간을 구성하는 과정이다. 공간 스토리텔링은 공간과 인간의 소통, 공간의 의미작용을 목적으로 하기 때문에 반드시 인공적인 공간을 창조하는 것을 필요로 하지는 않는다. 이와 같은 세 가지 단계의 공간 스토리텔링 과정을 정리하여 모형으로 도식화하면 위의 〈그림 2-11〉과 같다.

우리 인간이 자신의 삶에서 만나는 여러 공간은 다양한 스토리를 담고 있다. 하지만 공간들은 스스로 자신을 드러내어 이야기를 전하지 않는다. 그 대신 공간에 머물렀다가 떠난 사람, 즉 인간에 의해 공간이 가지고 있는 스토리가 전해지는 것이며, 이렇게 머물고 지나간 사람들에 의해 장소에 대한 스토리가 탄생되고 다양한 방법으로 꾸며지게 된다.

따라서 공간을 발신자 측면에서의 '기획된 공간'과 수신자 측면에서의 '체험된 공간'으로 구분할 수 있다. 어떤 공간에 의미를 부여하는 행위는 그 공간을 특정 공간으로 창출하기 위해 공간에 이야기를 기획하는 행위와 그 공간을 체험하는 수신자적 측면에서 부여된 공간의 이야기를 해독하는 행위로 나눌 수 있다. 마치 이것은 기호학에서 바라보는 소통의 '기호 넣기'와 '기호 풀기' 행위와 유사하다. 여기서 기호 풀기 행위는 공간에 부여된 의미를 해독하는 것과 같다. 이렇게 의미를 해독하는 것으로 끝나는 것이 아니라 또 다른 이야기를 만들어내는 과정이 자기 창의적 스토리텔링이다. 자기 창의적 스토리텔링에 대해서는 다음 3장에서 자세히 다루기로 한다.

3장

공간 디자인을 위한 스토리텔링 모형

1. 공간과 자기 창의적 스토리텔링 모형
2. 공간의 자기 창의적 스토리텔링의 사례
3. 자기 창의적 공간 스토리텔링의 의미

이 장에서는 특정한 공간에 장소성을 부여하고,* 공간과 인간 사이의 소통을 가능하게 하는 스토리텔링 과정 모형을 공간 수용자의 관점에서 제안하고자 한다. 이를 위해 여기에서는 공간을 사람들의 기억과 과거의 창고이며, 문화적 전통과 가치의 저장소로 이해한 벤야민(W. Benjamin)의 도시관(都市觀)처럼(김왕배 · 박세훈 역 1996, 171 이하 참조), 공간을 기하학적으로 면밀하게 검토하기보다는 공간의 인식 속에 담겨 있는 공간 수용자의 기억에 근거한 새로운 공간 이야기의 창출과 매력 코드 발굴에 목적을 두고자 한다.

공간의 이야기 창출과 매력 코드 도출을 위한 심층적 공간 분석은 공간에 대한 상식적이며 일반적인 내용 제시가 아닌, 기호학적 방법론에 의해 분석된 차별화된 공간 이미지가 발생하는 주요 채널에 대한 스토리텔링 기반의 통합 모형 구축에 기초하고 있는데, 이는 공간의 문화적 정체성과 서사구조를 이해하기 위한 전략적 모색으로서 반드시 요구된다.

무엇보다도 여기에서는 공간 수용자에 의해 체험되는 공간 스토리텔링 모형을 도출하는 과정을 설명하기 위해 '충장로'를 선택하고자 하는데, 이는 충장로가 아시아문화중심도시 광주 프로젝트의 거점 공간으로서 거주민의 기억이 여전히 남아 있어 주변의 역사성과 장소성, 그리고 공간 수용자의 역동적 삶이 고려된 문화가치 기반의 기본구상을 시도하기에 매우 적합한 공간으로 판단되었기 때문이다.

---

* 장소성에 대한 집중적인 논의는 인문주의 지리학자인 이-푸 투안(Yi-Fu Tuan, 심승희 · 구동회 역 2007)에게서 찾아볼 수 있다. 투안은 공간과 장소를 엄밀히 구분하였는데, 그에게 있어서 공간이란 '움직임', '자유', '개방' 등으로 인식되는 반면, 장소는 '정지', '안전', '개인의 가치' 등으로 인식되었다. 낯선 추상적 공간이 개인의 경험을 통해 친밀한 장소가 되며, 이렇게 될 때 비로소 장소감이 형성된다고 생각하였다. 그가 정지로서 장소를 파악한 것은 경험의 축적과 익숙해짐 등이 형성될 수 있는 조건으로 장소 개념의 물리적 틀이 지속적이고 일정한 것으로 전제되어야 했기 때문이다. 이것은 공간에 비해 상대적으로 고정적이라는 의미다. 투안은 이러한 전제를 바탕으로 공간에서 장소의 의미를 분화하는 과정을 인간의 신체와 개인적 경험을 통해 조명하고자 하였다. 정리하면 추상적인 공간으로부터 장소의 형성이 가능하기 위해서는 공간에 대한 인간의 체험과 개인적인 의미부여가 있어야 한다는 것이다.

1. 공간과 자기 창의적 스토리텔링 모형

김영순 · 정미강(2008)에 따르면, 공간 스토리텔링은 크게 두 가지 개념으로 정의될 수 있다. 첫 번째는 현대적이며 발신자적인 관점으로, 공간 생산자가 공간을 매체로 하여 공간 소비자에게 이야기하는 행위이다. 두 번째는 원초적이며 수신자적인 관점으로, 인간 삶의 터전인 공간 그 자체에 인간이 이야기를 부여하는 행위를 의미한다. 전자의 경우는 현대 공간의 기획에 적용되는 스토리텔링이며, 후자의 경우는 공간을 누리는 인간의 입장에서 공간에 어떤 의미를 부여하는 원초적인 본능에 의한 스토리텔링을 의미한다.

우리 삶에서 만나는 여러 공간은 다양한 스토리를 담고 있다. 하지만 공간들은 스스로 자신을 드러내어 이야기를 전하지는 않는다. 그 대신 공간에 머물렀다가 떠난 사람들에 의해 공간에 주어진 스토리가 전해지는 것이며, 이렇게 머물고 지나간 사람들에 의해 장소에 대한 스토리가 탄생되고 다양한 방법으로 각색된다. 이처럼 공간 수용자에게 인식된 이야기(story)를 통해 특정 공간에 대해 의미를 창조하는 과정, 즉 스토리를 통해 공간의 의미를 만드는 과정이 바로 '자기 창의적 스토리텔링'이다. 특정 공간의 품격을 최적화하기 위한 스토리텔링 작업은 반드시 공간의 장소성과 역사성에 기반을 둔 문화적 가치와 상상계가 고려되어 진행되어야 하며, 이를 위해 요구되는 것은 공간의 인식 속에 담겨 있는 거주민의 기억에 근거한 새로운 이야기의 창출과 매력 코드 발굴이 선행되어야 한다는 것이다.

이 장에서 설명하고자 하는 지역특성적 공간 스토리텔링 모형인 '자기 창의적(창조적) 스토리텔링 모형(Self Creating Storytelling Model, SCS)'은 기존의 생산자 중심의 스토리텔링 전략, 즉 생산자의 의도에 따라 공간의 의미가 창출되는 플롯(plot)을 지양하고 공간 소비자의 주도적 공간 인식을 목적으로 한 공간 콘텐츠의 수용자 중심적 플로팅(plotting) 전략을 의미한다. 이때 자기 창의적 스토리텔링 모형은 다음 〈그림 3-1〉과 같이 3단계로 구성된 절차적 접근 방식으로 설명될 수 있다.

자기 창의적 스토리텔링 모형의 제1단계는 현재 공간이 지니고 있는 정체성을 확인하는 단계로, 공간의 객관적 이해를 위한 미디어 분석, 공간의 기억과 서사를 이해하기 위한 문화원형 분석, 공간 수용자(사용자)에 내재된 공간 인식을 파악하기 위한 문화가치 분석 등이 종합적으로 수행된다. 각각의 분석은 이를 뒷받침할 문화이론과 방법론을 선택하여 적용하게 된다. 제2단계는 현재의 공간 정체성에 새로운 문화 가치를 부여하기 위한 공간의 매력 코드 발굴 단계로, 트렌드 분석과 거주자 행동양식 분석, 그리고 지역특성 분석을 통합적으로 진행하게 된다. 끝으로 제3단계는 지역 특성적 스토리를 구축하는 단계로, 실제로 공간 수용자의 자기 주도적 공간 인식과 스토리텔링이 수행되는 단계이다.

이 단계는 기호학자 그레마스(A. J. Greimas)의 의미생성 모델을 수용자 중심의 공간 스토리텔링에 변용하여 새롭게 창출한 방법론으로, 이 단계에서 가장 중요한 것은 공간의 개성(personality)에 맞는 경쟁력 있는 핵심 콘셉트를 도출할 수 있도록 공간의 표상체들을 적절하게 플로팅하는 작업이다. 이러한 플롯 작업을 기반으로 수용자에게 공간만이 지닐 수 있는 독창적 서사가 인식되며, 더 나아가 거주민에 의해 체험될 수 있는 구체적 프로그램이 기획되고 운영된다. 이러한 3단계 연구 절차를 거쳐 공간에는 최적화된 공간 콘텐츠 설계와 커뮤니케이션 전략이 부여된다. 다음 〈그림 3-1〉은

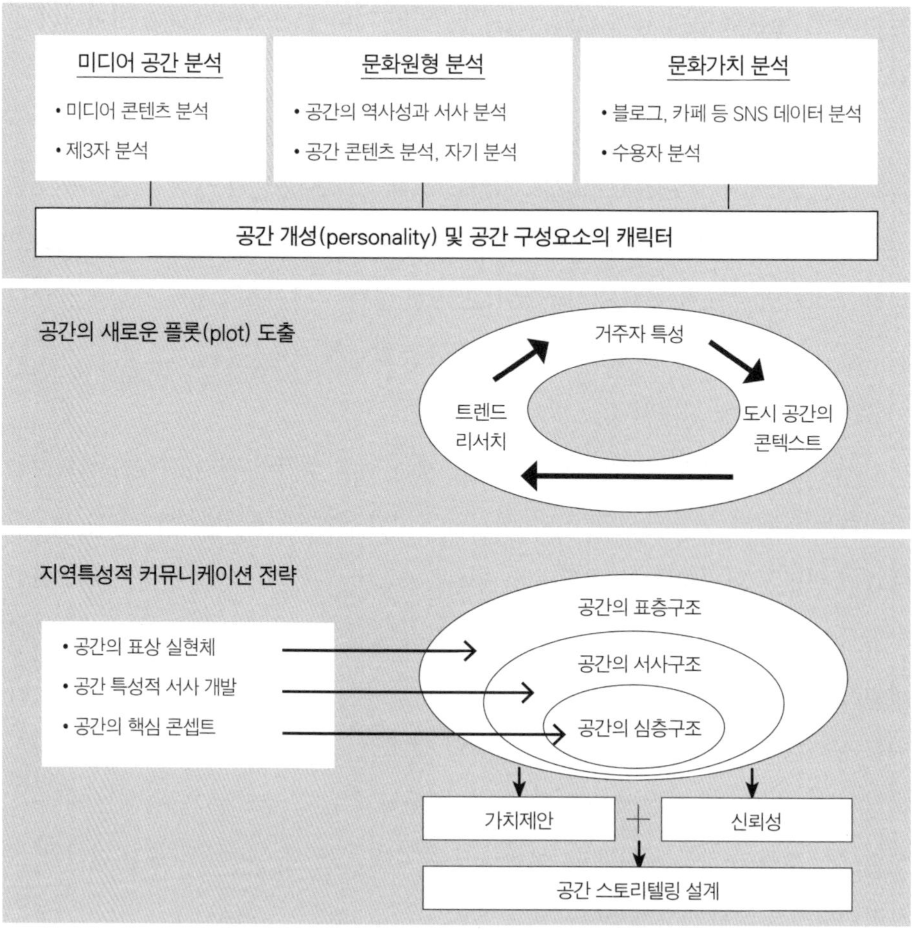

〈그림 3-1〉 자기 창의적(창조적) 스토리텔링 모델(SCS 모델)

'자기 창의적(창조적) 스토리텔링 모델(SCS 모델)'을 도식화한 것이다.

결국 자기 창의적 스토리텔링 모형이라는 '수용자 중심적 공간 의미의 (재)구조화'는 스토리텔링의 마지막 작업으로서 공간의 문화자원들을 조사하고 분석한 결과물들, 즉 흩어져 있는 정보들을 일정한 논리에 따라 배치하여 이야기를 구조화하는 작업이다.

좋은 스토리텔링은 공간의 문화가 충실히 드러나고, 지역민-관광객이 상호 주관적으로 인정하는 지역문화의 고유한 가치가 자연스럽게 녹아 있는 이야기를 의미한다. 이는 공간 문화자원들의 의미가치를 분석하고 유형화하는 문화기호학적 매핑 과정을 통해 공간이 가지는 독특한 의미체계들을 발견하는 과정을 거친다. 여기에서 제안된 자기 창의적 스토리텔링 모형은 '확산적 활성화 이론'을 바탕으로 공간의 수용자적 입장에서 공간 의미를 (재)구조화하는 작업을 의미한다. '확산적 활성화 이론'에 따르면, 어떤 한 사람이 하나의 개념에 대해 생각할 때면 연상작용으로 네트워크에 있는 그 개념에 대한 노드(node)가 활성화되어 이것이 또 다른 노드들을 자극하게 되는데, 이것이 반복되면 경로가 활성화되어 하나의 노드(예를 들면, 제주도의 바람)가 네트워크의 다른 개념들(예를 들면 제주도의 돌담, 여자 등)을 복합적으로 연상시켜 특정한 이야기의 구조를 형성하게 된다는 것이다.

따라서 도시공간의 효과적인 자기 창의적 스토리텔링을 위해서는 도시의 기억과 장소성에 기반을 둔 특성을 파악 · 진단한 후, 이를 공간의 콘텐츠로 활용하여 개념의 노드처럼 공간의 적합한 곳에 배치하고 수용자 스스로 공간의 의미를 재창조하는 스토리텔링 전략이 실행되어야 한다. 공간과 인간 사이의 소통 문제를 다루고자 하는 이 글에서의 자기 창의적 스토리텔링은 공간이 지닌 콘텐츠의 소통적 기능에 따라 그 유형을 구분하고자 하며, 이는 크게 '정보제시형 스토리텔링', '행위지시형 스토리텔링', '흥미위주형 스토리텔링', '과제해결형 스토리텔링'으로 구분할 수 있다.*

* 일반적으로 공간 스토리텔링은 도입 배경에 따라 기존의 이미지가 긍정적이어서 그것을 더욱 강화시키려는 '이미지 강화형', 기존의 이미지가 부정적이어서 그것을 긍정적 이미지로 전환하려는 '이미지 대체형', 기존의 이미지가 부재하여 새롭게 창출하려는 '이미지 창출형'으로 나눌 수 있으며, 이러한 전략은 공간이 지니고 있는 잠재적 자원(공간의 기억, 문화, 환경, 기술력 등)과 핵심 가치에 따라 스토리텔링에 적극 반영될 수 있다.

1) 정보제시형 스토리텔링

정보제시형 스토리텔링은 현재 한국의 공간구조에서 가장 빈번하게 발견할 수 있는 스토리텔링 유형으로, 공간 생산자의 의도에 따라 공간의 의미가 제시되고 이를 수용자가 받아들이는 유형이다. 이 유형은 수용자 중심의 자기 창의적 스토리텔링 유형 중 가장 소극적인 전략으로 간주된다. 정보제시형 스토리텔링의 가장 전형적인 사례는 관광가이드처럼 공간 콘텐츠의 설명이 주어지고 이를 수용자가 일부 또는 전부를 확인하여 공간의 서사를 이해하는 박물관형 공간에서 흔히 발견되는 스토리 창출 전략이다. 정보제시형 스토리텔링은 〈그림 3-2〉의 통영 관광가이드에서 볼 수 있는 것처럼 공간 생산자는 텍스트, 이미지, 전시물을 효과적으로 구성함으로써 수용자가 공간의 서사를 스스로 찾고 이해할 수 있도록 제공한다. 정보제시형 스토리텔링에 있어서 특징적인 것은 공간 생산자가 공간이 지니고 있는 문화자원에 대한 정보는 주되, 공간 수용자에게 공간 체험의 주제나 코스를 제시하지 않고 공간 수용자가 임의적으로 공간을 체험하여 공간이 창출하는 메시지를 자유롭게 구성하도록 도와준다는 데 있다.

2) 행위지시형 스토리텔링

행위지시형 스토리텔링은 공간 수용자에게 해야 할 행위 또는 하지 말아야 할 행위를 지시하고, 이를 공간 체험의 중요한 규칙으로 제안하여 도시공간의 의미 창출을 유도하는 공간 스토리텔링 전략을 뜻한다. 대부분의 공간 스토리텔링 전략은 해야 할 행위 유형으로 규칙이 주어지며, 대표적인 유형은 공간의 기억과 장소성을 축약적 또는 상징적으로 표현할 수 있는 랜드마크, 주요 건축물, 역사 유적, 문학적 기억 등을

〈그림 3-2〉 통영 관광가이드

제시하여 수용자로 하여금 이를 통해 공간의 스토리를 스스로 구성할 것을 요구한다. 이 경우 주어진 장소들은 고유한 성격으로 공간을 규정하기도 하며, 서로 융합되어 의미를 창출하기도 한다. 또한 스토리의 특성에 따라 세밀하게 복원된 구조물이 효과적인가, 새로운 스토리 구축이 효과적인가 하는 것은 표층구조 층위에서의 적합성의 문제가 있기 때문에 공간과 이야기의 주제, 유형, 목적 등 다양한 기획 조건을 고려하여 구성 전략을 짜야 한다.

예를 들어 〈그림 3-3〉의 '군산 탁류길'은 문학적 기억을 공간의 스토리텔링으로 활용한 예인데, 채만식의 소설 『탁류』의 무대가 되어 일제강점기 피폐해진 우리 민족의 삶의 공간으로 묘사된 군산을 근대문화유산의 장소로 인식되도록 도시공간에 소설의 스토리를 덧입혀 공간 수용자로 하여금 소설의 공간을 체험할 수 있도록 기획한 것이다. 이 경우 공간 수용자는 공간 생산자가 지시한 체험의 경로를 따라 공간의 이야기를 구성하게 되는데, 이러한 '행위지시형 스토리텔링'은 최근 도시공간의 기획에 가장 빈번하게 적용되는 유형이다.

〈그림 3-3〉 군산의 탁류길

3) 흥미위주형 스토리텔링

흥미위주형 스토리텔링의 가장 두드러지는 특성은 수용자의 공간 참여에 있어 가장 중요한 요소가 유희성에 있다는 것이다. 이 유형의 대표적 공간은 테마파크 또는 미디어, 축제 등 엔터테인먼트 콘텐츠를 통해 의미 창출이 유도되는 공간이 된다. 다시 말해 도시공간의 정체성과 의미 창출에 가장 적절한 콘텐츠를 발굴하여 이를 유희적 성격과 연계하여 수용자로 하여금 공간의 의미를 자발적으로 구성하도록 유도하는 스토리텔링 전략을 뜻한다.

엔터테인먼트 콘텐츠가 특정 공간을 의미 있는 장소로 변모시킨 좋은 사례들은 쉽게 찾아볼 수 있는데, 예를 들면 곽경택 감독의 영화 「친구(2001)」의 영향으로 부산의 '자갈치시장'이 이슈화되었고, 윤제균 감독의 「국제시장(2014)」 덕분에 국제시장과 '꽃분이네'가 명소가 되었으며 드라마 「모래시계(1995)」 방영 후 정동진 해안이 관광 명소가 된 것은 엔터테인먼트 콘텐츠의 흥행을 통한 공간 스토리텔링이라고 볼 수 있다. 그러나 흥미위주형 스토리텔링은 공간 콘텐츠가 유희성 또는 오락성을 상실하게 되면 공간 수용자들의 뇌리에서 잊힘과 동시에 장소의 매력도 사라지는 경우가 대부

〈그림 3-4〉 정동진역

분이다. 따라서 공간이 의미 있는 장소로 영속되려면 만들어진 스토리 위에 크고 작은 부가적인 스토리가 만들어지고 구전과 미디어를 통해 재창조되는 열린 구조여야 할 것이다.

4) 과제해결형 스토리텔링

과제해결형 스토리텔링은 열린 구조의 공간 스토리를 기반으로 공간 수용자의 공간 참여 목적 또는 과제에 따라 공간의 의미가 자율적으로 구성되는 스토리텔링 유형으로, 다른 스토리텔링 유형에 비해 공간에 대한 수용자의 자기 창의적 스토리텔링 의존도가 높은 편에 속한다. 이러한 유형은 종종 극단적 공간 체험의 스토리가 창출될 수도 있는데, 이는 공간 참여자가 자신의 목적이나 과제에 따라 특정한 공간에 계열체적으로 부여된 콘텐츠를 통해 통합체적 의미를 획득할 수 있는가의 여부에 따라 다르게 인식될 수 있기 때문이다. 이러한 유형의 가장 대표적 공간은 '스페인 산티아고 순례길'이나 '제주도 올레길' 등을 들 수 있는데, 이들 공간은 공통적으로 자기성찰적 공간 구성을 특징으로 하고 있다.

〈그림 3-5〉 산티아고 순례길

3장에서 제시하는 자기 창의적 스토리텔링 모형은 근본적으로 공간의 속성상 우리에게 인식되는 공간의 스토리가 공간 생산자인 스토리텔러의 시각에서 창출되기보다는 공간의 수용자에 의해 완성되고 인식된다는 시각에서 출발한다. 사실 공간이란 체험의 산물이므로 공간을 읽고 인식하는 행위의 맥락은 항상 다양성과 열림을 내포하는데, 특히 무한히 다양한 요소로서 구성 가능한 공간은 특정한 의미 구조 안에 함몰될 가능성이 매우 적은 텍스트이다. 여기에는 개인의 신체를 관통하면서 생기는 무한한 변수, 즉 무한한 해석의 여지가 존재한다. 무한한 해석은 무한한 의미작용의 가능성을 열고 있지만, 공간 속 구성원들 간의 합의되는 일치점은 공간과 인간, 두 주체의 공통의 지점을 찾아내는 작업이며, 이 합의점에 우리는 '자기 창의적 스토리텔링'이라는 인간 중심의 공간 인식 모형을 놓고자 한다. 따라서 이 장에서 제안하는 자기 창의적 스토리텔링의 공간 유형 구분은 배타적 구분이기보다는 그 특성에 기반을 둔 설명적 구분에 지나지 않는다고 하겠다.

2. 공간의 자기 창의적 스토리텔링 사례: 광주 충장로의 공간 스토리텔링

1) 도시공간 '충장로'의 현황

분석 대상인 '충장로'는 현 전남도의회 앞 충장로 1가를 기점으로 광주일고를 지나 경열로와 연결되는 길이 1,660m, 폭 8m의 집단 상가들이 모여 있는 도심상업도로를 지칭한다. 충장로는 광주읍성 시대 북문과 남문을 연결하는 광주의 대표적 남부대로이자 일제강점기부터 광주의 대표적인 상가거리로, 현재 의류, 대형 쇼핑몰, 전자통신업 등 각종 서비스업을 중심으로 조성되어 있다.

충장로는 충장로 1가부터 5가로 구성되어 있으며, 2011년 2월을 기준으로 충장로 내 상가 현황을 조사한 〈표 3-1〉에 따르면, 충장로 1~3가는 의류, 잡화, 전자통신업 등 유행에 민감한 젊은이를 위한 공간으로 조성된 반면, 충장로 4~5가는 한복, 귀금속, 가구 등 혼수품 위주의 상점으로 구성되어 있다. 또한 〈표 3-2〉는 동일한 시기의 충장로 일대 유동인구 현황을 조사한 것으로, 충장로 전반의 상가 활성화 정도를 짐작할 수 있는 참고 자료이다.

〈표 3-1〉 충장로 상가구성 현황

분류	충장로	충장로 2가	충장로 3가	황금길	금남로 4가	중앙로	서석로	천변우로	전체	구성비
패션잡화	46	58	26	77	1	6	26	0	240	32.0
음식점	8	21	18	15	1	3	5	0	71	9.5
통신판매	27	6	10	2	2	5			52	6.9
미용관리	10	5	6	20	0	3	5	0	49	6.5
유흥	3	8	13	17	1	1	2	0	45	6.0
음료판매	8	9	9	9		2	2		39	5.2
게임오락	8	7	8	5	0	1	0	0	29	3.9
화장품	13	4	2	3		1			23	3.1
학원	2	1	3	2	6	7	1		22	2.9
금융	1	1			14	1	1		18	2.4
웨딩숍		3		1			11	2	17	2.3
병원	2		1		3	8	2		16	2.1
편의점		2	5	3		1		2	13	1.7
귀금속	5	2	3				3		13	1.7
숙박		3	4	2		1		1	11	1.5
세무사						10			10	1.3
기타	86	93	60	97	12	22	42	14	81	10.8
합계	219	223	168	253	40	72	100	19	749	100.0

결국 유동인구가 빈번한 충장로 1~3가 지역은 활성화된 장소로 인식되고 있는 반면, 그 밖의 지역은 시간당 유동인구가 1,000명이 되지 못하는 한적한 공간으로, 특히 천변우로 지역은 시간당 유동인구가 100명 이하로 조사됨에 따라 상업공간으로서 심각한 문제를 드러내고 있다.

〈표 3-2〉 충장로 일대 유동인구 현황(2011년 2월 9일 기준)

구분	현황	유동인구(명/시간당)
충장로 1가	패션잡화, 통신판매	2,500~3,000
충장로 2가	패션잡화, 음식점	
충장로 3가	패션잡화, 음식, 유흥	
황금길	패션잡화, 미용	600~900
금남로 4가	금융, 학원	200~300
중앙로	세무사, 병원	600~900
천변우로	웨딩, 기타	50~100
서석로	웨딩, 패션잡화	300~500

2) 도시공간 '충장로', 문화소비공간의 제3 장소

마르크 오제(Augé 1996)는 늘 반복되는 단조로운 기능을 가진 특징 없는 공간들을 '비(非)장소'라고 부르고, 도시 고유의 정체성을 담보하는 특별한 의미를 지닌 공간을 장소로 구분하여 명명하였는데, 이때 장소는 정체성과 관계 및 역사의 상호작용과 회상의 역사적 안정을 통해 규정된 공간인 반면, 비장소는 상징화되지 않은 공간, 즉 시공간 및 지시대상의 과잉과 개체화로 정의된 이질적 위상(Heterotopie)이자 주체들 사이의 소통이 박탈된 초근대적 공간으로 이해된다. 마르크 오제가 이처럼 도시공간을 '장소'와 '비장소'로 구별한 이유는 단지 분류를 위한 분류가 아니라 대다수 도시민이 매일매일 삶을 영위하는 공간이 된 도시 안에 '장소'의 비율을 높이고 '비장소'의 창궐을 막기 위한 경각심을 불러일으키는 데 있다.

그러나 마르크 오제의 이분법적 공간 분류는 오늘날과 같은 역동적 소비공간에서의 변화를 충분히 반영하지 못한다. 따라서 비장소가 새로운 환상과 의미를 추구하는 장소로 재탄생하거나, 장소나 비장소 어느 곳도 아닌 제3의 임계영역에 속하는 새로운 창출 공간에 대한 설명이 필요해진다. 이에 대해 올덴버그(Ray Oldenburg 1999)는 제3 장소 개념을 제시했는데, 그에 의하면 제3 장소란 사회적 믹서이자 분리장치, 무대, 정치적 포럼인 동시에 문화소비공간으로서 가족이나 직장, 국가나 경제, 사유나 공공성 어디에도 할당될 수 없는 공간들을 의미한다.

제3 장소란 개체성과 사회성, 사유성과 공공성, 포함과 배제(나이, 성별, 계층, 집단의 범주들) 사이의 균형을 도모하면서 ① 행위자의 차원에서는 상인과 고객, 생산자와 소비자, 익명의 산업체와 개체의 욕구 사이의 접점으로서, ② 시간적 차원에서는 낮과 밤, 노동시간(직장)과 취침시간(집) 사이에, ③ 심리적 차원에서는 사유성과 공공성, 고독과 친교, 내밀성과 익명성, 말짱한 정신과 엑스터시 사이의 양극이 교차하면서 고급문화-대중문화-하층문화에서 배출되는 기호 산출물의 생산-소비-분배-가공이 순환하는 자기생산적 생태계(autopoietisches Ökosystem)가 이루어지는 공간을 뜻한다. 분석 사례인 '충장로'는 광주읍성 시대 이후 충장로 거리가 조성된 일제강점기부터 주거지의 기능보다는 상업적 공간으로의 역할을 수행하였다. 따라서 이 장에서는 도시공간 '충장로'를 장소와 비장소 사이의 상호 침투로 인해 새롭게 태어난 문화소비공간으로서 새로운 집단[창조계층(Creative Class)]의 감성과 라이프스타일이 실천되는 제3 공간적 성격을 띤다고 본다.

3) 도시공간 '충장로'의 문화원형 분석

여기에서는 먼저 도시공간 '충장로'의 역사를 시대 순으로 살펴봄으로써 도시공간 '충장로'가 어떤 역사적 과정을 거쳐 현재의 장소적 의미와 정체성을 갖게 되었는지를 심층적으로 이해하고자 한다. 아래의 <표 3-3>은 도시공간 '충장로'의 역사적 환경을 정리한 것으로, 시대적 배경에 따른 공간의 역할 변천과 의미를 보고한다.

〈표 3-3〉 도시공간 '충장로'의 역사적 역할 변천과 의미

시대적 배경	'충장로'의 역사적 역할 변천과 의미
광주읍성 시대	• 고려 말에 축성, 조선 초기 석성으로 바뀌었으며 1908년경 일제에 의해 철거되기 전까지 광주의 중심지 역할 • 광주읍성 자리는 대의동 구 광주문화방송 자리에서 제봉로-중앙로 네거리 충장로 파출소-황금동 네거리-구 광주미문화원-구 광주시청-전남대 의대 삼거리-전남도청 뒷담-구 광주세무서 앞-구 광주문화원으로 이어지는 길이 2km의 공간 • 군사적 목적이 아닌 행정용으로 축조된 치소(治所)의 역할에 중점을 둔 성곽 도시
근대, 일제강점기	• 오늘날의 충장로 모습을 갖추게 됨 - 충장로 1, 3가 사이에 일본인 중심의 상가 형성 - 광주의 대표적 풍류와 멋의 중심거리 - 주요 금융시설 건립으로 광주 경제의 근간이 됨
해방 이후~1960년대	• 일본식 거리 이름에서 현 충장로의 이름으로 변경 • 광주의 경제 중심지라는 명맥 유지. 금남로와 상권 분열. 금남로 지역은 금융 위주의 발전인 반면, 충장로는 상업 공간의 중심지로 차별화됨 • 지역경제 활성화의 주축
1970~1990년대	• 청년문화의 중심지 - 우다방(광주우체국)의 만남. 공간적 의미 형성 - 중심 상업가로로 활성화됨
2000년대	• 광주의 중심상업지역. 그러나 도심공동화로 상권이 급속히 위축됨 - 광주의 대표적 보행자 전용도로 - 대부분이 10대와 20대가 공간의 주 소비자. 공간 사용의 세대 편향적 특성을 보임

도시공간 '충장로'가 역사적 기억으로 획득하게 되는 장소적 의미는 일제강점기 이후 전형적 '문화소비공간'으로의 흐름을 보여주고 있으며, 올덴버그에 따르면 제3공간의 속성을 지니고 있다고 판단된다. 결국 이와 같은 도시공간이 역사성에 기반을 둔 '충장로'의 서사구조 도출은 다음 <그림 3-6>의 도식을 통해 확인할 수 있다.

결국 도시공간 '충장로'의 서사성은 '물리적 공간이 장소의 속성'을 획득하는 제

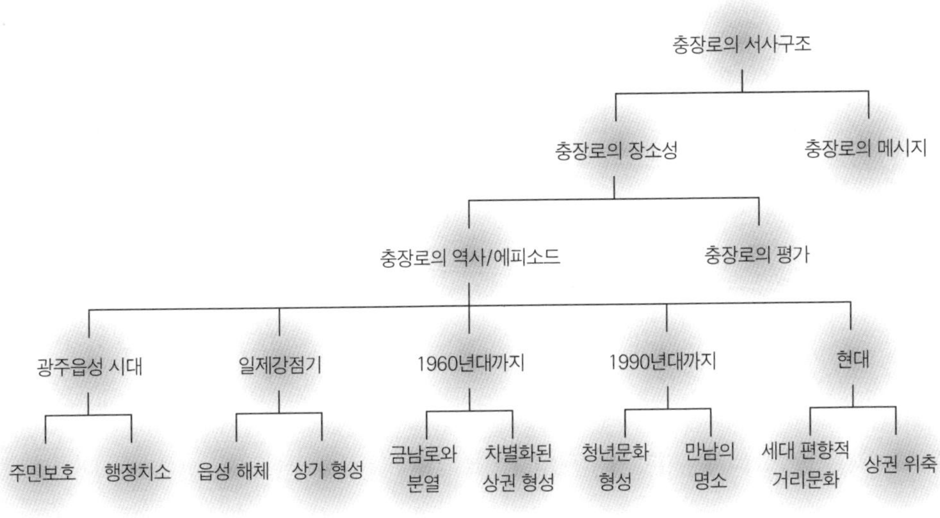

〈그림 3-6〉 도시공간 '충장로'의 서사구조

1역(거주의 장소, 광주읍성 시대)에서, '비장소'로의 변화가 일어나는 제2역(생산의 장소, 일제강점기 이후 1990대까지)의 공간 변화를 경험한 후, 이제는 '공적 공간과 사적 공간의 사이 공간'으로 자리매김하는 제3역에 이르는 전 과정을 통해 정의될 수 있다. 비록 오늘날 도심공동화와 상권의 쇠퇴로 생동적인 모습은 위축되었지만 역사적 과정에서 도시공간 '충장로'가 지니는 서사성은 '자기생산적 창조 공간(autopoietic creative space)'으로 정의될 수 있는데, 이는 도시공간의 기능과 의미가 공간 소비자 스스로에 의해 규정되고 창출되기 때문이다.

4) 도시공간 '충장로'의 문화 가치 분석

도시공간 '충장로'의 문화적 정체성은 2011년 인터넷 포털 사이트 '구글(Google)', '네이버(Naver)', '다음(Daum)'에서 추출된 충장로 관련 기사와 블로그, 그리고 카페 글

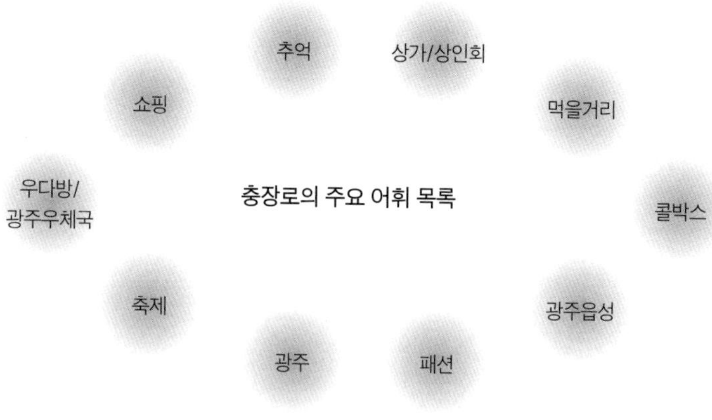

〈그림 3-7〉 도시공간 '충장로'의 어휘 목록

을 통해 확인하는 작업을 수행하였다. 이는 실질적으로 외지인 인터뷰에서는 분석 공간에 대한 이해가 전무하다시피 한 반면, 광주 거주인에게서는 대부분 유사한 어휘를 보고함으로써 변별의 차이를 획득하기 위해 선택된 미디어 어휘 조사이다. 〈그림 3-7〉은 충장로와 관련하여 빈번하게 출현한 어휘 목록들로, 여기에서는 매장, 쇼핑, 상호 등을 '쇼핑'이라는 어휘로 단일화시키는 등 대부분의 목록들은 상위어(Hyperonym)로 집약하여 단순화를 수행하였다.

본 조사에서는 출현 빈도수를 크게 고려하지 않았는데, 이유는 동일한 정보의 웹 문서이거나 카페 등 개인적 글쓰기의 성격에 따라 먹을거리, 옷집 등의 정보가 유의미하지 않은 차원에서 늘어나는 것을 무시하기 위해서였다. 결국 '쇼핑', '우다방', '축제', '추억', '콜박스', '상가', '패션', '광주읍성' 등으로 대표되는 주요 어휘는 충장로의 문화적 정체성을 실용적 · 문화적 · 청년기적 성격 등으로 정의할 수 있을 것이다.

5) 도시공간 '충장로'의 문화코드 도출

(1) 도시공간 '충장로'의 공간 형태론과 공간 의미론

도시공간 '충장로'의 문화코드 도출은 도시의 문화원형(문화 DNA) 추출로부터 시작된다. 이때 고려될 것은 통로, 경계, 구역, 절점, 랜드마크에 따른 주요 구성성분들의 물리적 구조(Lynch, K. 1960)뿐만 아니라 도시와 지역의 삶을 각인하는 코드, 그리고 이를 매개하는 도시 환경적 맥락도 주목해야 할 것이다. 이를 위해 우선적으로는 공간과 장소의 형태소들에 의한 '공간 형태론(S-Mor.=space morphology)'을 구축해야 하는데, 이를 형식화하면 아래와 같다.

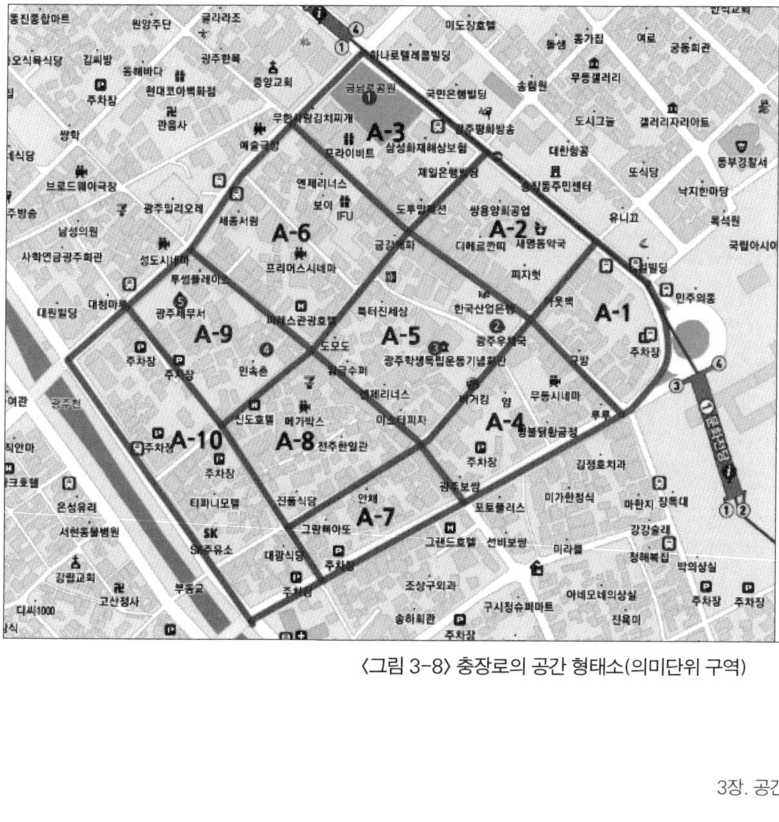

❶ 금남로공원 ❷ 우체국(우다방)
❸ 광주학생회관 ❹ 전라남도보훈회관
❺ 광주세무서

A-1: 아시아문화전당 근접지역

A-2-3: 큰 도로변을 중심으로 금융 관련 업체들과 학원들이 위치하고 대부분 높은 빌딩들이 위치함

A-5: 가끔 활성화된 공간으로 우다방, 학생회관이 위치

A-7, 4: 도로변을 따라 웨딩업체들과 의류업체들이 위치함

A-8: 낮은 주택들과 노후한 상가들이 곳곳에 위치하고 있었으나, 서울의 삼청동 분위기의 작은 카페촌과 의류업체들이 위치하기 시작함

A-10: 대부분 주차장, 숙박업소 등이 위치하고 있음. 천변로와 연계하여 활성화 방안이 필요함

〈그림 3-8〉 충장로의 공간 형태소(의미단위 구역)

$$\text{S-Mor.} = Sm_1 + Sm_2 + Sm_3 + Sm_4 + \cdots + Sm_n$$

(이 경우, Sm = Space Morphem)

이때 개별 공간 형태소(Sm)는 공간의 의미를 구성하는 최소 공간단위로, 연구 대상인 '충장로' 공간은 형태론적으로 주요 성분인 거리(paths)를 기준으로 10개의 형태 공간이 분할되는데, 이때 분할의 기준이 된 거리는 '충장로', '황금로', '천변우로', '중앙로', '서석로', '금남로', '충장로 2가', '충장로 3가'와 비장소인 주차장 공간 등이 된다. 이를 다음 그림에 나타난 구역을 중심으로 도식화하면 다음과 같다.

$$\text{S-Mor.Chungjang} = A1 + A2 + A3 + \ldots + A10$$

위 그림에서 설정된 A1부터 A10까지의 공간 형태소 권역을 명확하게 이해하기 위해 이를 다시 구체적으로 기술하면 다음과 같다.

〈표 3-4〉 도시공간 '충장로'의 공간 형태소 권역

A1: 아시아문화전당권역(금남로 4가-충장로-서석로-충장로 2가 교차권역)
A2: 금융업무권역(금남로 4가-충장로-충장로 2가-충장로 3가 교차권역)
A3: 금남로공원권역(금남로 4가-충장로-충장로 3가-중앙로 교차권역)
A4: 서석로상(上)권역(서석로-충장로-충장로 2가-황금로 교차권역)
A5: 우다방권역(충장로-충장로 2가-충장로 3가-황금로 교차권역)
A6: 충파권역(충장로-충장로 3가-황금로-중앙로 교차권역)
A7: 서석로하(下)권역(서석로-충장로 2가-천변내길-황금로 교차권역)
A8: 콜박스권역(황금로-충장로 2가-천변내길-충장로 3가 교차권역)
A9: 광주세무서권역(황금로-충장로 3가-천변내길-중앙로 교차권역)
A10: 천변입구권역(천변우로-서석로-천변내길-중앙로 교차권역)

또한 각 공간 형태소 단위에는 해당 문화와 공동체가 할당한 의미가치가 투영되는데, 이때 부여되는 도시공간 '충장로'의 의미 속성은 방문자 목적, 공간구성 목적, 공간 사용자 목적에 근거하여 도출된다. 이를 기반으로 공간을 이해하는 현실 모델의 토대인 '공간 의미론(S-Sem.=space semantics)'을 구축하면 다음과 같다.

$$S\text{-}Sem. = Ss_1 + Ss_2 + Ss_3 + \cdots + Ss_n$$

(이 경우, Ss = Space Seme)

도시공간 '충장로'의 의미가치를 파악하기 위해 본 사례 분석은 위의 1절에서 밝혔듯이 2011년 2월 9일 현재 공간 사용 현황과 방문자 현황 그리고 미디어 정보를 기준으로 공간이 창출하는 의미를 추출하였다. 공간 사용 목적과 방문자 의도, 그리고 미디어에 표출된 공간 관련 어휘들을 통해 확인된 구역의 속성은 아래 〈표 3-5〉와 같다.

〈표 3-5〉 도시공간 '충장로'의 권역별 의미 속성

1) A1 권역의 의미 속성(Ss1) - '상징적', '대중적', '역사적/과거적' 등
2) A2 권역의 의미 속성(Ss2) - '상업적', '개방적', '주변적' 등
3) A3 권역의 의미 속성(Ss3) - '상업적', '역사적/과거적', '대중적' 등
4) A4 권역의 의미 속성(Ss4) - '상업적', '여성적', '개방적' 등
5) A5 권역의 의미 속성(Ss5) - '상징적', '역사적/과거적', '유희적' 등
6) A6 권역의 의미 속성(Ss6) - '상업적', '유희적', '대중적' 등
7) A7 권역의 의미 속성(Ss7) - '상업적', '개방적', '여성적' 등
8) A8 권역의 의미 속성(Ss8) - '상업적', '유동적', '대중적' 등
9) A9 권역의 의미 속성(Ss9) - '상업적', '역사적/과거적', '유동적' 등
10) A10 권역의 의미 속성(Ss10) - '자연발생적', '유동적', '과거적' 등

권역별 의미 속성을 통해 도시공간 '충장로'가 표출하는 공간 의미는 '상업적'과 '역사적/과거적'이라는 의미가 지배적이지만, 공간 방문과 사용 빈도가 다른 권역에 비해 절대적으로 높은 A1과 A5, 그리고 A8의 의미 속성을 고려한다면, '상징적'과 '대중적'이라는 의미 속성도 공간의 의미를 규정하는 데 중요한 역할을 하리라고 본다. 이제 도시공간 '충장로'에서 인식될 수 있는 의미 속성을 정리하면 아래 〈표 3-6〉과 같다.

〈표 3-6〉 도시공간 '충장로'의 의미 속성

충장로의 공간 의미 = '상업적' + '대중적' + '상징적' + '역사적/과거적' + '유동적' + '개방적' + '유희적' + '자연발생적' + '여성적' 등

위와 같은 의미 자질들로 특성화되는 '충장로'의 공간 의미는 서울의 대표적 전통가옥 공간인 '북촌'의 의미 속성과는 대치되지만, 상업 공간인 '명동'의 속성과는 다수의 의미 자질을 공유하는 유사한 특징을 지니고 있음을 〈그림 3-9〉를 통해 확인할 수 있다.

〈그림 3-9〉에서 확인된 도시공간 '충장로'의 공간 의미는 '명동'과 유사하게 '상징적', '상업적', '대중적', '욕구지향적', '여성적' 등의 의미 자질로 구성되지만, 이를 장소성 규정의 주요 영역인 '인지도', '감성교감도', '문화적 가치', '흥미도', '참여도'라는 의미 영역으로 재배치할 경우, 영역의 폭에 있어서는 차이가 있음을 확인할 수 있다. 다음 〈그림 3-10〉에 표시된 '충장로'의 의미영역은 광주 지역 문화전문가 10인의 델파이 조사를 통해 얻은 것이다.

도시공간 '충장로'의 '인지도(recognition)'는 금남로와 더불어 광주의 대표적 공간으로 인식될 만큼 높은 편이지만, '감성교감도(emotion)'는 공간 내 다양한 이벤트로 인

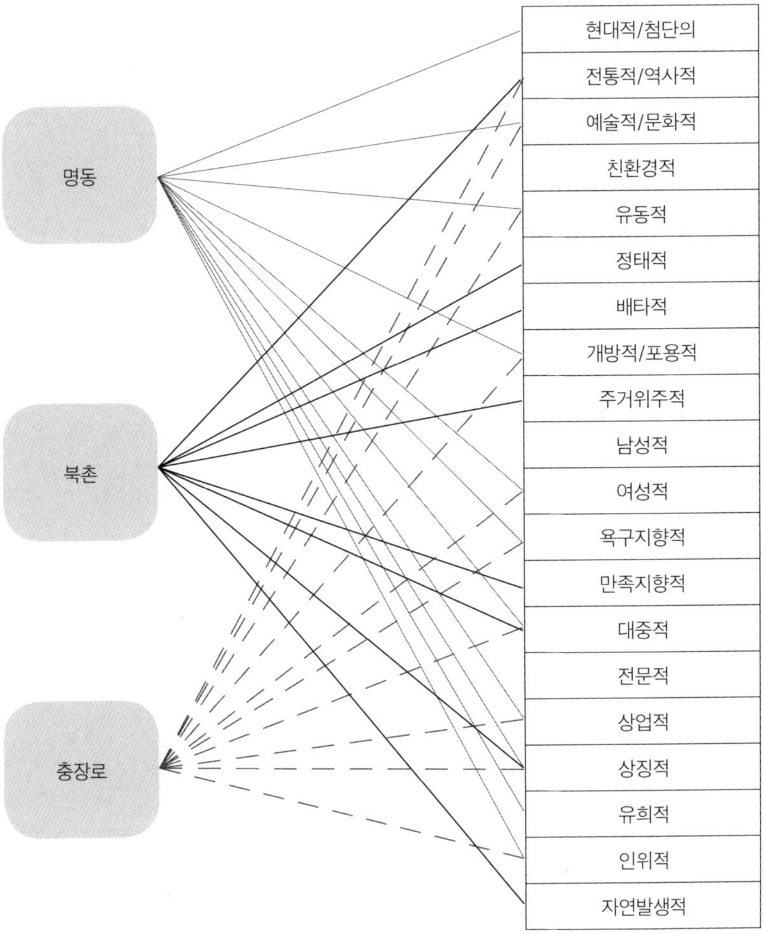

〈그림 3-9〉 도시공간 '충장로'의 의미가치 쌍

해 그 가능성이 높음에도 불구하고 공간 사용자 대부분이 10대와 20대가 됨으로써 상호 간의 교감은 그리 높지 않은 편으로 판단되며, '문화적 가치(cultural value)'는 대부분의 공간이 상업적 특성을 띰으로써 약화되어 있으며, '흥미도(interests)'는 속칭 우다방(광주우체국) 공간을 중심으로 한 A5 지역은 여전히 광주의 대표적 만남 공간으로 높은 관심도를 지닐 수 있으나 공간 전체적으로는 방문자가 감소하는 등 흥미도가 약화

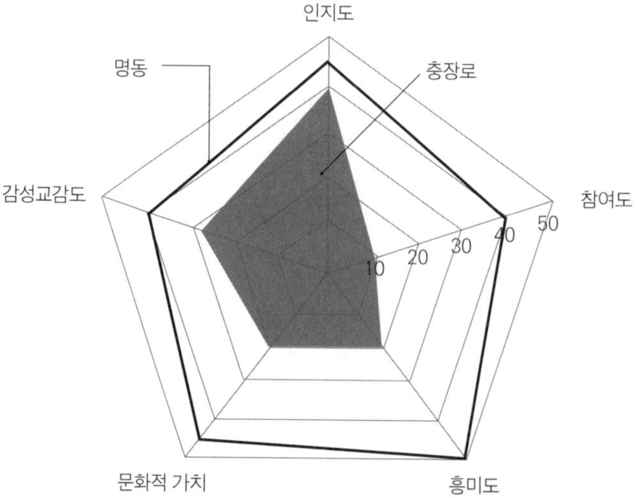

〈그림 3-10〉 도시공간 '충장로'의 의미가치 매핑

된 편이다. 끝으로 '충장로'의 공간 특성에 있어 가장 큰 문제가 되는 부분은 '참여도(participant)' 영역으로 시민 주도적 콘텐츠와 이벤트가 결핍된 편이다.

(2) 도시공간 '충장로'의 문화코드 도출

문화코드는 문화를 통해 일정한 대상에 부여하는 무의식적인 의미생성체계로, 이를 도시공간에 적용할 경우, 도시공간의 문화코드는 공간의 형태론과 의미론에 의해 확정되는 물리적 의미에 다시 공간이 지니는 역사성과 문화적 배경에 의해 창출되는 독특한 의미창출체계를 뜻하게 된다. 먼저 공간 형태론과 공간 의미론에 기반을 두고 도시공간 '충장로'의 현재적 의미를 정의하면, 도시공간 '충장로'는 '10개의 소권역으로 구분된 추억의 대중적 상업 공간'이 되고, '충장로'의 핵심속성은 '회상적+ 대중적 + 상업적'으로 도출된다. 결국 도시공간 '충장로'의 문제점은 '자기주도적 역동성'을 지니는 공간의 역사적 서사성과 '실용적, 청년기적' 성격을 지니는 공간의 문화

정체성이 오늘날 전혀 반영되지 못하고, 추억의 공간으로 매몰되어가고 있음에서 발견된다.

따라서 쇼핑과 만남을 위한 전시형 공간으로서의 현재 이미지를 극복하기 위해 도시공간 '충장로'에 요구되는 것은 앞의 〈그림 3-10〉에서 확인할 수 있는 것처럼 공간 방문자들의 참여형 콘텐츠가 보완되어야 하며, 그럴 경우 이들 콘텐츠는 공간의 역사성과 정체성을 부각시킬 수 있는 문화가치(미적 가치)를 확보함으로써 실현되어야 할 것이다. 결국 도시공간 '충장로'의 문화코드는 기존의 공간 속성에 '자기생산적/자기주도적(autopoietic)'과 '미학적(aesthetic)' 속성이 첨가된 복합적 문화코드를 제안하게 된다. 이때 공간 속성 '자기생산적/자기주도적'은 축적된 공간의 역사성에 근거한 것이므로 가장 기본이 되는 속성이라 할 수 있을 것이다.

〈표 3-7〉 도시공간 '충장로'의 문화코드

도시공간 '충장로'의 문화코드 = 회상적 + 대중적 + 상업적 + 미학적 + 자기생산적(자기주도적)

6) 도시공간 '충장로'의 행위지시형 자기 창의적 스토리텔링 구축

도시공간 '충장로'를 활성화시키기 위해 본 분석에서 제안하는 지역 특성이 반영된 자기 창의적 공간 스토리텔링은 한국 고유의 문화이미지 상징체계인 네 가지 상징축을 기초로 한 행위지시형 스토리텔링이다. 이는 공간의 기억과 장소성을 바탕으로 한 공간의 스토리를 문화적 기억이나 역사적 유적을 통해 공간 수용자가 스스로 구성하게 하는 전략을 제안하고자 하기 때문이다. 그러기에 여기서 제시되는 행위지시형 스토리텔링은 얼[神/心], 꼴[形], 결[象/理], 멋[美/聖] 등으로 정의되는 네 가지 한국적 문화 속성(박종천 2008 참조)을 도시공간 '충장로'의 문화적 상징체계를 확립하는 데 활용하여 보다 역동적이고 고유한 공간 스토리텔링을 구축하는 데 적용하고자 한다.

이제 도시공간 '충장로'는 네 가지 상징축에 따라 새로운 핵심 콘셉트를 부여받는데, 이는 공간의 동위소(isotopie of spaces, 공간 의미의 동질성)를 기반으로 수행된 것이다. 공간의 동위소적 사슬은 공간의 방문 밀도가 가장 높은 A5 영역을 중심으로 나선형적 순환으로 결집되는 양상으로 새로운 서사구조를 도출한다. 이를 정리하면 아래 〈표 3-8〉과 같다.

〈표 3-8〉 도시공간 '충장로'의 새로운 핵심 콘셉트와 서사

- 제1 상징축: 꼴[形]의 축. A1-A2-A3 연계축으로, 공간속성은 자기주도적 상업 공간 (autopoietic-commercial space)의 특성을 지닌다.
- 제2 상징축: 멋[美/聖]의 축. A3-A6-A9 연계축으로, 공간속성은 자기주도적 미적 공간 (autopoietic-aesthetic space)의 특성을 지닌다.
- 제3 상징축: 결[象/理]의 축. A10-A8-A7 연계축으로, 공간속성은 자기주도적 기억 공간 (autopoietic-nostalgic space)의 특성을 지닌다.
- 제4 상징축: 얼[神/心]의 축. A7-A4-A5 연계축으로, 공간속성은 자기주도적 대중 공간 (autopoietic-popular space)의 특성을 지닌다.

결국 도시공간 '충장로'의 활성화를 위한 행위지시형 자기 창의적 스토리텔링 전략은 A5 영역을 중심으로 한 '내적 디세뇨: 디자인 기의(diseno interno)'과 4개의 상징축을 중심으로 한 '외적 공간디자인 역량(diseno externo)'의 상호작용에서 완성됨을 볼 수 있다.*

* 16세기 이탈리아의 화가이자 건축가, 저술가인 바사리(Giorgio Vasari)는 예술작품을 성립시키는 원리를 '디세뇨(disegno)'로 명명하고 그 아래 회화(Malerei), 조소(Plastik) 및 건축(Architektur)의 세 장르를 병렬한 후, 이를 다시 수직적으로 두 차원, 즉 내적 디세뇨(disegno interno)와 외적 디세뇨(disegno esterno)로 구별하였

위의 네 가지 핵심 콘셉트에 따른 행위지시형 스토리텔링 전략을 기반으로 실현 가능한 공간 프로그램을 제안하면 다음과 같다. 즉, 꼴[形]의 축인 제1 상징축은 공간 수용자로 하여금 대표적 상업공간으로 인식되도록 공간 프로그램이 구성되는데, 이를 위해 제1 상징축의 공간에는 현대적이고 역동적인 이미지를 창출하기 위한 대형 전광판과 전자 미디어 등을 활용한 화려하고 고급스러운 소비공간 창출이 요구될 것이다. 제2 상징축은 멋[美/聖]의 축으로 스토리가 구성된 미학적 공간으로, 이곳에는 어번 폴리(Urban Poly) 프로젝트와 연계된 조형물의 설치와 거리의 상징이미지를 창조할 수 있는 길거리 가구(street furniture)를 배치한다. 여기에는 현대적 갤러리와 고미술상점의 거리 전시, 그리고 오픈 전시 프로그램이 가능하며, 이를 통해 거리의 활성화를 유도한다. 제3 상징축은 추억 및 정서적 공간으로 특성화된 결[象/理]의 축으로 스토리가 구성된다. 천변우로를 따라 낙후된 옛 건물을 리모델링하여 충장로 전성기였던 7080 시대의 도시 생태계를 복원하고, A8 영역에 쉼의 공간으로서 카페촌을 형성하는 공간 프로그램이 제안될 수 있다. 제4 상징축은 얼[神/心]의 축으로서 문화소비공간 '충장로'의 핵심 공간이 되는 스토리가 구성된다. 특히 A5 영역은 충장로가 지니는 모든 속성이 집결된 통합 공간으로서, 충장로의 랜드마크인 우다방과 학생회관을 중심축으로 연중 계속되는 참여형 문화이벤트를 기획하여 대중적 공간으로서의 상징성을 표출하는 자기 창의적 스토리텔링 공간이 된다.

결국 도시공간 '충장로'에는 공간 방문자들의 참여형 콘텐츠가 보완된 행위지시형 스토리텔링이 구축되어야 하며, 이들 콘텐츠는 공간의 역사성과 정체성을 부각시킬 수 있는 문화적 가치(미적 가치)를 확보한 것이어야 할 것이다. 이때 도시공간 '충장로'의 핵심 콘셉트는 기존의 공간 속성인 '추억의 대중적 상업 공간, 즉 기억(nostalgia)과 대중성(popular) 그리고 상업성(commercial)이 결합된 공간 속성'에 '자기생산적/자기

다. 이때, 내적 디세뇨는 출현할 예술작품을 위한 개념 구상(스케치, 설계, 입안/계획)을 의미하며, 외적 디세뇨는 내적 디세뇨를 통해 완성된 결과로서의 작품(소묘[Zeichnung], 그림[Bild], 조형물[Plastik]) 등을 의미하였다.

주도적(autopoietic)'과 '미학적(aesthetic)' 속성이 첨가된 복합적 문화코드가 부여되고, 공간 속성 '자기생산적'은 축적된 공간의 역사성에 근거한 것이므로 가장 기본이 되는 속성으로 간주될 수 있다.

3. 자기 창의적 공간 스토리텔링의 의미

자기 창의적 공간 스토리텔링은 도시공간의 문화 가치와 문화적 기억을 기반으로 공간의 스토리를 공간 수용자 스스로가 인식하도록 공간의 콘셉트를 도출하고 이에 따라 공간의 구성 프로그램을 구축하기 위한 인문학적 시각을 제시한 것으로, 여기에서는 도시공간 '충장로'를 분석 대상으로 도시민의 기억에 근거한 새로운 도시 이야기의 창출과 핵심 코드를 발굴하는 방법을 설명하였다.

도시공간의 인식을 최적화하기 위한 자기 창의적 공간 스토리텔링의 작업에는 반드시 공간의 장소성과 역사성에 기반을 둔 문화적 가치와 상상계가 고려되어야 하는데, 이를 위해서는 도시공간에 잠재된 다양한 문화적 가치와 기억을 현실화하여야 한다. 자기 창의적 공간 스토리텔링은 점차 고유의 아우라를 상실하고 있는 도시공간들이 과거와 현재의 조화를 통해 역사적 · 사회적 단절을 극복하고, 인간 중심의 도시 생태계를 복원함으로써 차별화된 도심 공간의 매력과 개성을 창조할 수 있는 새로운 계기 마련에 일조할 수 있는 인문학적 방안으로 간주될 수 있을 것이다.

4장

제주도 스토리텔링의 현황과 실태

1. 제주도 문화산업과 스토리텔링 현황
2. 제주형 스토리텔링의 사례와 SWT 분석
3. 제주형 스토리텔링을 위한 NC-콘셉트

1. 제주도 문화산업과 스토리텔링 현황

제주도는 1970년대 중반 이후부터 한국의 하와이를 겨냥하는 이국적인 관광지를 조성하면서 관광산업을 지역 경제발전의 원동력으로 삼아 추진해왔다. 신혼여행지에서 출발하여 선망의 수학여행지를 거쳐, 이제는 관광문화의 코드를 자연 · 건강 · 힐링 · 교육 · 문화 등으로 업그레이드하면서 미래형 관광지로 거듭나고 있는 중이다. 이러한 변화의 핵심은 바로 소비와 이득을 추구하는 '목적관광(purposeful tourism)'에서 관광 자체를 즐기는 '체험관광'으로의 전환이다. 이 시점에서 스토리텔링을 통해 관광을 명품 체험으로 고품격화하는 방안에 주목하고 있다(홍정순 2011).

종래의 관광은 위락시설에서의 소비 및 관광상품의 개발이라는 하드웨어에 치중했지만, 체험사회에 도달한 오늘날의 관광은 지식 · 문화 · 창의 · 감성에 기반을 두는 체험형 · 기능형 향유로 전환하고 있다.* 이것만 보아도 천혜의 자연자원과 풍성한 이야기 자원을 보유한 제주도에서 스토리텔링 전략에 주목해야 할 당위성이 드러난다.** 이로써 스토리텔링은 제주의 관광자원에 글로벌 경쟁력을 갖추어주고, 이와 동시에 고립된 지역성의 한계를 넘어 제주가 국내외의 미래형 관광 소프트웨어를 선

---

* 테마파크에 대한 기호학적 고찰로는 백승국 · 유동환(2007) 참조.

** 스토리텔링 일반에 대한 개괄로는 박기수(2006), 이인화 · 고욱(2003) 참조.

도할 수 있는 기회와 도전 과제를 제시한다.

이러한 변화에 부응하여 제주에서도 일찍이 스토리텔링에 대한 다양한 시도가 모색되었으나, 스토리텔링에 대한 체계적인 이해와 유기적인 사업추진 전략은 여전히 확립되지 못했으며, 국내외 타 지역에 비해 뚜렷한 비교우위(comparative advantage)를 가진다고 장담하기도 어렵다.

익히 알려진 '제주 삼다수'의 경우를 보자. 물 스토리텔링 및 물 산업 특성화에 다각적인 노력을 기울였지만, '제주 삼다수'는 프랑스의 '에비앙(Evian)' 생수처럼 신화와 관련된 매력을 세계적으로 각인시키지는 못했다. 이야기로서 서사화되지 못했기 때문이다. 한편, 2010년에 방영된 드라마 「거상 김만덕」은 제주 문화에 대한 이해를 높이는 효과를 거두었고, 이를 바탕으로 2015년에 '은광연세(恩光衍世)'*의 정신을 내세운 '김만덕 기념관'이 개관되어 지역 관광산업과의 연계 발전을 보여주고 있다.

이때 천혜의 자연을 가진 제주의 장점을 부각시키는 과정에서 제주 브랜드 이미지 확산의 긍정적인 반향이 감지된다. 생물권 보전지역 지정(2002년 12월) · 세계자연유

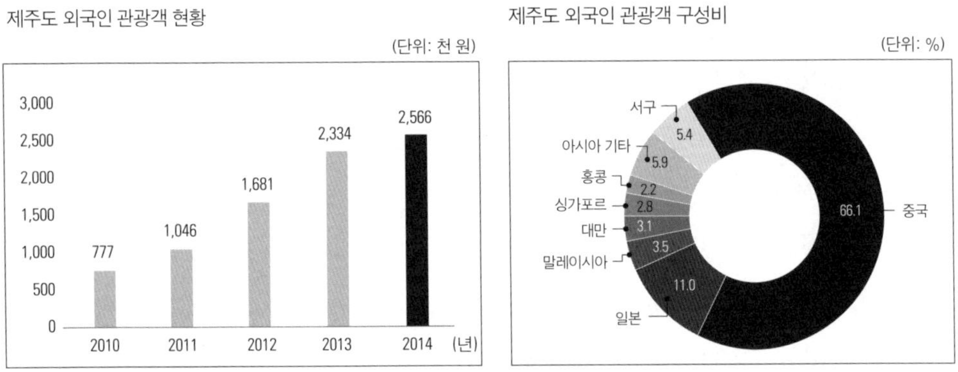

* 2014년은 9월 누계
자료: 제주특별시자치도 관광협회

* 2012년 10월 말 기준

〈그림 4-1〉 제주도 외국인 관광객 추이

---

* '은광연세(恩光衍世): 은혜의 빛이 세상에 뻗어가도다'는 추사 김정희 선생이 김만덕의 선행을 기리기 위해 써준 휘호의 내용이다. 김만덕 기념관 및 기념사업회에 대한 사항은 www.kimmanduk.com 참조.

산 등재(2007년 6월) · 세계지질공원 인증(2010년 10월)의 트리플 크라운 달성과 아울러 '자연 · 건강 · 역사' 코드를 활용한 제주 올레의 성공을 대표적인 사례로 꼽을 수 있다. 그 덕분에 제주를 찾는 관광객은 2013년 11월 기준으로 연간 1천만 명을 돌파했으며, 전체 관광객 중 외국인의 비중은 2010년에 12%, 2012년에 20%(서울경제, 2012.11.16. 참조), 그리고 2014년에는 30%에 육박하고 있다.

그 밖에 지방 행정 및 교육 분야에서 시도한 여러 사업이 진행되었는데, 예를 들

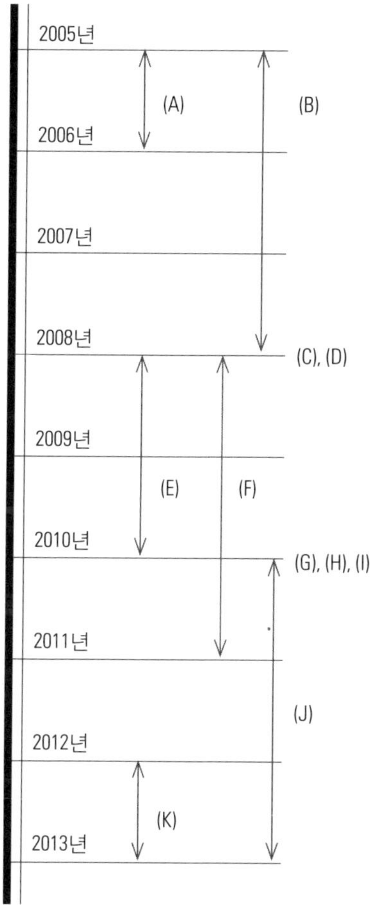

A	삼별초 문화원형에 기반을 둔 디지털 콘텐츠 개발(2005~2006)
B	제주 전통 식문화 콘텐츠화를 통한 체험관광 상품 개발(2005~2008)
C	제주 수산물 스토리텔링 마케팅을 위한 스토리 공모(2008)
D	제주의 신(神)을 활용한 문화 콘텐츠 공모전(2008)
E	제주의 청정 물을 활용한 문화 콘텐츠 개발사업(2008 ~2010)
F	제주마(馬) 스토리텔링 및 애니메틱스 개발(2008~2011)
G	역사를 찾아 떠나는 산물여행(2010)
H	제주 올레 스토리텔링(2010)
I	제주도 지질공원 과학 스토리텔링(2010)
J	제주 유배문화의 녹색관광 자원화를 위한 스토리텔링 콘텐츠 개발사업(2010~2013)
K	신선과 함께 걷는 방선문 가는 숲길(2012~2013)
L	제주대학교 CK-문화콘텐츠 특성화 사업단(2015~2019)

〈그림 4-2〉 제주도 스토리텔링 사업 현황

어 제주특별자치도, 제주지식산업진흥원, 제주발전연구원, 제주대학교 등에서 진행된 사업들을 정리해보면 〈그림 4-2〉와 같다.

제주도는 어째서 스토리텔링에 열광하는가? 말할 것도 없이 섬 특유의 독특한 전설, 유래, 역사, 인물 등 다양한 이야기 자원을 가지고 있기 때문이다. 다시 말해 제주의 비교우위는 바로 무궁무진한 이야기 자원을 활용한 스토리텔링에 있다. 이에 따라 제주에서는 역사 · 문화원형을 가공하는 문화콘텐츠 사업부터 시작하였다. 이 작업은 문화 및 이야기 원형을 체계적으로 발굴-수집-분류-가공-제작-유통하여 제주형 스토리텔링 생태계를 확립하고 제주도의 문화자원에 대한 연구 성과를 공유하는 채널 활성화의 첫 단추이다.*

현재까지 진행된 문화콘텐츠 사업의 추이를 보면, 대체로 제주도의 개별적인 문화 원형(예컨대 제주 100대 문화 상징)의 홍보와 제작이 주종을 이루었다. 그러나 제주도 문화산업의 일관적인 이미지를 어떻게 구축할 것인가에 대한 종합적인 밑그림 및 이를 바탕으로 하는 제주도 브랜드의 입체적인 발전전략은 여전히 명료하지 않다. 흔히 회자되는 '천혜의 자연 경관이 빼어난 섬', '바람 · 돌 · 여자가 많은 삼다(三多)', '도둑과 대문과 거지가 없는 삼무(三無)의 섬', '신화의 섬', '평화의 섬' 같은 천편일률적인 고정관념(stereotype) 등으로는 제주의 지속 가능한 매력을 각인시키기 어렵다.**

오늘날 체험관광시대의 복잡다단한 사회적 요구(needs)에 직면하여 친환경 이미지에만 초점을 두어 자연을 감상하던 편향성에서 벗어나 스토리텔링을 통한 역사 · 문화 · 체험 · 교육 프로그램의 적극적인 개발에 주목해야 함은 새삼 강조할 나위가 없다. 제주도만의 차별화된 이미지 구축을 통해 독특한 지역성을 강조하는 스토리텔링 전략을 확립하고, 세분된 단기 및 중장기 계획과 비전을 일관되게 실천하는 것이

* 제주의 독특한 문화자원을 바탕으로 하는 문화콘텐츠의 상품화를 위해 2010년에 '제주 시나리오 마켓(www.jejus.scenario.com)'이 구축되었으나, 예상보다 매매실적이 저조하여 실효성에 대한 문제가 제기된 바 있다.

** 이는 '국가-지역-도시-마을' 및 '기업-상품-서비스-인물'에 이르는 브랜드 생태계의 총체적인 쟁점이다. 이에 대해서는 김성도(2007), 박여성(2005), 셈프리니(2004), 앤홀트(2003) 참조.

제주형 스토리텔링의 궁극적인 목표가 될 것이다.

나아가 지역 주민과의 협력, 문화 산업 및 문화 정책 유관 기관들과의 거버넌스(협치: governance)가 필요하다. 이를테면 제주대학교 스토리텔링학과/스토리텔링 R&D 센터장 양진건 교수*는 그 추진목표로 '제주 문화산업 리더 1,000명 양성론'을 주창한 바 있다. 그에 의하면 창의적 아이디어, 상상력과 과학 기술, 정보통신 기술을 기존의 산업과 융합하는 시너지 효과를 통해 새로운 시장과 산업 및 양질의 일자리를 창출하려는 제주형 창조 경제의 핵심은 '세상에 없는 것에 도전하는 창의적 아이디어와 상상력'에 있다는 것이다. 그런데 제주에는 소규모 제작사를 제외하고는 문화산업의 전문인력이 태부족하다. 이 시점에서 제주 문화산업에 '민-관-산-학 협동 체제'를 기반으로 '투자-제작-유통-마케팅 · 컨설팅-소비'가 유기적으로 연계된 선순환 구조를 확립하는 것이 가장 시급한 과제이다.

이런 취지를 발판으로 2009년에 국립대 최초로 설립된 제주대학교 사회교육대학원 스토리텔링학과에서는 전공과정 및 산학협력 사업을 진행하고 있으며, 평생교육원, 문화단체, 민간단체 등에서도 일반 도민을 대상으로 문화해설사 및 스토리텔러 양성 과정을 운영하고 있다. 제주대학교를 비롯한 교육 · 문화 기관, 카카오(Kakao), 넥슨(Nexon), 제주 첨단과학단지, 벤처 밸리 등 타 지역에 뒤지지 않는 유기적인 산 · 학 · 연 협력 체제도 갖추어져 있으므로 위의 문화산업 양성론의 목표는 결코 불가능하지 않다.

다음 절에서는 지금까지 개괄한 문제의식에 초점을 맞추어 몇 가지 사례를 검토할 것이다. 이를 통해 제주 특유의 이야기 자원의 개발, 차별적인 브랜딩 전략 그리고 창조 경제의 일환으로서 창조 인력과 창조 인력의 운용을 통한 이른바 '제주형 스토리텔링 생태계'의 밑그림을 구상해보고자 한다.

* 2013년 7월 9일자 「제주일보」 기사 참조.

2. 제주형 스토리텔링의 사례와 SWT 분석

제주형 스토리텔링은 크게 보아 ① 자연과 환경 등을 기준으로 수행된 '자연형' 스토리텔링, ② 역사 문화유적, 예술, 이야기 등의 자원을 활용하는 '문화형' 스토리텔링, ③ 자연과 문화, 신화와 지식을 복합적으로 활용한 '과학형' 스토리텔링의 세 가지로 집약하여 유형화할 수 있다.

1) 제주형 스토리텔링의 유형화

'자연형' 스토리텔링(naturalistic story-telling)의 목표는 해당 지역의 자연자원을 활용하여 방문객이 기대하는 공간에 지식과 흥미를 제공하고, 이를 기반으로 휴양 · 회복 · 명상 · 성찰을 위한 최적의 서사적 환경을 조성하는 데 있다. 특히 녹색관광과 연계된 '자연형' 스토리텔링은 '길 스토리텔링' 열풍을 불러일으켰고, 여러 자치단체에서 수많은 탐방로를 조성하는 계기를 제공한 바 있다. 정부 부처에서도 녹색관광의 활성화를 위한 도보체험관광을 추진하고 있는데, 몇 가지 사례를 들면 문화관광부에서 추진하는 '스토리가 있는 문화 생태 탐방로', 환경부에서 추진하는 '생태 문화 탐방

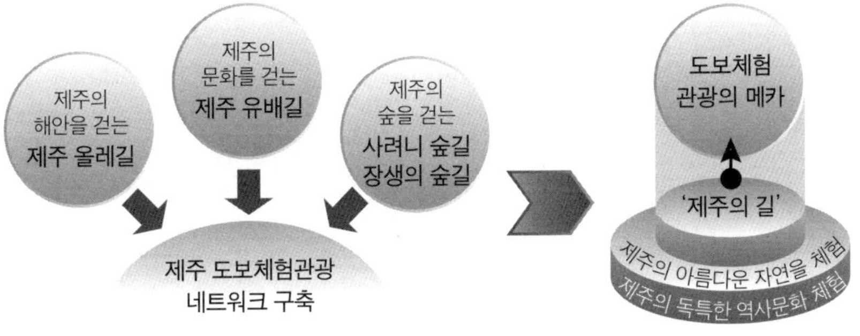

〈그림 4-3〉 도보체험관광의 메카 '제주의 길' 콘셉트

로', 산림청에서 추진하는 '산림 문화 체험 숲길'이 있다.

이 정책의 연장선상에서 제주도는 아름다운 자연과 독특한 역사 · 문화를 체험할 수 있는 '제주의 길'을 추진한 바, 단연 국내 최고 수준의 도보체험관광 네트워크의 구축에 도달했다고 평가할 수 있다.

'문화형' 스토리텔링(culturalistic story-telling)의 핵심은 해당 지역의 역사 · 문화 · 생활양식 등 공간의 심층적인 의미가치를 발굴하여 이야기로 창조하는 것이다. 잘 알려진 사례로 경상남도 밀양의 '땀 흘리는 표충비'와 경상북도 안동의 '원이 엄마 사부곡(思夫曲)'이 있다. 나라에 큰일이 생기면 땀을 흘린다고 알려진 밀양의 '땀 흘리는 표충비'는 사명대사의 업적을 기린 비석으로 유명하다. 안동 '원이 엄마 편지'는 안동 정상동 고성 이씨(李氏)의 고분에서 발견된 여인의 유해에 소장된 한글 편지이다. 서른한 살에 유복자를 남기고 세상을 등진 남편을 그리워하는 아내의 애틋한 사연은 명실상부한 킬러 콘텐츠의 대명사가 되었다.

이에 비해 덜 알려져 있지만 삼별초 항쟁의 보루인 제주 항파두리 유적지에는 제주형 스토리텔링의 효시인 기념비문이 있다. 그 비문에는 '마사다 성채(城砦)*의 역

* 서기 73년 로마 제10군단이 바위산 꼭대기인 마사다 요새로 피신한 967명의 유대교도들을 박해했던 기독교 최대의 비극사이다. 더 이상 가망이 없다고 생각한 대부분의 사람들은 서로를 죽이는 상호 자살의 길을 택했고, 바위틈에 숨어 있던 어린아이 7명은 로마군도 차마 죽일 수 없었다. 살아남은 7명의 아이들이 그 처참한 역사를 후세에

〈그림 4-4〉 '땀 흘리는 표충비', '원이 엄마 사부곡', '항몽 유적지 기념비'

사'에 비추어도 손색이 없을 만큼 구구절절한 항몽(抗蒙)의 역사가 서술되어 있다.

끝으로 '과학형' 스토리텔링(scientific story-telling)은 해당 지역의 자연자원 및 인문자원을 과학적이고 논리적으로 설명하는 동시에 방문객이 그 공간을 심층적으로 흥미를 느끼면서 이해할 수 있는 형태의 정보를 제공하는 새로운 유형의 이야기 전략을 추진한다.

2) 제주형 스토리텔링의 현황

아래에서는 제주도의 '자연형', '문화형', '과학형' 스토리텔링의 세 유형을 중심으로 대표적인 개발 사례를 기술하고, 각각의 성과를 S(Strength: 강점) · W(Weakness: 약점) · T(Task: 과제)의 3단계로 요약하여 진단하고자 한다.

(1) 자연형: '제주 길 스토리텔링'

스페인 '산티아고 순례길'의 영감을 받아 조성된 제주 올레길은 엄청난 호평을

전하여 증언했다고 한다.

받으면서 불과 8년 만에 국내의 대표적인 길로 자리 잡았다. 제주 올레의 탐방객은 2007년 3,000명, 2008년 3만 명에서 2009년 26만 명으로 급증하였으며, 2015년에는 개통 후 총 탐방객 560만 명을 넘어섰다. 올레길의 경제적인 효과를 보면 2007년에 2억 원에서 출발하여 2008년에 80억 원, 그리고 2009년에는 무려 190억 원으로 급증했으며, 현재는 500억 원을 넘어서고 있다.*

2010년 제주 올레길 걷기 축제에는 7,500여 명이 참가하였고, 2011년 한국 방문의 해 4대 특별이벤트에 선정되었으며, 일본 규슈 사찰 순례길과 자매결연을 맺어 이제는 동아시아를 대표하는 길로 자리 잡았다. 이에 질세라 국내 각 지방자치단체에서 물레길과 둘레길, 유배길, 휴양림, 테마 산책로 등을 조성하는 등 전국은 온통 길 열풍이다.

한편 길 개발의 흐름을 되짚어보면, 국내 길 스토리텔링은 대체로 정해진 프로그램 템플릿을 따라 판박이 형태로 복제 재생산되며, 그것도 거의 제작자 주도형의 개발임을 알 수 있다. 하지만 21세기의 창조적 소비자, 이른바 '프로슈머(prosumer)'는

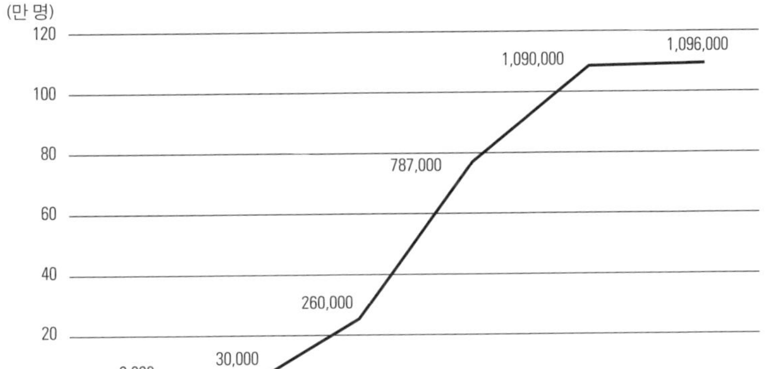

〈그림 4-5〉 제주 올레길 탐방객 추이

* '제주 세계자연유산을 위한 관광 레저 인재양성 세미나'(2010); 서울신문(2012.7.23. 기사); 통계청 자료 참조. 연합뉴스 www.yonhapnews.co.kr 2015년 5월 11일자 기사 참조.

〈표 4-1〉 제주의 길 조성 사례

구분	길 조성 내용	이미지
제주 올레길	• 2015년 현재 28코스(우도 포함) • 총 길이 300km, 코스별로 15km 내외, 평균 소요시간 6시간 내외 • 각 POI에 이야기와 설화를 연결하는 사업을 진행 중	
사려니 숲길	• 제주 올레와는 다른 이색적인 명품 길로 부각 • 비자림로의 봉개동 구간에서 제주시 조천읍 교래리 물찻오름을 지나, 서귀포시 남원읍 한남리의 사려니오름까지 15km 구간에 조성된 숲길	
장생의 숲길	• '오래 산다(長生)'는 뜻을 가지고 있으며, 숲길 바닥은 흙길, 송이길, 야자 매트 길 조성 • 제주시 절물 자연휴양림 내 위치 • 빽빽이 우거진 삼나무 숲 사이로 자연스럽게 연결된 4.2km의 천연 흙길과 목각 조형물 설치	
방선문 숲길	• 제주시 보건소, 고지래 마을에서 방선문 입구로 연결된 6km의 길 • 관심 지점(POI)마다 제주의 경관, 물길, 역사, 유적, 신화가 절묘하게 연결됨 • 방선(訪仙: 신선을 찾아감) → 환선(喚仙: 신선을 부름) → 우선(遇仙: 신선과 만남) → 유선(遊仙: 신선과 더불어 즐김)이라는 매력 있는 서사구조	

키치 수준의 비슷비슷한 스토리보드에는 더 이상 만족하지 않는다. 그들은 원하는 것은 자기주도형으로 체험을 획득할 수 있는 차별적인 스토리텔링이다. 따라서 미래의 '길 스토리텔링'은 자기치유와 힐링을 통한 체험의 형성에 더욱 가치를 두어야 할 것이다. 이것은 앞 장에서 언급했던 '자기창의적' 공간 체험의 핵심이기도 하다.

그 밖에도 제주도에는 해안 지역을 따라 용천수가 솟는 빨래터들을 연결한 '제주 빨래터 물레길', 비자림로에서 사려니오름까지 연결한 '사려니 숲길', 절물 자연휴양림에 자리 잡은 '장생의 숲길', 고지래또(제주시 보건소 입구)에서 방선문 입구까지 연결된 '방선문 숲길' 등 탐방객의 다양한 눈높이에 맞춘 길들이 조성되어 있다. 이러한 길 조성에서 필수적인 방법론적 기반은 차별화된 사연을 담은 POI(Points of Interest)*에 유기적인 서사 동선을 가미한, 즉 인류학적 '장소(place)'로의 각인에 있다.

〈표 4-2〉 '제주 길 스토리텔링' SWT 분석

구분	분석 내용
강점 (Strength)	• 풍부한 지형과 자연 · 문화유산, 이야기 자원의 활용 • 도심지에 위치한 길의 경우, 접근성에 이점이 있음 • 기존의 길을 연결하여 코스를 만들 수 있기 때문에 난개발을 하지 않아도 됨 • 제주의 신당과 신화(영등굿, 문전본풀이, 이공본풀이, 노일저대/백주또, 자청비, 설문대 할망, 서천 꽃밭)와 연계하여 방문객에게 이채로운 상상의 공간을 제공할 수 있음 • 스토리텔링 One Source Multi Use의 자원이 무궁무진함
약점 (Weakness)	• 지형이 다소 위험하며, 도심지 내의 다른 곳에는 유기적인 POI가 부족함 • 탐방객의 안전 문제 등 범죄예방에 대한 대책이 필요함 • 유사한 개념의 길 개발이 국내 도처에서 진행되어 길 인플레이션이 유발될 우려가 있음 • 대부분 몽골 지배, 유배, 4 · 3운동, 한국전쟁, 식민지, 제2차 세계대전, 침략, 수탈 등 '다크 투어리즘(dark tourism)'에 편중된 분위기를 '밝은 스토리텔링'으로 승화시키도록 고민해야 함
과제 (Task)	• 정보(information)와 스토리텔링의 융합적 시도가 필요함 • 단순 관광에서 '지식 · 정보 · 문화' 관광으로 한층 격조 높은 관광 신영역의 창출이 필요함 • 소비자의 연령, 성별 및 관심을 감안한 맞춤형 스토리텔링 모델이 필요함 • 기능별로 자연형 · 문화형 · 복고형 · 미래형 · 교육용 · 학술용 · 상업용 · 오락용 · 공공형 등으로 특화하는 맞춤형 개발 필요함

* 'POI(관심 지점)'는 프랑스 인류학자 마르크 오제(M. Auge 1993/1994)가 주장한 '장소(place: 역사, 관계, 의미가 어우러진 곳)' 개념과 유사하다. 이에 대해서는 박여성(2014) 참조.

'자연형' 스토리텔링의 대표적인 사례인 '제주 길 스토리텔링'의 분석 결과는 위의 〈표 4-2〉와 같다.

(2) 문화형: '제주 유배문화 스토리텔링'

제주도에는 고립된 섬의 특성으로 인해 타 지역과 다른 매우 독특한 신화와 유배의 역사가 있다. 이에 착안하여 제주대학교 스토리텔링학과를 중심으로 결성된 '민 · 관 · 산 · 학 컨소시엄 사업단'에서는 지식경제부의 지원을 받아 "제주 유배문화의 녹색관광 자원화를 위한 스토리텔링 콘텐츠 개발 사업"(2010년 7월~2013년 4월)*을 수행한 바 있다.

'제주 유배문화 스토리텔링'의 핵심 목표는 제주의 독특한 역사적 지역성을 반영하고, 자연 경관과 문화자원의 연계, 관광 트렌드에 부합하는 문화 상품과 융합 콘텐츠의 개발, 주민 참여를 통한 지역경제 활성화를 위하여 다음과 같은 발전방안을 도모하는 데 있다.

① 자연 경관과 문화자원의 연계: 과거의 어두운 유배문화에 바탕을 둔 '다크 투어리즘'(dark tourism)을 미래형의 발전적인 상으로 전환시키는 개발 사업을 통해 제주의 수려한 자연 경관과 역사 문화 경관을 유기적으로 연결하여 '그린 투어리즘'(green tourism)의 스토리텔링 동선으로 만든다.

② 관광 트렌드에 맞춘 문화 상품: 유배문화는 성인들에게는 유배인의 발자취를 따라가며 자기성찰과 도야(陶冶)를 위한 촉매 역할을 하며, 학생들에게는 역사와 문화를 체험하는 교육의 장을 제공한다. 이에 따라 기능별 · 생애주기별로 차별화된 맞춤형 스토리텔링이 필요하다.

---

* 제주대학교 스토리텔링 연구개발센터의 자료들(2013a, 2013b, 2013c) 참조.

③ 융합 콘텐츠의 개발: 콘텐츠 산업을 신성장 동력으로 추진하는 정책에 발맞추어 제주 유배문화 스토리텔링 콘텐츠를 제주도 관광 인프라를 위한 전략적 방안으로 추진한다.

④ 주민 참여를 통한 지역경제의 활성화: 공동체사업센터(Community Business Center: CBC)를 구축하여 지역 경제에 기여하고, 이를 담당할 창조인력의 양성과 사회적 기업 및 향토기업의 설립을 장려한다.

이런 목표를 지향하여 추진된 제주 유배문화 스토리텔링 사업을 살펴보자. 1차 년도는 유배길의 기획 및 기반 조성 단계로서 자료 수집과 동선 구상, 스토리텔링 원형 개발, 브랜드 개발 및 마케팅 시스템 구축, 유배길 운영을 위한 전문 인력 양성, 전문가-주민 네트워크를 구축했다.

2차 년도는 개발 및 역량 강화 단계로서 유배길의 개발 및 운영, 스토리텔링의 확장, 주민 참여 활성화, 홍보 및 마케팅을 통한 관심 유도, 지역 연계 상품 및 프로그램의 개발을 진행했다.

마지막 3차 년도는 마케팅 및 지속발전 단계로서 유배길의 안정적인 운영 및 상설 프로그램의 정착, 민간협의체 구성 및 지역 주민 중심의 운영 자립화, 마케팅 및 지

〈그림 4-6〉 '제주 유배문화 스토리텔링' 프로그램

〈표 4-3〉'제주 유배문화 스토리텔링' 사업 내용

구분	성과 내용	이미지
추사 유배길	• 인물: 추사가 만난 사람들과 자연, 문학, 예술을 아우르며 '집념-인연-사색'의 서사구조 제시 • 집터: 추사관, 송죽사터, 송계순, 정난주 마리아, 대정향교 • 자연: 연꽃, 연못(수월이못), 곶자왈 • 사물: 서화, 완당인보(阮堂印譜), 서한문, 옹기 • 음식: 유배 밥상, 귤, 꽃(차), 인삼	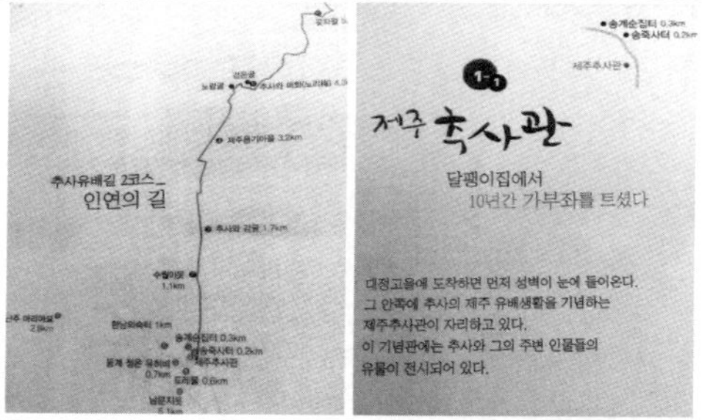
성안 유배길	• 목관아지에서 출발하여 이익, 김윤식, 최익현, 송시열, 김진구/김춘택, 서주보, 이세직, 김정, 정병조, 광해군, 이승훈 등 여러 유배인의 적거지를 연결하는 동선 • 광해 스토리텔링은 정치적 · 역사적 관심과 맞물려 관심이 높아지고 있으나 사료가 부족함 • 추사 유배길에 비하여 스토리 라인이 밋밋하고, 유배인의 에피소드가 시공간적 전개와 무관하게 나열된 것이 아쉬운 부분임	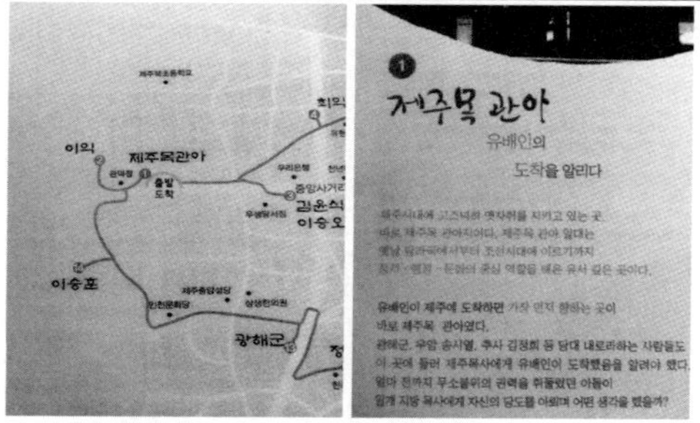
면암 유배길	• 조선 말 항일운동의 흔적, 최익현의 유배길 • 연미마을회관에서 시작하여 조설대와 정실마을을 거쳐 방선문에 이르는 코스 • 약 5.5km 코스, 약 2시간 소요	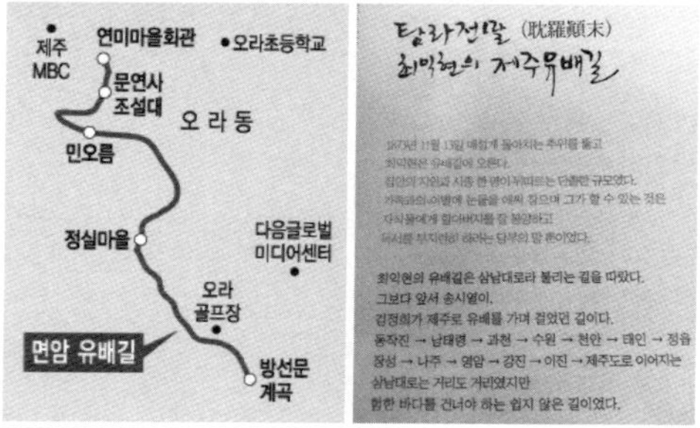

속적인 홍보, 지역 연계상품의 판매 활성화를 통한 수익성 강화 모델을 제시했다.

전체 사업이 종료된 이후 유배길의 운영은 민간협의체에 이관되었고, 마을을 중심으로 공동체사업센터(CBC)를 운영하여 주민 주도로 유배길이 운영 · 관리될 수 있는 여건을 마련하고 있다. 향후 마을별 체험 프로그램의 개발을 통해 유배길을 지속적으로 홍보하고, 지자체와 협의를 통해 체험 프로그램을 세분화하여 필요한 인력을 보충해야 할 것이다.

'문화형' 스토리텔링의 대표적 사례인 '제주 유배문화 스토리텔링'의 분석 결과는 〈표 4-4〉와 같다.

〈표 4-4〉 '제주 유배문화 스토리텔링' SWT 분석

구분	분석 내용
강점 (Strength)	• 문화산업 트렌드에 발맞추어 국내외의 관심이 증가하고 있음 • 제주 유배사에 대한 연구 실적을 활용할 수 있음 • 제주대학교 스토리텔링학과: 지역 거점대학의 역할 발휘 • 유배 음악제, 유배 영화제, 유배 음식(밥상 · 꽃차) 전시회, 「광해, 빛으로 가다」(창작 음악극) 등의 행사를 개최하여 OSMU(One Source Multi Use) 가능성을 최대한 높였음
약점 (Weakness)	• 타 지역과의 주제 중첩 및 중복 투자의 위험성이 있음: 정약용 유배길, 남해유배문학관, 유배문화의 섬 흑산도 등 • 망명과 유배의 개념적 차별성이 모호함 • 유배문화의 과거 지향성/암울성을 넘어 '다크 투어리즘'을 한층 밝게 조명할 수 있는 '그린 스토리텔링'의 과제 • 정치적 · 역사적 입장에 따라 상이한 해석의 부담이 있음 • 추사 유배길에 비해 다른 유배길의 경우에는 독창적인 서사구조와 이에 따른 동선 및 유기적인 스토리텔링이 만족스럽게 도출되지 않았음
과제 (Task)	• OSMU 생태계의 확립: 역사 · 예술(연극/영화/뮤지컬/연주회)-집필-방송-디자인에 이르는 문화콘텐츠 생태계의 확립 • 유관 분야들의 시너지 효과: 스토리텔링, 역사학, 디자인, 컴퓨터공학, 교육, 캐릭터산업, 의상, 식품 • 뉴미디어를 활용한 보다 적극적이고 전방위적인 매체 활용방안 • 축제화의 가능성: 이벤트, 글짓기, 문학상, 힐링 프로그램, 인증제도 등 • 사회적 기업의 창출을 통해 지역 경제에 기여하는 '생산-유통-소비-재투자'의 선순환적 모델의 확립

(3) 과학형: '제주 지질공원 스토리텔링'

'과학 스토리텔링'은 학문적 지식을 교육적 흥미와 융합시키는 이야기, 즉 '과학과 이야기의 결합을 의미하는 장르적 특성'을 지향한다. 그 목표는 제주도의 자연 환경을 바탕으로 방문객에게 지적 호기심을 유발할 수 있는 과학 지식을 발굴하여 이해하기 쉬운 형태의 스토리로 가공하는 것이다. 과학적 지식을 스토리텔링으로 가공하는 공정은 다음과 같다.*

〈표 4-5〉 '과학 스토리텔링' 공정 7단계

분류	단계	내용
자료 조사	1	현장 답사(fieldwork) 및 구전 자료의 전사(轉寫)
	2	과학적 사실에 부합한 객관적인 기초자료의 수집
	3	• 지역별 · 주제별 자료의 데이터베이스(DB)화 • 전문가에 의한 과학 지식의 적실성과 상품성의 평가
소재 선정	4	• 브레인스토밍을 통한 이야기 소재 선별 • 활용도가 높은 소재를 선별하여 스토리라인 구상
스토리 구성	5	바이블 작성: 에피소드(episode)와 플롯(plot)의 설정
	6	서사구조의 틀로 구체적인 스토리보드 작성
	7	스토리 완성 및 피드백. 출판 및 OSMU 활용방안 강구

용암동굴 전경 / 석회성분 물방울 / 돌조각과 물방울의 만남 / 동굴진주 완성

〈그림 4-7〉 아코디언 북 '아미의 꿈'

* 제주대학교 스토리텔링학과의 자료들(2009, 2010) 참조.

제주의 특색 있는 지질구조인 수성화산과 용암동굴을 소재로 이야기 구조를 구성하는 예비 작업으로 스토리 바이블을 작성하고, 각 플롯의 캐릭터와 사건구조들로 풀어낸 아코디언 북 '아미의 꿈'(그림 4-7)이 탄생했다. 그 밖에 과학 스토리텔링의 관점에서 과학 지식을 많이 반영한 '제주 지질공원 안내 책자'(그림 4-8 참조. 한글판/영어판)도 제

〈그림 4-8〉 제주도 지질공원 안내 책자(국문/영문, 2010)

작되었다.

'과학형' 스토리텔링의 대표적 사례인 '제주 지질공원 스토리텔링'의 분석 결과는 〈표 4-6〉과 같다.

〈표 4-6〉 '제주 지질공원 스토리텔링' SWT 분석

구분	분석 내용
강점 (Strength)	• 제주도 천혜의 독특하고 지형과 풍부한 지질 문화(암석, 동굴, 오름, 곶자왈 등)가 존재함 • 세계자연유산에 선정되어 세계적으로 인지도 상승함 • 정보, 교육, 관광산업의 시너지 효과를 위한 인프라 구비됨
약점 (Weakness)	• 과학(지질학, 지리학 등)은 재미없으며, 정보에 대한 접근성도 낮다는 편견을 극복하기 어려움 • 자연유산의 과학적 가치를 일반인이 알기 쉽게 접할 수 있는 형태의 자료(지질학, 지리학, 역사)가 매우 부족함 • 과학적 지식을 인문학적으로도 풀어내는 스토리텔러가 절대 부족한 현실임 • 자연계와 인문계 졸업자의 시너지 모형이 필요함
과제 (Task)	• 정보와 스토리텔링의 융합을 통해 한층 격이 높은 지식 · 정보관광 시장을 창출해야 함 • 소비자의 연령, 성별 및 관심을 감안한 생애주기별(초 · 중등 및 고등학생, 대학생 일반, 노년층) 스토리텔링 생태계를 확립함 • 지질공원 주제 축제의 가능성을 고려함: 이벤트, 글짓기, 문학상, 힐링 프로그램, 인증제도 등 실시 • 유관 분야들의 시너지 효과를 꾀함: 역사학, 디자인, 컴퓨터공학, 교육, 캐릭터산업, 의상, 식품 등 스토리텔링의 전 · 후방 연관효과가 큰 산업들의 육성 • 과학 스토리텔링의 OSMU 생태계의 확립(연극, 뮤지컬 등) • 사회적 기업의 창출을 통해 지역경제에 기여하는 '생산-유통-소비-재투자'의 선순환 모델 확립

3. 제주형 스토리텔링을 위한 NC-콘셉트

3절에서는 미래 관광의 트렌드에 맞추어 제주형 스토리텔링의 콘셉트를 N(자연)과 3C(문화-소통-소비)의 상관관계로 조명하고, 이에 대한 사례로서 제주 자연유산과 관련된 테마파크의 기획안을 예시하고자 한다.

1) 관광 동향

경제 불황, 기후 변화, 에너지 · 자원의 고갈 등 여러 요인으로 인해 관광 소비의 패턴은 도보 여행, 레포츠, 캠핑 같은 저비용--고만족의 체험관광으로 전환하고 있다. 그 성패는 자연 친화적인 관광과 문화관광의 상승효과에 달려 있다. 이를 위해 관광자원의 개발에서는 해당 지역 본연의 특색을 최대한 살리는 지속 가능형 모델을 지향하고 있으며, 관광자원의 개발 및 경영에 주민을 적극 참여시키는 가운데 지역의 사회적 기업을 장려하는 방향으로 확대되고 있다. 이런 사정에 비추어 국내외 관광 행태 및 수요 동향을 살펴보면 〈그림 4-9〉*와 같다.

---

* 문화체육관광부(2012), 『녹색관광 발전전략 수립』 참조.

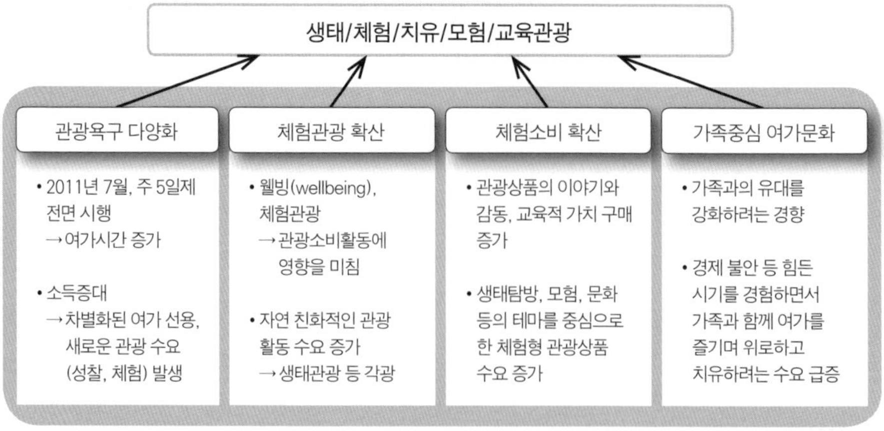

〈그림 4-9〉 국내외 관광 행태 및 수요 동향

2011년 7월부터 주 5일 근무제가 시행되어 여가시간이 증가함에 따라 활동량 위주의 소비 패턴은 점차 활동의 질로 이동하고 있다. 경제발전에 따라 대중의 소비 자체는 증가했지만, 그 증가의 몫이 차별화된 소비, 이를테면 여가생활에 충분히 투입되지 못하고 있다. 여기서 이전 세대와 판이한 지금 세대의 소비 행태에 주목해보아야 한다.

부족함을 모르고 자란 세대를 일컫는 이른바 '노블레스 노마드(noblesse nomad)'는 낯선 공간을 여행하면서 자신의 존재를 성찰하는 안락한 독립적 체험을 선호한다. 삶의 질에 대한 관심이 증가하는 지점에서 웰빙(wellbeing), 웰니스(wellness), 로하스(LOHAS: Lifestyles of Health and Sustainability: 건강 및 지속 가능성의 라이프스타일) 같은 생활방식이 선호되는데, 그것은 곧 자연 친화적 체험관광에 대한 요구의 표출과 다를 바 없다.

단순히 보고 즐기는 관광을 넘어서 자신만의 가치를 직접 체험하려는 교육관광에 대한 수요가 늘어남에 따라 오늘날의 프로슈머 및 노마드는 물질적인 만족을 넘어 삶의 가치가 반영된 감동적인 이야기나 교육적 가치관, 곧 체험 자체를 전유(全有)하려는 성향을 가진다. 가족과 함께 보내는 시간이 늘면서 오락과 여흥으로 탕진하는 게 아니라 유대감의 강화, 위로 및 힐링에 투자하려는 것이다. 이 추세를 감안한다면 국내외 관광 콘텐츠는 당연히 자연 친화적이고, 사회적으로 지속 가능하며, 직접 체험하고 배울 수 있는 방향으로 개발되어야 할 것이다. 요컨대 관광 행태의 변화는 LOHAS, 녹색 투어리즘, 소비자 주도형 창조 관광, SNS 시대의 네트워크 관광, 착한 관광, 소비자-관광 기업을 통한 지속 가능한 선순환 창조경제의 확립을 요구한다.

2) 미래 관광의 트렌드

2011년 삼성경제연구소는 미래 관광의 키워드를 7가지로 집약했다. 대중문화(culture), 체험학습 관광(edutainment), 마음의 치유(soul), 스마트 관광(smart), 꿈을 파는 관광(dream), 모두를 위한 공정(公正)한 관광(fair), 중국 관광객(China). 이 중에서 미래의 스토리텔링이 추구할 핵심 영역은 특히 ① 체험학습, ② 치유, ③ 공정한 지속 가능성이다.

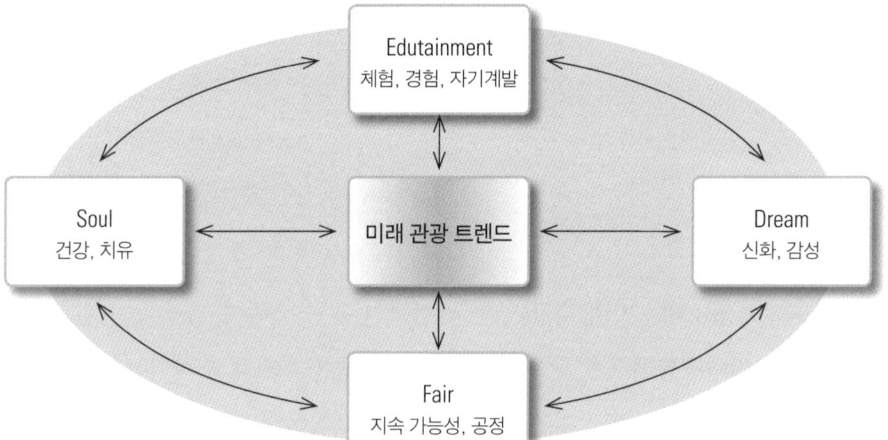

〈그림 4-10〉 미래 관광의 트렌드

(1) 체험관광

미래에는 자기계발을 중시하는 체험형 관광객을 대상으로 하는 '체험학습(edutainment)' 관광이 부각될 것이다. 체험을 중시하는 소비자, 이른바 '트라이투어슈머(trytoursumer)'*가 구입하는 상품은 자신에게 유의미한 경험 그 자체이다. 체험학습을 위한 콘텐츠를 통해 관광객은 낯선 문화와 접촉할 기회를 제공받고 경험을 공유한다. 이를 위해 방문객이 해당 지역의 독특한 삶과 문화를 체험할 수 있는 장을 마련하고, 주민과 지방자치단체의 협치 관계(governance)가 수립되어야 한다.

(2) 치유관광

급격한 경제 성장으로 나타난 삭막한 도시화 과정에서 지친 심신을 치유하려는 관광객을 대상으로 '헬스 투어리즘(health tourism)'이 확산된다. 소비심리의 위축, 경제 불안 등으로 힘든 시기를 겪으면서 나타난 불안과 스트레스를 치유하려는 힐링 수요는 여행과 건강을 동시에 충족하는 '에코 · 힐링 · 웰빙'의 휴양문화를 요구한다.

(3) 공정(公正)여행

종래의 관광소비는 여행객 개인의 이기적인 욕구 충족에 그쳤다. 이에 대해 미래의 관광은 지역공동체에도 도움이 되는 상생모델을 추구해야 한다는 반성이 나타난다. 그것이 '모두를 위한 공정관광(fair tourism)'의 핵심이다. 이 정신에 바탕을 둔 '공정여행(fair travel)'은 소비중심적인 여행이 남기는 환경오염, 문화 훼손, 인권 침해, 왜

---

* 구매의 실패를 두려워하지 않고 계속적으로 시도한다는 점에서 '시도하다(try)'와 '관광(tour)', '소비자(consumer)'를 합성한 신조어이다.

곡된 관광문화를 지양하고 여행자와 대상지 주민 사이에 호혜 평등한 관계를 맺어주는 가운데 여행자와 관광사업자의 시너지 효과를 겨냥한다. 그때 비로소 방문객은 신화 · 정체성 · 성찰이 깃든 '꿈의 관광(dream tourism)'에 다가설 수 있다.

3) 제주형 스토리텔링의 특화 영역

'체험 · 치유 · 공정'의 키워드를 중심으로 제주형 스토리텔링의 특화 영역을 고민해보자. 제주도는 외부와 격리되어 문화자원이 비교적 원형 상태로 유지된 덕분에 섬 특유의 생태계와 문화원형의 활용 가능성이 높다고 하겠다. 제주도를 관광자원화하는 방안으로서 스토리텔링을 활용한 매력 있는 관광지를 조성하려는 시도들은 제주 특유의 이야기를 현실에 구현하여 장소의 의미가치를 풍요롭게 만들고, 관광객의 지적 호기심을 자극해 새로운 시장을 창출한다는 경제적인 의미도 가진다. 그런데 지금까지 시도된 스토리텔링은 대부분 복고형 · 자연형 · 모방형 · 프랜차이즈형에 머무는 한계를 가진다. 이를 넘어서 한국 문화의 거시적인 보편요소와 제주 문화의 미시적인 차별 요소를 융합시키는 가운데 제주형 스토리텔링의 매력을 극대화하도록 해야 한다.

이 요점들을 창조 경제(creative economy)의 틀에서 스토리텔링의 원근법에 비추어 구상하면 다음과 같다. 이 시대의 문화산업은 창조 인력(creative human resource)이 창조 공간(creative place)에서 창조산업(creative industry)에 종사하면서 창조 상품(creative product)을 생산하고, 이를 바탕으로 창조 공정(工程: creative process)을 운용하는 핵심 역량(key competency)을 요구한다. 이러한 구상을 종합하여 〈표 4-7〉처럼 '공간-인력-공정-상품'의 지속 가능한 유기적 생태계로 기술할 수 있겠다.

다음의 도표를 N(Nature)과 3C(Culture-Communication-Consume)로 풀어서 설명해보자.

〈표 4-7〉 창조산업과 스토리텔링

<table>
<tr><td colspan="7">창조 공간</td></tr>
<tr><td rowspan="3">창조
공정</td><td rowspan="3">스토리
텔링</td><td colspan="3">아트팩토리, 공방, 예술촌, 테마파크
문화지구, 연주장, 공연장</td><td rowspan="3">스토리
텔링</td><td rowspan="3">창조
상품</td></tr>
<tr><td>디자인, 기획
이벤트, 출판
공연 등</td><td>스토리
텔링</td><td>캐릭터, 상품,
작품, 시나리오,
수직 · 수평 OSMU
트랜스미디어</td></tr>
<tr><td colspan="3">디자이너, 프로그래머, 스토리텔러,
해설사, 화가, 작가, 연주가</td></tr>
<tr><td colspan="7">창조 인력</td></tr>
</table>

천혜의 자연(N)과 이야기(설화, 신화, 화산지역 생성 유래)를 '문화-소통-소비(3C)'의 원근법에 비추어 구현한 사례가 있다. 예를 들어 '한라산의 생성 유래에 얽힌 지질학적 특성'(N)을 '음식 문화(C)'에 적용한 '지오 푸드(GEO-Food)' '한라산볶음밥'은 자연과 음식, 소통과 디자인이 어우러진 개성 만점의 콘텐츠 개발 사례로 볼 수 있다.

결론적으로 제주형 스토리텔링은 N(자연)을 기반으로 하여 문화(Culture) · 소통(Communication) · 소비/경제(Consume)의 3요소를 조화시킨 특화영역을 제각기 설정한다.*

한라산볶음밥(조리 중)

한라산볶음밥(완성)

〈그림 4-11〉 '한라산'과 '볶음밥'의 지오 푸드-스토리텔링

* 이에 비견될 만한 사례로는 나비 연구로 유명해진 자연과학자(생물학자) 석주명 선생의 연구를 제주의 문화와 같이 조명하여 제주학을 생태학과 인문학을 아우르는 복합학의 갈래로 설명하는 시각을 들 수 있다. 이에 대해 윤용택 외(2012)에 실린 기고들을 참조하라.

〈표 4-8〉 제주형 스토리텔링의 특화 영역

문화(Culture)	소통(Communication)	소비/경제(Consume)
응용 분야		
정신문화 물질문화 사회문화	소통 · 체험 도야 · 치유 교육 · 교양	생산 · 소비 기업 · 소비자 지역 공동체 사회적 기업
N(Nature, 자연): 에코, 힐링, 웰빙, 휴양, 자유		
기반 분야		

이러한 N-3C 모형의 기반 위에서 다음과 같은 융합 스토리텔링 기획안의 사례(제주 세계자연유산센터 기획안)*를 하나 제시하고자 한다.

* 이 구성도는 제주대학교 스토리텔링학과와 모 전시기획사가 준비한 '제주 세계자연유산센터 기획안'(미완성 기획안, 2009년)을 요약한 것이다. 이 기획 과정에 같이 참여한 제주대 김맹하 교수, 김한일 교수 그리고 제주 바람도서관 박범준 대표, 김민형 박사에게 감사드린다.

〈표 4-9〉 제주 세계자연유산센터 기획안

<table>
<tr><th colspan="9">제주 세계자연유산센터 기획안</th></tr>
<tr><td colspan="2">목적
및
차별성</td><td colspan="7">• 설립 목적
1. 제주 세계자연유산의 과학적 신비와 아름다움을 한 공간에서 즐겁게 체험하게 해준다.
2. 제주도를 찾는 탐방객들에게 세계자연유산의 소중한 가치를 느끼게 해준다.
3. 세계자연유산과 결부된 사회문화적 · 경제적 효용을 극대화한다.
• 차별성
1. 지질 및 과학과 관련된 도외 공원 및 시설들과의 차별성(대전 지질박물관, 강원도 영월 동굴생태관, 삼척 동굴박물관 등)
2. 지질 및 과학과 관련된 도내 공원 및 시설들과의 차별성(한라산 탐방안내소, 돌문화공원)
3. 종래에 경험해보지 못한 색다른 세계자연유산 복합체험 공간</td></tr>
<tr><td rowspan="2">Pre
-show</td><td>대기
공간</td><td colspan="7">• 상징 조형물
1. 세계자연유산센터를 상징하는 대표 캐릭터 소개(설문대할망, 돌하르방, 오백장군 등)
2. 각 구역에 핵심적인 가이드 캐릭터 설정
3. 안내데스크와 캐릭터와의 연계 관계(복장, 데스크의 모양 등)</td></tr>
<tr><td>프롤
로그</td><td colspan="7">• 세계자연유산과 관련된 제주의 설화: 과학적 개념이 확립되기 전에 사람들이 이해했던 제주의 신화와 설화
1. 한라산과 오름의 탄생(설문대할망 설화 등)
2. 백록담과 산방산(한라산신 설화 등)
3. 동굴 관련 설화(김녕사굴 설화, 산방덕이 설화 등)
4. 기암괴석 관련 설화(한라산 오백장군 설화, 성산일출봉 장군바위 설화, 차귀도 장군바위 설화, 차귀도 매바위 설화 등)</td></tr>
<tr><th rowspan="2"></th><th rowspan="2">구역</th><th rowspan="2">지역</th><th rowspan="2">주제</th><th colspan="3">구성요소</th><th rowspan="2">동선 및 공간
연결 시설</th><th rowspan="2">소주제</th></tr>
<tr><th>캐릭터</th><th>오브제</th><th>Attraction
구역 내 시설</th></tr>
<tr><td rowspan="4">Main
-show</td><td rowspan="4">1</td><td rowspan="4">거문오름 용암동굴계(용암동굴 탄생시기 용암동굴 생성, 용암 종류, 구룡농주, 용암협곡 등)</td><td rowspan="4">용암이 그린 걸작, 거문오름 용암동굴계</td><td rowspan="4">용암, 뱀, 용, 암석, 동굴 생성물</td><td rowspan="4">거문오름 굼부리, 알오름, 용암지대, 용암협곡, 용암동굴(벵뒤굴, 만장굴, 김녕굴, 용천동굴, 당처물동굴), 아아용암, 파호이호이용암, 용암동굴 생성물, 석회장식물</td><td rowspan="4">자연 에어컨 풍혈 체험, 동굴 봅슬레이, 동굴탐험대
(미로형 동굴, 2층 동굴)</td><td rowspan="3"></td><td>용암 분출</td></tr>
<tr><td>동굴 형성</td></tr>
<tr><td>석회 장식물</td></tr>
<tr><td>마그마 방,</td><td>동굴과 사람들</td></tr>
</table>

<table>
<tr><td rowspan="9">Main
-show</td><td rowspan="5">2</td><td rowspan="5">한라산과 기생화산
(화산 종류, 화산폭발, 화산체, 오름, 높이에 따른 식생)</td><td rowspan="5">화산섬 제주의 또 다른 이름,
한라산</td><td rowspan="5">설문대할망,
오백장군,
한라산신,
백록, 존자,
한라산의
동식물</td><td rowspan="5">화산분출물, 화산암,
백록담, 한라산의 식생 분포,
오름, 계곡, 기암절벽, 동굴,
폭포, 벌판</td><td rowspan="5">한라산의 사계절
체험, 미니 오름,
한라산 식생 퍼즐
맞추기, 한라산
십자말 풀이</td><td rowspan="2">동굴 광장</td><td>화산생성</td></tr>
<tr><td>화산분출물</td></tr>
<tr><td rowspan="5">일출 장면
활용, 전자
병풍, 성산일출
봉 생성 과정</td><td>기후와 식생</td></tr>
<tr><td>경관</td></tr>
<tr><td>한라산과 사람들</td></tr>
<tr><td rowspan="4">3</td><td rowspan="4">성산일출봉
(수성화산, 층리,
침식)</td><td rowspan="4">바다에서 솟아오른 성(城),
성산일출봉</td><td rowspan="4">장군바위,
해녀, 토끼</td><td rowspan="4">응회구, 층리, 탄낭구조, 육계사주, 기암괴석, 진지 동굴</td><td rowspan="4">일출 시뮬레이션,
화산탄 던지기,
승진바위</td><td>수성화산 생성</td></tr>
<tr><td>응회구 형성</td></tr>
<tr><td rowspan="3">돌담 미로</td><td>경관</td></tr>
<tr><td>성산일출봉과 사람들</td></tr>
<tr><td rowspan="6">Post
-show</td><td rowspan="4">에필
로그</td><td rowspan="4">세계자연유산과 또 다른 유산(수월봉 '차귀도', 송악산, 산방산, 용머리 해안)</td><td rowspan="4">우리는 모두
세계자연
유산
지킴이</td><td rowspan="4">장군바위,
수월이/녹고,
산방덕이, 용,
호종단(胡宗旦), 매바위</td><td rowspan="4">세계자연유산의 캐릭터</td><td rowspan="4">세계자연유산센터
관람 인증서,
제주도와 일촌 맺기
관람기 작성</td><td>세계자연유산 등재 과정</td></tr>
<tr><td rowspan="3">바당에 부는
ᄇᆞ름체험</td><td>동선 속의 상징물</td></tr>
<tr><td>또 다른 자연유산</td></tr>
<tr><td>제주 세계자연유산 보호</td></tr>
<tr><td>영상관</td><td colspan="7">• 파노라마 영상(제주 세계자연유산 관련 영상 및 매체)
• 제주 세계자연유산에 대한 영상퀴즈</td></tr>
<tr><td>shop</td><td colspan="7">• 캐릭터 상품
- 자료, 도서, 매체 상품, 캐릭터 가면, 플라스틱 모형 등
- 체험 코스(부석으로 미니 보트 만들기, 동굴 형성과정 체험, 수성화산 형성과정의 체험)</td></tr>
<tr><td colspan="2">기획 전시</td><td colspan="7">각국의 세계자연유산 순환 전시</td></tr>
</table>

5장

제주도 공간의 문화가치 분석

1. 제주도 문화자원의 연구 방법

이 책에서 정의하는 문화자원은 지역성을 활용하여 사회 · 경제적 가치를 창출할 수 있는 물리적 위치를 가진 유형의 장소를 가리킨다. 따라서 이 장에서는 제주도의 지역성을 활용하여 사회 · 경제적 가치를 창출할 수 있는 유형의 장소를 조사하고 분석하고자 하는 연구의 틀을 제시하고자 한다. 이 장에서 분석하고 있는 제주도 문화자원 DB의 분석 항목은 제주특별자치도 관광공사의 기준에 의거하여 선정되었다. 이 기준은 제주관광공사에서 운영하는 홈페이지(http://www.ijto.or.kr/)와 제주관광공사에서 발행한 관광객용 소책자(『제주 하늘과 바다가 사랑한 섬』, 2012)를 참조하여 설정한 것이다. 이 장은 제주도의 문화자원이 제주도의 이미지 및 정체성을 구성하고 있다는 전제하에 이 장소들이 스토리텔링의 대상이 될 수 있는 공간이라고 간주한다.

제주도 문화자원 조사의 구체적인 방법은 다음과 같이 이루어졌다.

첫째, 1단계는 문헌조사이다. 이 단계에서는 문화자원의 개념을 확립하고, 문화자원의 항목을 도출한다. 또한 도출된 항목에 대한 검토를 실시하며 문화자원 DB 분류 틀을 검토하게 된다.

둘째, 2단계는 수용자 분석의 단계이다. 웹 검색을 통한 제주도 관련 '연상어휘'를 제주도 방문객 및 거주민 대상으로 도출하였다. 이때 몇 가지 원칙을 가지고 수행하였다. 일방적으로 긍정적인 측면만 부가시킬 수 있는, 관에서 의도적으로 제작한 홍보용 웹사이트를 제외하였다. 또한 제주 관광객, 제주 거주민이 게시한 웹 게시물들을 대상으로 제주를 표현하는 데 사용한 어휘 목록을 추출하였다. 이와 더불어 '연상어휘'의 타당성과 독립성을 검토하였고, 중복 데이터를 단일한 것으로 처리하였다.

셋째, 3단계는 제주도 문화자원의 문화가치 분석 단계이다. 이 단계에서는 제주도 문화자원의 현황 분석 및 기호학적 포지셔닝을 제시하는 단계로서 제주도 문화자원 조사의 종결 단계에 해당된다.

2. 제주도 문화자원의 현황

1) 제주도 문화자원의 범위와 유형

이 장에서 스토리텔링을 위한 제주도 문화자원의 범위는 관광의 목적으로 활용되고 있는 유형의 관광 장소와 제주도에서 개최되고 있는 축제를 중심으로 한정하였다.

연구 대상으로 선정된 제주도 문화자원 DB 항목은 총 277개이다. 분류의 틀은 다음 〈표 5-1〉과 같이 대분류, 중분류, 항목명, 위치(주소), 연락처, 웹사이트, 관광유형, 관광내용, 레퍼런스, 항목 키워드, 연상어휘(개념), 연상어휘(의미), 문화가치영역, 수용자(웹 주소)의 모두 14개로 구성되었다.

〈표 5-1〉 제주도 문화자원 DB 분류 틀

연번	분류 틀		분류 내용	비고
1	유형	대분류	자연자원, 인문자원	2개
2		중분류	경승지, 고택/생가/민속마을, 공연/행사장, 등산로/탐방로, 생태자원(국립공원, 명산, 오름, 자연동굴 등), 섬/등대, 유적지/사적지, 자연휴양림/수목원, 전시/박물관/테마파크, 축제, 폭포/계곡/유원지, 해안도로, 해수욕장, 기타	14개
3	항목명		제주도 문화자원 명칭	-

연번	분류 틀	분류 내용		비고
4	위치 및 주소	주소지가 있는 경우 명시		-
5	연락처	해당 문화자원 관련 정보 문의처		-
6	웹사이트	해당 문화자원 관련 홈페이지		-
7	관광유형	대표체험, 주요 코스, 주요 탐방로, 관광 포인트, 축제(2, 4, 5, 6, 7, 8, 9, 10, 11, 12월)		5개
8	관광내용	관광 프로그램 및 소개		-
9	레퍼런스	문화자원 DB항목 내용 출처		-
10	항목 키워드	문화자원 DB항목 관련 키워드		-
11	연상어휘의 내용	소비자가 사용한 문화자원 관련 내용 어휘		-
12	연상어휘의 가치	소비자가 사용한 문화자원 관련 가치 어휘		-
13	문화가치 영역	문화가치 영역 1	스토리텔링 공간 의미영역	4개
		문화가치 영역 2	스토리텔링 공간 의미영역	8개
14	소비자(웹 주소)	제주도 문화자원 항목 관련 웹 게시물의 주소 (관광홍보물이 아닌 개인 블로그 및 포스팅 글)		-

2) 제주도 문화자원의 유형별 현황

제주도 문화자원의 유형은 크게 대분류와 중분류의 두 가지 분류 틀로 구분하였다. 첫 번째 대분류에서는 자연자원과 인문자원의 두 가지 유형의 자원으로 구분하였는데, 문화자원의 자연자원을 살펴보면 총 101개(36.5%) 항목이다. 여기에는 경승지, 등산로/탐방로, 생태자원, 섬/등대, 자연휴양림/수목원, 폭포/계곡/유원지, 해수욕장 등으로 구분된다. 이는 다음 〈그림 5-1〉과 같이 나타낼 수 있다.

또한 문화자원 중 인문자원은 총 176개(63.5%) 항목으로 유적지/사적지, 고택/생가/민속마을, 공연/행사장, 해안도로, 전시/박물관/테마파크, 축제, 기타 등으로 구분할 수 있다. 다음 〈그림 5-2〉는 이를 나타낸 것이다.

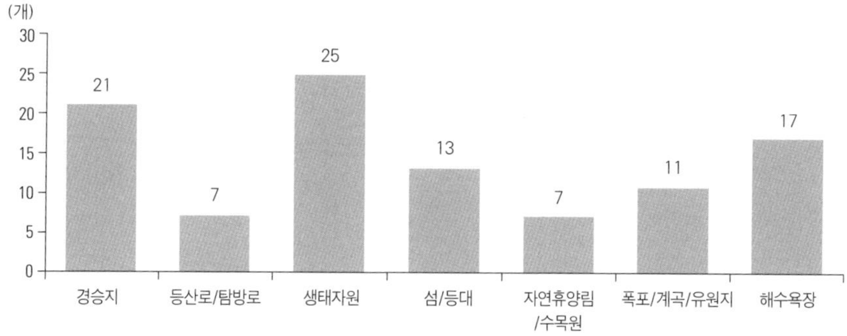

〈그림 5-1〉 제주도 문화자원(자연자원)

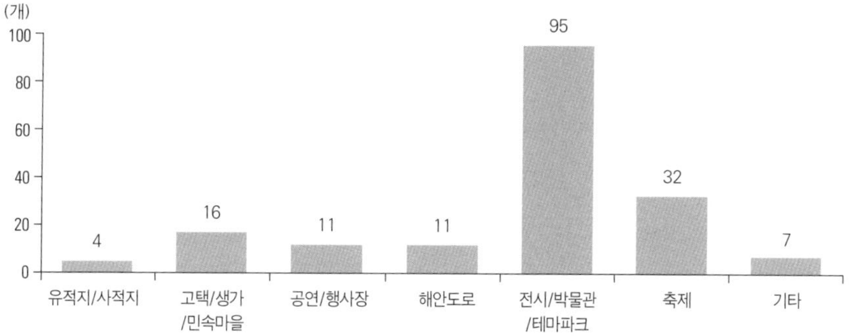

〈그림 5-2〉 제주도 문화자원(인문자원)

두 번째 중분류에서는 경승지, 고택/생가/민속마을, 공연/행사장, 등산로/탐방로, 생태자원(국립공원, 명산, 오름, 자연동굴 등), 섬/등대, 유적지/사적지, 자연휴양림/수목원, 전시/박물관/테마파크, 축제, 폭포/계곡/유원지, 해안도로, 해수욕장, 기타 등 14가지 유형의 자원으로 구분할 수 있다. 이를 자연자원과 인문자원으로 구분하여 제시하면 다음 〈표 5-2〉와 같다.

〈표 5-2〉 제주도 문화자원의 유형과 항목 수

대분류	중분류	항목 수(개)		
자연자원	경승지	21	101	277
	등산로/탐방로	7		
	생태자원(국립공원, 명산, 오름, 자연동굴 등)	25		
	섬/등대	13		
	자연휴양림/수목원	7		
	폭포/계곡/유원지	11		
	해수욕장	17		
인문자원	유적지/사적지	4	176	
	고택/생가/민속마을	16		
	공연/행사장	11		
	해안도로	11		
	전시/박물관/테마파크	95		
	축제	32		
	기타	7		

3. 제주도 문화자원의 문화가치 분석

1) 제주도 문화자원의 문화가치 분석 틀

위의 개요에서 밝힌 바와 같이 스토리텔링 공간으로서 제주도 문화자원이 제주도를 방문하는 소비자에게 어떻게 인지되고 판단되는지를 분석해야 한다. 이를 위해 웹사이트에 게시된 글로부터 제주도를 기술 · 묘사하는 '연상어휘'를 추출하여 분석을 수행하고자 한다. 알려진 바와 같이 '연상어휘 분석'은 대표적인 수용자 분석방법의 하나이다. 이 방법을 활용하여 제주도에 관련된 블로그, 카페 등에서 추출된 데이터를 통계적으로 처리하고자 한다.

제주도를 묘사하는 '연상어휘'란 제주도의 문화가치를 구성하는 의미적 성분으로서 기호학적으로 기표에 해당되는 것이다. 이를 통해 연구자들은 방문객이나 거주자들이 제주도를 어떻게 인지하고 있는지에 대해 판단하고자 한다. 이것은 제주도의 이미지를 구성하는 추상적인 의미 특질(semantic features)로서의 어휘로 이해될 수 있다.

이 장에서 제주도 관련 연상어휘를 분석하는 틀로서 활용한 것은 '기호학적 문화가치 영역'이다. 이는 기호학자 셈프리니의 기호학적 매핑구조에서 유래한 것이다. 이를 통해 구축한 문화적 의미가치 지형도를 응용하여 스토리텔링 공간의 문화가치

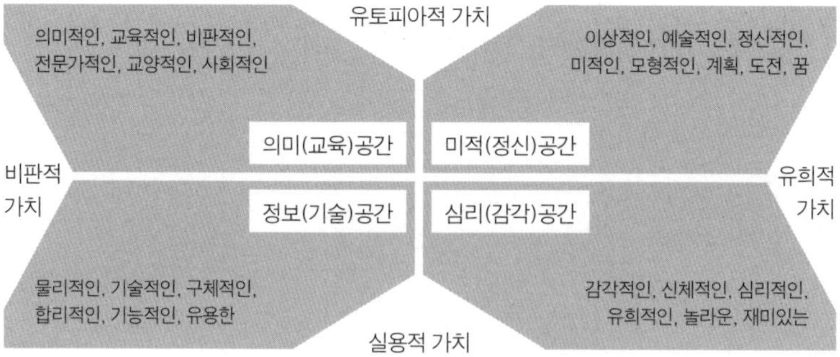

〈그림 5-3〉 스토리텔링 공간의 문화가치 영역

를 분석할 수 있다. 셈프리니의 네 가지 의미 영역을 제시하면 위 〈그림 5-3〉과 같다.

제주도 문화자원 항목 277개를 대상으로 웹사이트에 게시된 제주도 관련 글들에서 사용된 대표적인 '연상어휘'에 대해 항목당 1~3개를 조사하여 총 831개를 수집하였고, 중복되는 어휘를 제거하고 남은 제주도 관련 '연상어휘'는 총 730개였다. 그 중 자연자원 영역의 연상어휘들을 제시하면 다음 〈표 5-3〉과 같다.

〈표 5-3〉 제주도 문화자원(자연자원)의 유형별 관련 연상어휘

중분류	관련 연상어휘	합계(개)
경승지	그림 같은, 깨끗한, 맑은, 멋있는, 멋진, 부드러운, 빼어난, 소박한, 숙연한, 시원한 등	41
등산로/탐방로	신령스러운, 용감한, 몽환적, 아름다운, 기이한, 아득한, 선선한, 수려한 등	21
생태자원	거대한, 시원한, 분위기 있는, 신비로운, 희귀한, 여유로운, 인상적인, 매력적인 등	73
섬/등대	맑은, 푸른, 신기한, 환상적인, 한적한, 시원한, 멋진, 동화 같은, 은은한, 예술적인 등	35
자연휴양림/수목원	편안한, 건강한, 조용한, 시원한, 깔끔한, 저렴한, 친숙한, 싱그러운, 여유로운 등	21
폭포/계곡/유원지	청량한, 상쾌한, 시원한, 거센, 선선한, 멋진, 한적한, 고요한, 수려한, 아름다운 등	27
해수욕장	머물고 싶은, 이국적인, 예쁜, 안전한, 유명한, 특이한, 푸른, 잔잔한, 투명한, 맑은 등	44

또한 제주도 문화자원 중 인문자원 영역의 연상어휘들을 제시해보면 〈표 5-4〉와 같이 정리할 수 있다.

〈표 5-4〉 제주도 문화자원(인문자원)의 유형별 관련 연상어휘

중분류	관련 연상어휘	합계(개)
유적지/사적지	쓸쓸한, 고즈넉한, 한적한, 조용한, 평온한, 고유한, 조용한, 비극적인, 무거운 등	12
고택/생가/민속마을	순수한, 소박한, 호젓한, 포근한, 정겨운, 그림 같은, 평화로운, 상쾌한, 특별한 등	44
공연/행사장	즐거운, 감동적인, 아이들이 좋아하는, 재미있는, 귀여운, 다이내믹한, 멋진, 활기찬 등	28
해안도로	상쾌한, 이국적인, 푸르른, 투명한, 멋스러운, 이색적인, 청량한, 후련한, 한적한 등	27
전시/박물관/테마파크	야릇한, 발칙한, 특색 있는, 향기가 좋은, 다양한, 신나는, 귀여운, 즐거운, 독특한 등	252
축제	따뜻한, 화려한, 훈훈한, 신명나는, 화사한, 탐스러운, 아늑한, 푸근한, 흥겨운 등	84
기타	친환경적인, 가족이 좋아하는, 친절한, 서정적인, 맛있는, 아기자기한, 깨끗한 등	21

2) 제주도 문화자원의 유형별 문화가치 분석

수용자 분석을 통해 도출된 제주도 관련한 '연상어휘'들은 그 의미가 구성되는 성분에 따라 미적(정신)공간, 심리(감각)공간, 정보(기술)공간, 의미(교육)공간 등 스토리텔링 공간의 네 가지 문화가치 영역으로 구분하고 분류될 수 있다. 스토리텔링 공간의 4가지 문화가치 영역은 앞에서 제시한 그레마스의 기호사각형에 입각한 것으로 현실과 이상, 비판과 유희 축으로 구분하여 살펴볼 수 있다. 여기서는 기호학적 사각형의 축에 의해 만들어진 4개의 공간은 문화가치 도출을 위하여 재차 세분하여 나눌 수 있다. 이를테면 〈표 5-5〉와 같이 감성적 유토피아, 예술적 유희, 기능적 유희, 오락적 실용, 비교 비판, 합리적 실용, 비판적 유토피아, 전문가적 유토피아의 8가지 세분화된

영역으로 포지셔닝 될 수 있다.

제주도 관련 연상어휘들이 위치할 스토리텔링 공간의 좌표 선택에 기준이 되는 의미 성분들의 특징은 다음 〈표 5-5〉에 제시된 바와 같다.

〈표 5-5〉 제주도 관련 연상어휘 포지셔닝 준거

스토리텔링 공간 문화가치 영역		분류된 연상어휘의 의미 성분	
미적(정신)공간	감성적 유토피아	이상적, 정신적, 모험적	이상 > 유희
	예술적 유희	예술적, 심미적, 인상적	이상 < 유희
심리(감각)공간	기능적 유희	심리적, 유희적, 놀이적	유희 > 실용
	오락적 실용	감각적, 쾌락적, 본능적	유희 < 실용
정보(기술)공간	비교 비판	상대적, 기능적, 논리적	비판 > 실용
	합리적 실용	물리적, 기술적, 구체적	비판 < 실용
의미(교육)공간	비판적 유토피아	교육적, 철학적, 교양적	이상 > 비판
	전문가적 비판	탐구적, 평가적, 비판적	이상 < 비판

(1) 자연자원의 문화적 가치

제주도 문화자원의 '자연자원'을 묘사한 연상어휘들을 스토리텔링 공간의 문화가치 영역에 포지셔닝 해보면 미적공간(34%), 정보공간(33.2%), 심리공간(17.9%), 의미공간(14.9%)의 순으로 나타난다. 다음 〈표 5-6〉과 〈그림 5-4〉에서 보는 바와 같이 특히 감성적 유토피아와 비교 비판 영역에서 두드러짐을 확인할 수 있다.

〈표 5-6〉 '자연자원'의 문화가치 분석

스토리텔링 공간 문화가치 영역		합계(개)		백분율(%)	
미적(정신)공간	감성적 유토피아	77	89	29.4	34
	예술적 유희	12		4.6	

심리(감각)공간	기능적 유희	12	47	4.6	17.9
	오락적 실용	35		13.3	
정보(기술)공간	비교 비판	65	87	24.8	33.2
	합리적 실용	22		8.4	
의미(교육)공간	비판적 유토피아	12	39	4.6	14.9
	전문가적 비판	27		10.3	
총합		262		100	

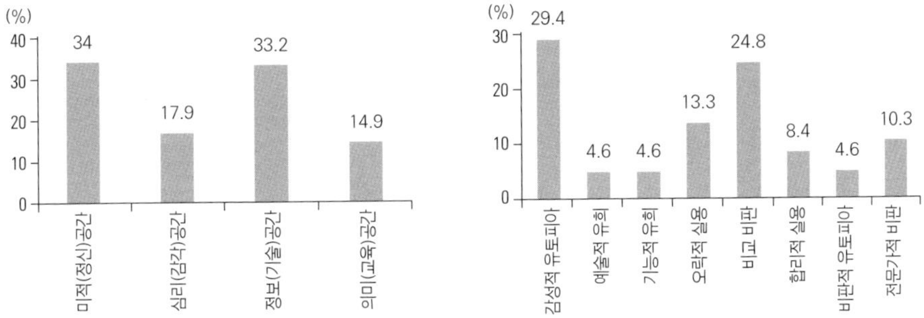

〈그림 5-4〉 '자연자원'의 문화가치 포지셔닝

제주도 자연자원 중에서 '경승지'를 묘사한 연상어휘들을 스토리텔링 공간의 문화가치 영역에 포지셔닝 해보면 의미공간(29.3%), 정보공간(29.3%), 미적공간(24.4%), 심리공간(17%)의 순으로 나타난다. 특히 다음 〈표 5-7〉과 〈그림 5-5〉에서 전문가적 비판 영역(24.4%)에 많이 배치됨을 확인할 수 있다.

〈표 5-7〉 자연자원 '경승지'의 문화가치 분석

스토리텔링 공간 문화가치 영역		합계(개)		백분율(%)	
미적(정신)공간	감성적 유토피아	8	10	19.5	24.4
	예술적 유희	2		4.9	

심리(감각)공간	기능적 유희	2	7	4.9	17
	오락적 실용	5		12.1	
정보(기술)공간	비교 비판	8	12	19.5	29.3
	합리적 실용	4		9.8	
의미(교육)공간	비판적 유토피아	2	12	4.9	29.3
	전문가적 비판	10		24.4	
총합		41		100	

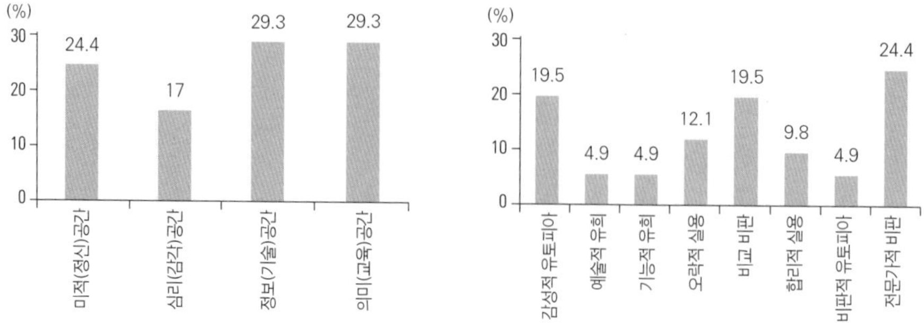

〈그림 5-5〉 자연자원 '경승지'의 문화가치 포지셔닝

제주도 자연자원 중에서 '등산로/탐방로'를 묘사한 연상어휘들을 스토리텔링 공간의 문화가치 영역에 포지셔닝 해보면 미적공간(47.6%), 심리공간(19.1%), 정보공간(14.3%), 의미공간(9.5%)의 순으로 나타난다. 특히 다음 〈표 5-8〉과 〈그림 5-6〉을 통해 감성적 유토피아 영역(47.6%)에 집중적으로 배치되어 있음을 알 수 있다.

〈표 5-8〉 자연자원 '등산로/탐방로'의 문화가치 분석

스토리텔링 공간 문화가치 영역		합계(개)		백분율(%)	
미적(정신)공간	감성적 유토피아	10	12	47.6	57.1
	예술적 유희	2		9.5	

심리(감각)공간	기능적 유희	3	4	14.3	19.1
	오락적 실용	1		4.8	
정보(기술)공간	비교 비판	2	3	9.5	14.3
	합리적 실용	1		4.8	
의미(교육)공간	비판적 유토피아	0	2	0	9.5
	전문가적 비판	2		9.5	
총합		21		100	

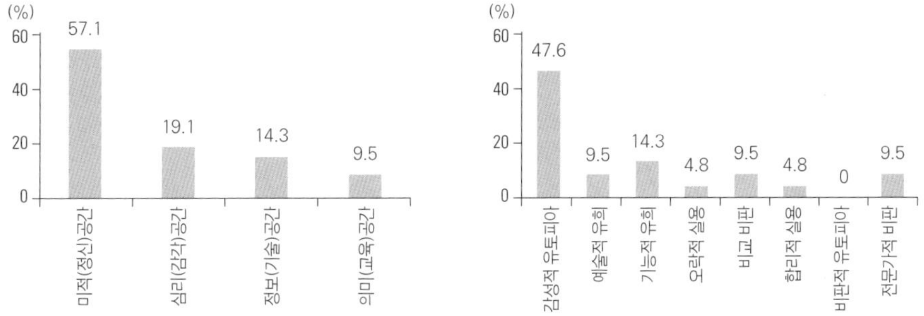

〈그림 5-6〉 자연자원 '등산로/탐방로'의 문화가치 포지셔닝

제주도 자연자원 중에서 '생태자원'을 묘사한 연상어휘들을 스토리텔링 공간의 문화가치 영역에 포지셔닝 해보면 미적공간(35.6%), 정보공간(30.2%), 심리공간(21.9%), 의미공간(12.3%)의 순으로 나타나고 있다. 이 연상어휘들은 다음 〈표 5-9〉와 〈그림 5-7〉에서 나타나듯이 특히 감성적 유토피아 영역(30.1%)에 집중적으로 배치되어 있다.

〈표 5-9〉 자연자원 '생태자원'의 문화가치 분석

스토리텔링 공간 문화가치 영역		합계(개)		백분율(%)	
미적(정신)공간	감성적 유토피아	22	26	30.1	35.6
	예술적 유희	4		5.5	

심리(감각)공간	기능적 유희	4	16	5.5	21.9
	오락적 실용	12		16.4	
정보(기술)공간	비교 비판	16	22	22	30.2
	합리적 실용	6		8.2	
의미(교육)공간	비판적 유토피아	5	9	6.8	12.3
	전문가적 비판	4		5.5	
총합		73		100	

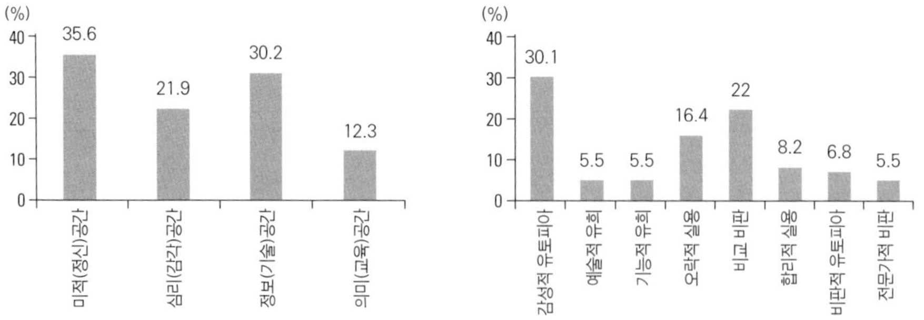

〈그림 5-7〉 자연자원 '생태자원'의 문화가치 포지셔닝

제주도 자연자원 중에서 '섬/등대'를 묘사한 연상어휘들을 스토리텔링 공간의 문화가치 영역에 포지셔닝 해보면 미적공간(48.6%), 정보공간(25.7%), 의미공간(20%), 심리공간(5.7%)의 순으로 나타났다. 특히 다음 〈표 5-10〉과 〈그림 5-8〉에서와 같이 연상어휘들은 감성적 유토피아 영역(40%)에 집중적으로 배치되어 있다.

〈표 5-10〉 자연자원 '섬/등대'의 문화가치 분석

스토리텔링 공간 문화가치 영역		합계(개)		백분율(%)	
미적(정신)공간	감성적 유토피아	14	17	40	48.6
	예술적 유희	3		8.6	

심리(감각)공간	기능적 유희	0	2	0	5.7
	오락적 실용	2		5.7	
정보(기술)공간	비교 비판	6	9	17.1	25.7
	합리적 실용	3		8.6	
의미(교육)공간	비판적 유토피아	2	7	5.7	20
	전문가적 비판	5		14.3	
총합		35		100	

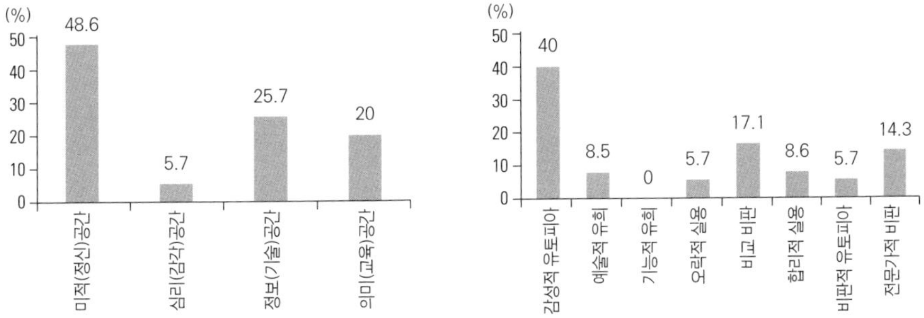

〈그림 5-8〉 자연자원 '섬/등대'의 문화가치 포지셔닝

제주도 자연자원 중에서 '자연휴양림/수목원'을 묘사한 연상어휘들을 스토리텔링 공간의 문화가치 영역에 포지셔닝 해보면 정보공간(38.1%), 미적공간(28.6%), 심리공간(19%), 의미공간(14.3%)의 순으로 나타났다. 특히 연상어휘들은 다음 〈표 5-11〉과 〈그림 5-9〉에서와 같이 비교 비판과 감성적 유토피아 영역에 주로 배치되어 있다.

〈표 5-11〉 자연자원 '자연휴양림/수목원'의 문화가치 분석

스토리텔링 공간 문화가치 영역		합계(개)		백분율(%)	
미적(정신)공간	감성적 유토피아	6	6	28.6	28.6
	예술적 유희	0		0	

심리(감각)공간	기능적 유희	0	4	0	19
	오락적 실용	4		19	
정보(기술)공간	비교 비판	7	8	33.3	38.1
	합리적 실용	1		4.8	
의미(교육)공간	비판적 유토피아	2	3	9.5	14.3
	전문가적 비판	1		4.8	
총합		21		100	

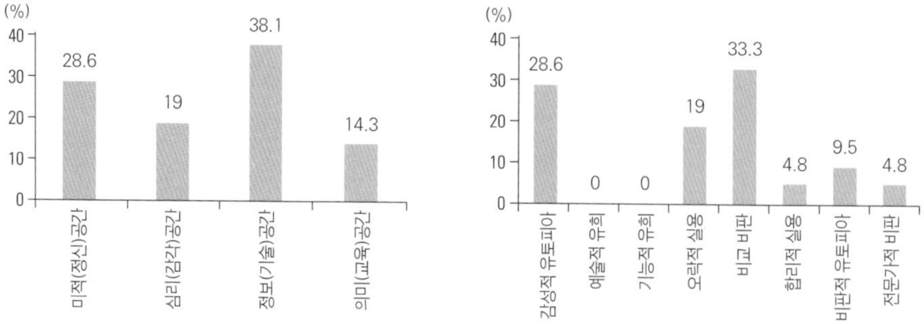

〈그림 5-9〉 자연자원 '자연휴양림/수목원'의 문화가치 포지셔닝

제주도 자연자원 중에서 '폭포/계곡/유원지'를 묘사한 연상어휘들을 스토리텔링 공간의 문화가치 영역에 포지셔닝 해보면 심리공간(33.3%), 미적공간(29.7%), 정보공간(29.6%), 의미공간(7.4%)의 순으로 나타나 있다. 다음 〈표 5-12〉와 〈그림 5-10〉에서 나타난 바와 같이 '폭포/계곡/유원지'를 묘사한 연상어휘들은 특히 감성적 유토피아 영역(29.7%), 오락적 실용과 비교 비판(29.6%) 영역에 두드러지게 분포되어 있다.

〈표 5-12〉 자연자원 '폭포/계곡/유원지'의 문화가치 분석

스토리텔링 공간 문화가치 영역		합계(개)		백분율(%)	
미적(정신)공간	감성적 유토피아	8	8	29.7	29.7
	예술적 유희	0		0	

심리(감각)공간	기능적 유희	1	9	3.7	33.3
	오락적 실용	8		29.6	
정보(기술)공간	비교 비판	8	8	29.6	29.6
	합리적 실용	0		0	
의미(교육)공간	비판적 유토피아	1	2	3.7	7.4
	전문가적 비판	1		3.7	
총합		27		100	

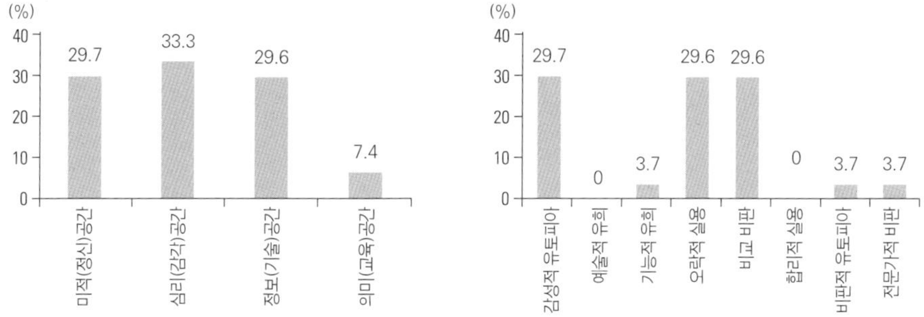

〈그림 5-10〉 자연자원 '폭포/계곡/유원지'의 문화가치 포지셔닝

제주도 자연자원 중에서 '해수욕장'을 묘사한 연상어휘들을 스토리텔링 공간의 문화가치 영역에 포지셔닝 해보면 정보공간(56.8%), 미적공간(22.7%), 심리공간(11.4%), 의미공간(9.1%)의 순으로 나타나고 있다. 다음 〈표 5-13〉과 〈그림 5-11〉에서 나타난 바와 같이 '해수욕장'에 관한 연상어휘들은 특히 비교 비판 영역(40.9%)에 집중적으로 배치됨을 확인할 수 있다.

〈표 5-13〉 자연자원 '해수욕장'의 문화가치 분석

스토리텔링 공간 문화가치 영역		합계(개)		백분율(%)	
미적(정신)공간	감성적 유토피아	9	10	20.4	22.7
	예술적 유희	1		2.3	

심리(감각)공간	기능적 유희	2	5	4.6	11.4
	오락적 실용	3		6.8	
정보(기술)공간	비교 비판	18	25	40.9	56.8
	합리적 실용	7		15.9	
의미(교육)공간	비판적 유토피아	1	4	2.3	9.1
	전문가적 비판	3		6.8	
총합		44		100	

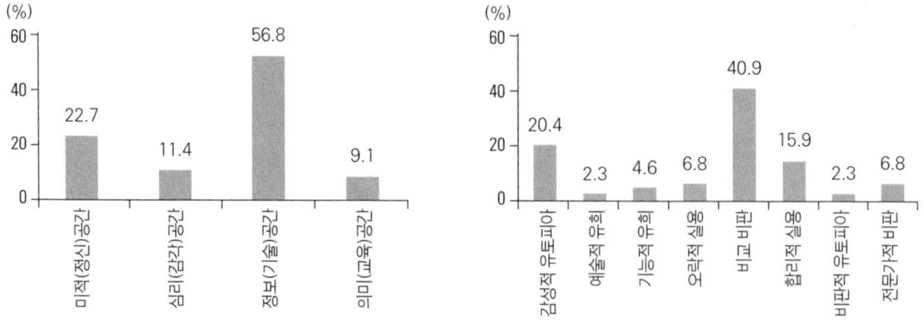

〈그림 5-11〉 자연자원 '해수욕장'의 문화가치 포지셔닝

(2) 인문자원의 문화적 가치

제주도 문화자원의 '인문자원'을 기술한 연상어휘들을 스토리텔링 공간의 문화가치 영역에 포지셔닝 해보면 정보공간(33.1%), 심리공간(26.1%), 의미공간(22.6%), 미적공간(18.2%)의 순으로 나타난다. 특히 다음 〈표 5-14〉와 〈그림 5-12〉에서 나타나듯이 비교 비판 영역(27.6%)에 인문자원 연상어휘들이 집중적으로 배치됨을 알 수 있다.

〈표 5-14〉 '인문자원'의 문화가치 분석

스토리텔링 공간 문화가치 영역		합계(개)		백분율(%)	
미적(정신)공간	감성적 유토피아	75	85	16	18.2
	예술적 유희	10		2.2	
심리(감각)공간	기능적 유희	89	122	19	26.1
	오락적 실용	33		7.1	
정보(기술)공간	비교 비판	129	155	27.6	33.1
	합리적 실용	26		5.5	
의미(교육)공간	비판적 유토피아	47	106	10	22.6
	전문가적 비판	59		12.6	
총합		468		100	

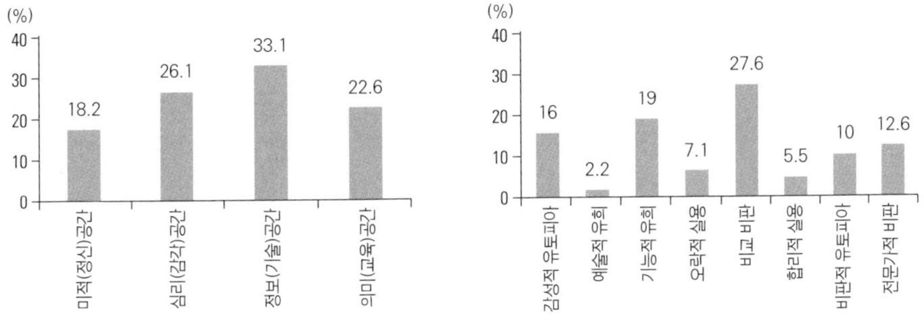

〈그림 5-12〉 '인문자원'의 문화가치 포지셔닝

또한 제주도 인문자원들의 분포를 구체적으로 살펴보도록 하자. '유적지/사적지'를 묘사한 연상어휘들을 스토리텔링 공간의 문화가치 영역에 포지셔닝 해보면 정보공간(58.3%), 미적공간(16.7%), 의미공간(16.7%), 심리공간(8.3%)의 순으로 나타난다. 이를 〈표 5-15〉와 〈그림 5-13〉을 통해 살펴보면, 특히 비교 비판 영역(41.7%)에 집중적으로 배치되어 있음을 알 수 있다.

〈표 5-15〉 인문자원 '유적지/사적지'의 문화가치 분석

스토리텔링 공간 문화가치 영역		합계(개)		백분율(%)	
미적(정신)공간	감성적 유토피아	2	2	16.6	16.7
	예술적 유희	0		0	
심리(감각)공간	기능적 유희	1	1	8.35	8.3
	오락적 실용	0		0	
정보(기술)공간	비교 비판	5	7	41.7	58.3
	합리적 실용	2		16.6	
의미(교육)공간	비판적 유토피아	1	2	8.35	16.7
	전문가적 비판	1		8.35	
총합		12		100	

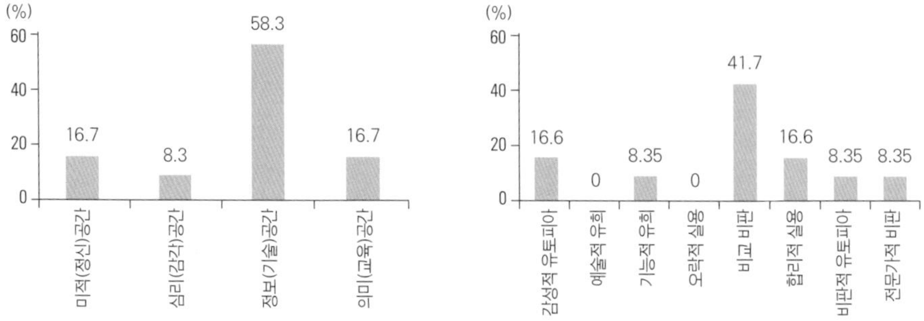

〈그림 5-13〉 인문자원 '유적지/사적지'의 문화가치 포지셔닝

제주도 인문자원 중에서 '고택/생가/민속마을'을 묘사한 연상어휘들을 스토리텔링 공간의 문화가치 영역에 포지셔닝 해보면 정보공간(31.8%)과 미적공간(31.8%), 심리공간(18.2%)과 의미공간(18.2%)의 배치가 균형적으로 나타나고 있다. 이를 〈표 5-16〉과 〈그림 5-14〉에서 보여주고 있으며, 감성적 유토피아 영역(29.5%)이 비교적 많이 나타나고 있다.

〈표 5-16〉 인문자원 '고택/생가/민속마을'의 문화가치 분석

스토리텔링 공간 문화가치 영역		합계(개)		백분율(%)	
미적(정신)공간	감성적 유토피아	13	14	29.5	31.8
	예술적 유희	1		2.3	
심리(감각)공간	기능적 유희	7	8	15.9	18.2
	오락적 실용	1		2.3	
정보(기술)공간	비교 비판	10	14	22.7	31.8
	합리적 실용	4		9.1	
의미(교육)공간	비판적 유토피아	5	8	11.4	18.2
	전문가적 비판	3		6.8	
총합		44		100	

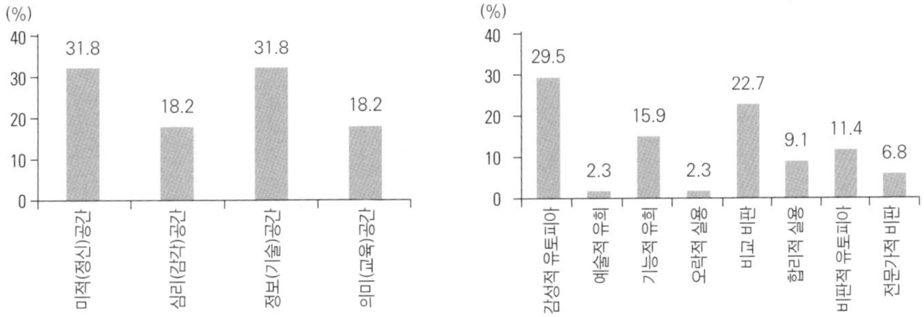

〈그림 5-14〉 인문자원 '고택/생가/민속마을'의 문화가치 포지셔닝

제주도 인문자원 중에서 '공연/행사장'을 묘사한 연상어휘들을 스토리텔링 공간의 문화가치 영역에 포지셔닝 해보면 심리공간(39.3%), 정보공간(28.6%), 의미공간(28.6%), 미적공간(3.5%)의 순으로 나타난다. 다음 〈표 5-17〉과 〈그림 5-15〉에서와 같이 이들 연상어휘는 특히 기능적 유희 영역(28.6%)에 집중적으로 분포되어 있다.

〈표 5-17〉 인문자원 '공연/행사장'의 문화가치 분석

스토리텔링 공간 문화가치 영역		합계(개)		백분율(%)	
미적(정신)공간	감성적 유토피아	0	1	0	3.5
	예술적 유희	1		3.5	
심리(감각)공간	기능적 유희	8	11	28.6	39.3
	오락적 실용	3		10.7	
정보(기술)공간	비교 비판	6	8	21.4	28.6
	합리적 실용	2		7.2	
의미(교육)공간	비판적 유토피아	4	8	14.3	28.6
	전문가적 비판	4		14.3	
총합		28		100	

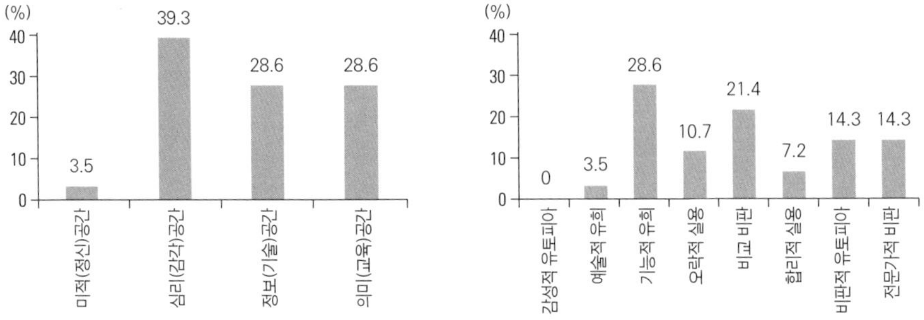

〈그림 5-15〉 인문자원 '공연/행사장'의 문화가치 포지셔닝

제주도 인문자원 중에서 '해안도로'를 묘사한 연상어휘들을 스토리텔링 공간의 문화가치 영역에 포지셔닝 해보면 심리공간(40.7%), 정보공간(33.4%), 미적공간(14.8%), 의미공간(11.1%)의 순으로 나타나고 있다. 다음 〈표 5-18〉과 〈그림 5-16〉에서와 같이 연상어휘들은 특히 기능적 유희 영역(25.9%)에 집중적으로 분포되어 있다.

〈표 5-18〉 인문자원 '해안도로'의 문화가치 분석

스토리텔링 공간 문화가치 영역		합계(개)		백분율(%)	
미적(정신)공간	감성적 유토피아	4	4	14.8	14.8
	예술적 유희	0		0	
심리(감각)공간	기능적 유희	7	11	25.9	40.7
	오락적 실용	4		14.8	
정보(기술)공간	비교 비판	5	9	18.6	33.4
	합리적 실용	4		14.8	
의미(교육)공간	비판적 유토피아	0	3	0	11.1
	전문가적 비판	3		11.1	
총합		27		100	

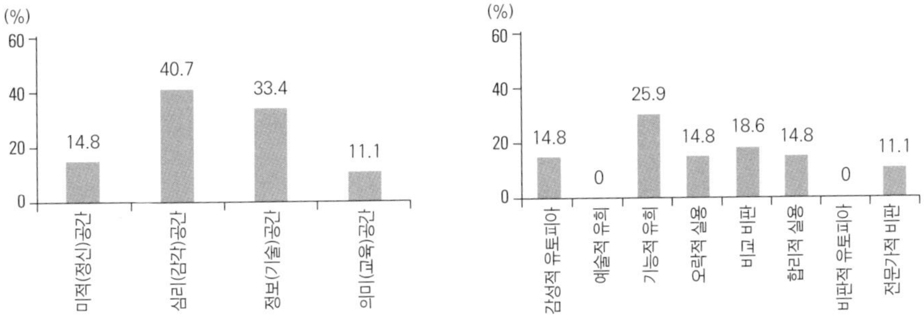

〈그림 5-16〉 인문자원 '해안도로'의 문화가치 포지셔닝

제주도 인문자원 중에서 '전시/박물관/테마파크'를 묘사한 연상어휘들을 스토리텔링 공간의 문화가치 영역에 포지셔닝 해보면 정보공간(29.8%), 의미공간(25.8%), 심리공간(23.4%), 미적공간(21%)의 순으로 나타난다. 다음 〈표 5-19〉와 〈그림 5-17〉에서와 같이 연상어휘들은 특히 비교 비판 영역(26.2%)에 집중적으로 배치된 것을 알 수 있다.

〈표 5-19〉 인문자원 '전시/박물관/테마파크'의 문화가치 분석

스토리텔링 공간 문화가치 영역		합계(개)		백분율(%)	
미적(정신)공간	감성적 유토피아	46	53	18.3	21
	예술적 유희	7		2.7	
심리(감각)공간	기능적 유희	46	59	18.6	23.4
	오락적 실용	13		4.8	
정보(기술)공간	비교 비판	66	75	26.2	29.8
	합리적 실용	9		3.6	
의미(교육)공간	비판적 유토피아	27	65	10.7	25.8
	전문가적 비판	38		15.1	
총합		252		100	

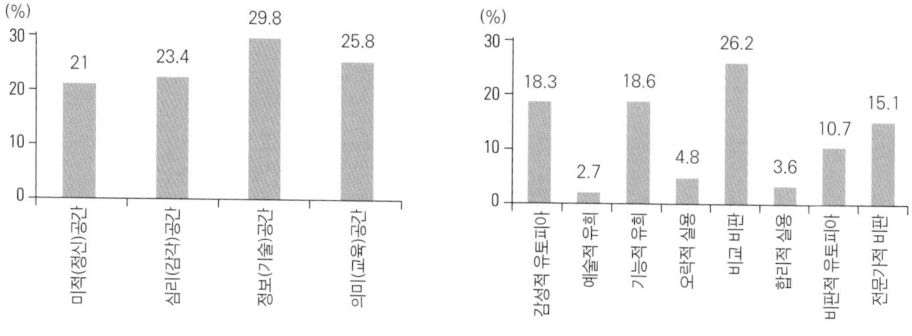

〈그림 5-17〉 인문자원 '전시/박물관/테마파크'의 문화가치 포지셔닝

제주도 인문자원 중에서 '축제'를 묘사한 연상어휘들을 스토리텔링 공간의 문화가치 영역에 포지셔닝 해보면 심리공간(36.9%), 정보공간(34.5%), 의미공간(19.1%), 미적공간(9.5%)의 순으로 나타난다. 이 연상어휘들은 다음 〈표 5-20〉과 〈그림 5-18〉에서와 같이 특히 비교 비판 영역(31.0%)에 상대적으로 많이 분포되어 있다.

〈표 5-20〉 인문자원 '축제'의 문화가치 분석

스토리텔링 공간 문화가치 영역		합계(개)		백분율(%)	
미적(정신)공간	감성적 유토피아	8	8	9.5	9.5
	예술적 유희	0		0	
심리(감각)공간	기능적 유희	19	31	22.6	36.9
	오락적 실용	12		14.3	
정보(기술)공간	비교 비판	26	29	31	34.5
	합리적 실용	3		3.5	
의미(교육)공간	비판적 유토피아	9	16	10.7	19.1
	전문가적 비판	7		8.4	
총합		84		100	

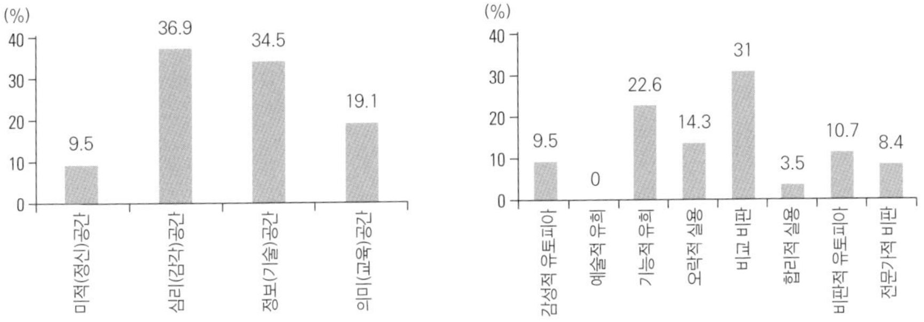

〈그림 5-18〉 인문자원 '축제'의 문화가치 포지셔닝

제주도 인문자원 중에서 위에 열거된 유형 이외의 '기타' 인문자원을 묘사한 연상어휘들을 스토리텔링 공간의 문화가치 영역에 포지셔닝 해보면 정보공간(62%), 의미공간(19%), 미적공간(14.3%), 심리공간(4.7%)의 순으로 나타난다. 이 연상어휘들은 다음 〈표 5-21〉과 〈그림 5-19〉에서 특히 비교 비판 영역(52.5%)에 집중적으로 배치되어 있음을 알 수 있다.

〈표 5-21〉 '기타' 인문자원의 문화가치 분석

스토리텔링 공간 문화가치 영역		합계(개)		백분율(%)	
미적(정신)공간	감성적 유토피아	2	3	9.5	14.3
	예술적 유희	1		4.7	
심리(감각)공간	기능적 유희	1	1	4.7	4.7
	오락적 실용	0		0	
정보(기술)공간	비교 비판	11	13	52.5	62
	합리적 실용	2		9.5	
의미(교육)공간	비판적 유토피아	1	4	4.7	19
	전문가적 비판	3		14.3	
총합		21		100	

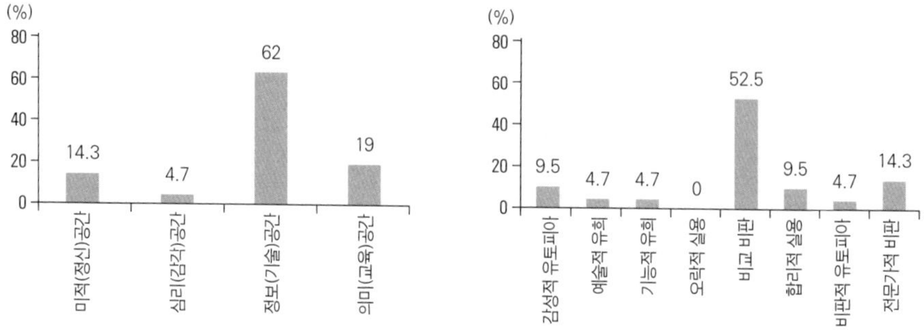

〈그림 5-19〉 '기타' 인문자원의 문화가치 포지셔닝

(3) 문화가치 영역별 제주도 문화자원 분석

이 절에서는 제주도 문화자원에 대하여 문화가치 영역을 중심축으로 재분류할 것이다. 먼저 스토리텔링 공간의 문화가치 영역 중 의미(교육)공간에 포지셔닝 된 제주도 문화자원 관련 연상어휘를 분석한 결과는 다음 〈표 5-22〉와 같다.

〈표 5-22〉 의미(교육)공간에 위치한 제주도 문화자원 현황

문화가치 영역	대분류	중분류	합계(개)	백분율(%)
비판적 유토피아 (59)	자연자원 (12)	경승지	2	8.3
		등산로/탐방로	0	
		생태자원	5	
		섬/등대	2	
		자연휴양림/수목원	2	
		폭포/계곡/유원지	0	
		해수욕장	1	
	인문자원 (47)	유적지/사적지	1	32.4
		고택/생가/민속마을	5	
		공연/행사장	4	
		해안도로	0	
		전시/박물관/테마파크	27	
		축제	9	
		기타	1	
전문가적 비판 (86)	자연자원 (27)	경승지	10	18.6
		등산로/탐방로	2	
		생태자원	4	
		섬/등대	5	
		자연휴양림/수목원	1	
		폭포/계곡/유원지	2	
		해수욕장	3	
	인문자원 (59)	유적지/사적지	1	40.7
		고택/생가/민속마을	3	
		공연/행사장	4	
		해안도로	3	
		전시/박물관/테마파크	38	
		축제	7	
		기타	3	
총계			145	100

위의 표에서 제시된 바와 같이 의미(교육)공간으로서 '비판적 유토피아'와 '전문가적 비판'의 문화가치 영역에 포지셔닝 된 제주도 문화자원 관련 연상어휘는 총 145개로서, 그중 자연자원 관련 연상어휘는 39개, 인문자원 관련 연상어휘는 106개로 집계되었다. 이와 같은 의미(교육)공간에 포지셔닝 된 제주도의 자연자원과 인문자원 관련 연상어휘의 비율은 다음 〈그림 5-20〉과 같다.

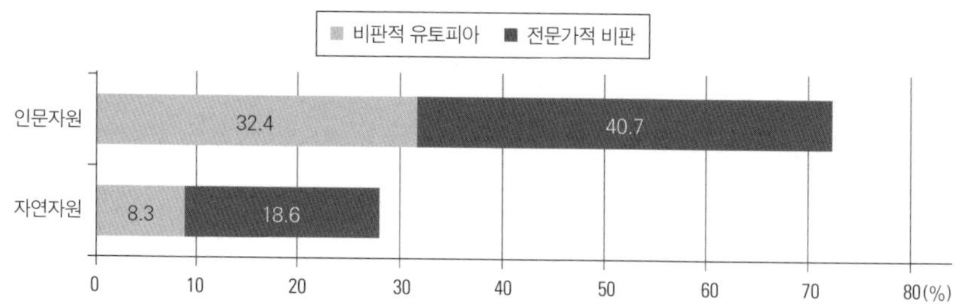

〈그림 5-20〉 의미(교육)공간에 위치한 제주도의 문화자원

스토리텔링 공간의 문화가치 분석으로 인해 제주도에서 의미(교육)공간의 성격으로서 더 선호되고 있는 문화자원은 인문자원이라는 것을 확인할 수 있다. 의미(교육)공간 연상어휘의 73.1%를 차지하고 있는 자원이 바로 인문자원이기 때문이다. 또한 제주도의 자연자원과 인문자원 관련 연상어휘들은 '비판적 유토피아'의 경향(40.7%)보다 '전문가적 비판'의 경향(59.3%)에 집중되어 있는 것을 확인할 수 있다.

스토리텔링 공간의 문화가치 영역 중 정보(기술)공간에 포지셔닝 된 제주도 문화자원 관련 연상어휘를 분석한 결과 총 242개로 분류하였다. 그중 자연자원 관련 연상어휘는 87개, 인문자원 관련 연상어휘는 155개로 집계되었다. 다음 〈표 5-23〉은 정보(기술)공간에 위치한 제주도 문화자원 현황이다.

〈표 5-23〉 정보(기술)공간에 위치한 제주도 문화자원 현황

문화가치 영역	대분류	중분류	합계(개)	백분율(%)
비교 비판 (194)	자연자원 (65)	경승지	8	26.8
		등산로/탐방로	2	
		생태자원	16	
		섬/등대	6	
		자연휴양림/수목원	7	
		폭포/계곡/유원지	8	
		해수욕장	18	
	인문자원 (129)	유적지/사적지	5	53.3
		고택/생가/민속마을	10	
		공연/행사장	6	
		해안도로	5	
		전시/박물관/테마파크	66	
		축제	26	
		기타	11	
합리적 실용 (48)	자연자원 (22)	경승지	4	9.1
		등산로/탐방로	1	
		생태자원	6	
		섬/등대	3	
		자연휴양림/수목원	1	
		폭포/계곡/유원지	0	
		해수욕장	7	
	인문자원 (26)	유적지/사적지	2	10.8
		고택/생가/민속마을	4	
		공연/행사장	2	
		해안도로	4	
		전시/박물관/테마파크	9	
		축제	3	
		기타	2	
총계			242	100

위에서 살펴본 정보(기술)공간에 포지셔닝 된 제주도의 자연자원과 인문자원 관련 연상어휘의 비율은 다음 〈그림 5-21〉과 같다.

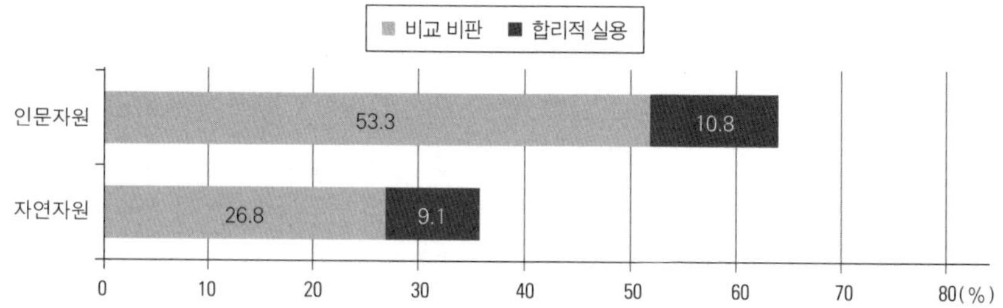

〈그림 5-21〉 정보(기술)공간에 위치한 제주도의 문화자원

스토리텔링 공간의 문화가치 분석으로 정보(기술)공간의 성격으로서 더 선호되고 있는 문화자원은 위의 〈그림 5-21〉에서 확인할 수 있다. 여기에서 정보(기술)공간 연상어휘의 64.1%를 차지하고 있는 것은 바로 인문자원이다. 또한 제주도의 자연자원과 인문자원 관련 연상어휘들은 '합리적 실용' 방향(19.9%)보다 '비교 비판' 방향(80.1%)에 집중되어 있는 것을 확인할 수 있다.

스토리텔링 공간의 문화가치 영역 중 심리(감각)공간에 포지셔닝 된 제주도 문화자원 관련 연상어휘를 분석한 결과, 심리(감각)공간으로서 '기능적 유희'와 '오락적 실용'의 문화가치 영역에 포지셔닝 된 제주도 문화자원 관련 연상어휘는 총 169개이다. 그중 자연자원 관련 연상어휘는 47개, 인문자원 관련 연상어휘는 122개로 그 현황은 다음 〈표 5-24〉와 같다.

이와 같이 심리(감각)공간에 포지셔닝 된 제주도의 자연자원과 인문자원 관련 연상어휘의 비율을 대비하여 제시하면 다음 〈그림 5-22〉와 같다.

〈표 5-24〉 심리(감각)공간에 위치한 제주도 문화자원 현황

문화가치 영역	대분류	중분류	합계(개)	백분율(%)
기능적 유희 (101)	자연자원 (12)	경승지	2	7.1
		등산로/탐방로	3	
		생태자원	4	
		섬/등대	0	
		자연휴양림/수목원	0	
		폭포/계곡/유원지	1	
		해수욕장	2	
	인문자원 (89)	유적지/사적지	1	52.7
		고택/생가/민속마을	7	
		공연/행사장	8	
		해안도로	7	
		전시/박물관/테마파크	46	
		축제	19	
		기타	1	
오락적 실용 (68)	자연자원 (35)	경승지	5	20.7
		등산로/탐방로	1	
		생태자원	12	
		섬/등대	2	
		자연휴양림/수목원	4	
		폭포/계곡/유원지	8	
		해수욕장	3	
	인문자원 (33)	유적지/사적지	0	19.5
		고택/생가/민속마을	1	
		공연/행사장	3	
		해안도로	4	
		전시/박물관/테마파크	13	
		축제	12	
		기타	0	
총계			169	100

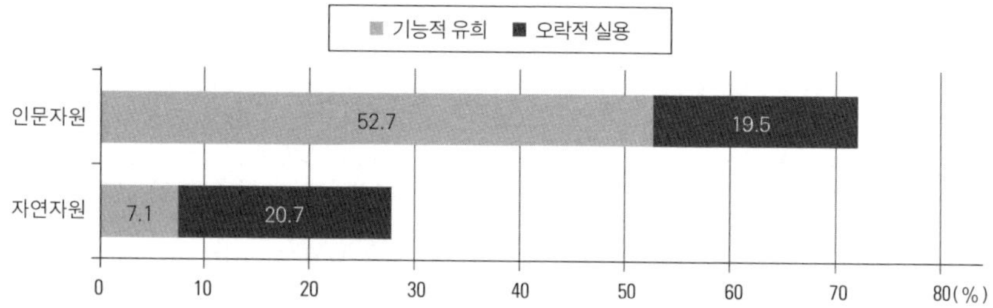

〈그림 5-22〉 심리(감각)공간에 위치한 제주도의 문화자원

심리(감각)공간의 성격으로서 더 선호되고 있는 문화자원은 〈그림 5-22〉에서 확인할 수 있는 바와 같이 심리(감각)공간 연상어휘의 72.2%를 차지하고 있는 인문자원으로 판단된다. 또한 제주도의 인문자원 관련 연상어휘들은 '오락적 실용' 방향(19.5%)보다 '기능적 유희' 방향(52.7%)에 집중되어 있다. 반면에 자연자원 관련 연상어휘들은 '기능적 유희' 방향(7.1%)보다 '오락적 실용' 방향(20.7%)에 집중되어 있는 것을 확인할 수 있다.

스토리텔링 공간의 문화가치 영역 중 미적(정신)공간으로서 '감성적 유토피아'와 '예술적 유희'의 문화가치 영역에 포지셔닝 된 제주도 문화자원 관련 연상어휘는 총 174개이다. 이 중 자연자원 관련 연상어휘는 89개, 인문자원 관련 연상어휘는 85개로 다음 〈표 5-25〉와 같다.

〈표 5-25〉 미적(정신)공간에 위치한 제주도 문화자원 현황

문화가치 영역	대분류	중분류	합계(개)	백분율(%)
감성적 유토피아 (152)	자연자원 (77)	경승지	8	44.3
		등산로/탐방로	10	
		생태자원	22	
		섬/등대	14	
		자연휴양림/수목원	6	
		폭포/계곡/유원지	8	
		해수욕장	9	

감성적 유토피아 (152)	인문자원 (75)	유적지/사적지	2	43.1
		고택/생가/민속마을	13	
		공연/행사장	0	
		해안도로	4	
		전시/박물관/테마파크	46	
		축제	8	
		기타	2	
예술적 유희 (22)	자연자원 (12)	경승지	2	6.9
		등산로/탐방로	2	
		생태자원	4	
		섬/등대	3	
		자연휴양림/수목원	0	
		폭포/계곡/유원지	0	
		해수욕장	1	
	인문자원 (10)	유적지/사적지	0	5.7
		고택/생가/민속마을	1	
		공연/행사장	1	
		해안도로	0	
		전시/박물관/테마파크	7	
		축제	0	
		기타	1	
총계			174	100

미적(정신)공간에 포지셔닝 된 제주도의 자연자원과 인문자원 관련 연상어휘의 비율은 다음의 〈그림 5-23〉과 같다. 미적(정신)공간의 성격은 〈그림 5-23〉에서 확인할 수 있는 바와 같이 인문자원과 자연자원이 비슷한 비율로 선호되고 있음을 알 수 있다. 또한 인문자원과 자연자원 모두에서 관련 연상어휘들은 '감성적 유토피아' 방향에 집중되어 있는 것으로 나타난다.

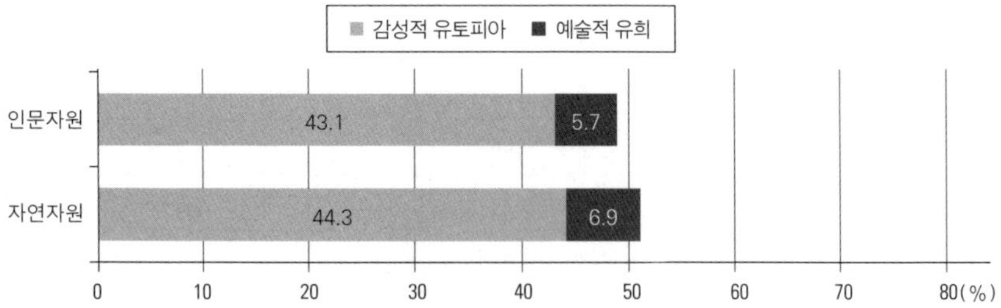

〈그림 5-23〉 미적(정신)공간에 위치한 제주도의 문화자원

(4) 시사점

이 연구에서 수집한 제주도 문화자원의 문화적 가치는 총체적으로 정보(기술)공간 33.2%, 미적(정신)공간 23.8%, 심리(감각)공간 23.2%, 의미(교육)공간 19.9%에 위치하고 있음을 알 수 있다. 또한 제주도 문화자원의 문화가치는 자연자원과 인문자원 모두 공통적으로 '전문가적 비판'(탐구적, 평가적, 비판적) 가치와 '비교 비판'(상대적, 기능적, 논리적) 가치를 나타내고 있다. 그리고 자연자원과 인문자원으로 분리해서 보았을 때, 자연자원의 경우에는 '감성적 유토피아'(이상적, 정신적, 모험적) 가치에, 인문자원의 경우에는 '기능적 유희'(심리적, 유희적, 놀이적) 가치에 보다 집중적으로 포지셔닝 되어 있는 것을 확인할 수 있었다.

위와 같은 제주도 문화자원에 대한 수용자 중심의 문화가치 분석결과가 시사하고 있는 바는 다음과 같이 정리할 수 있다.

첫째, 제주도 문화자원의 스토리텔링은 많은 경우가 제작자 중심으로 구조화되어 있으며, 방문객의 흥미와 관심을 끌 수 있는 단순한 정보를 제공하는 스토리텔링 공간 위주로 구성되어 있다.

이에 대한 대표적인 사례로서 제주도 전체에 산만하게 분포되어 있는 테마파크 등을 들 수 있는데, 제주도의 지역성과 관련이 없는 다양한 주제를 가진 채 서로 연계

됨 없이 독립적으로 존재하는 공간들이 다수 있다. 이와 같은 공간들은 제주도의 일관적이고 통일된 정체성을 저해하는 역할을 하므로 개별적으로 존재하는 공간들을 특정한 주제로 엮어줄 수 있는 스토리텔링의 종합적 접근이 필요하다고 본다.

또한 방문객의 기억 속에 제주도의 공간들이 유기적인 이미지로 기억되기 위해서는 제주도에 대해 단순히 정보를 제공하는 수준이 아닌 보다 메타적인 정보 제공의 스토리텔링이 필요하다고 본다. 즉, 객관적인 지식을 전달하는 수준보다는 보다 쉽고 즐겁게 이해할 수 있도록 하는 오락적 교육물(edutainment)로서의 스토리텔링이 필요한 시점이다.

둘째, 제주도 스토리텔링의 가장 취약한 지점은 방문객의 탐구적이고 비판적인 사고를 자극할 수 있는 교육적이고 의미적인 가치의 공간이 매우 부족하다는 점이다. 제주도를 방문하는 관광객에게 가장 지배적인 가치는 자기 자신을 성찰할 수 있는 이상적인 공간으로서의 가치와 흥미롭고 유쾌한 즐거움을 느낄 수 있는 유희적인 공간으로서의 가치로 나타난다. 이를테면, 제주도에는 4 · 3사건 같은 인권문화의 역사, 전쟁의 상흔, 평화의 상징 등 역사적으로 공간에 투영된 다양한 교훈적인 의미들이 존재한다. 그럼에도 불구하고 이를 비판적이고 교육적인 소재로서 활용하지 못하고 있는 실정이다.

역사의 참상을 돌아보면서 자기반성을 하며 교훈을 얻는 관광을 '다크(dark) 투어리즘' 혹은 '그리프(grief) 투어리즘'이라고 한다. 제주도의 아픈 역사적 과거에 대해 보다 적극적인 스토리텔링으로 접근함으로써 자기 치유적인 공간의 성격을 강조할 필요가 있다고 본다.

셋째, 자연자원의 아름다움에만 의존하는 일차원적인 스토리텔링 방식을 지양하고, 제주도 천혜의 자연자원을 인문적으로 해석하거나, 인문자원을 자연자원의 매력을 보조하는 수단으로 활용하는 등 다양한 융합적인 스토리텔링 방식의 접근이 필요하다. 이를 통해 제주도가 방문객에게 보다 이상적이고 미적인 공간, 의미적이고 교육적인 공간으로서 부각될 수 있다고 판단된다.

이와 같이 제주도 문화자원의 기호학적 분석에서 나온 결과들은 제주도의 종합적 스토리텔링을 시도하는 데 시사점을 제공할 것이다.

6장
제주도의 공간 스토리텔링

1. 제주도의 공간 스토리텔링 개요

제주도는 섬 특유의 자연생태계와 생활문화의 원형이 잘 보존되어 있는 이야기가 풍부한 장소로서, 제주도의 독특한 문화를 관광자원화하고자 다양한 스토리텔링이 시도되고 있다. 이 같은 시도들은 제주도가 가진 다양한 스토리텔링의 가능성을 개발하여 이야기를 발굴하고 관광객의 지적 호기심을 자극하는 효과적인 장소 마케팅적 시도라는 점에서 가치가 있지만, 여전히 특정한 주제를 중심으로 한 부분적인 스토리텔링에 그친다는 한계를 가진다. 그렇기 때문에 현 시점에서 제주도 공간의 문화자원들을 총체적으로 조사 · 분석하여 정확한 현황을 파악하고, 제주도의 문화자원들을 유기적으로 연결하여 활용할 수 있도록 하는 제주도 공간의 종합적인 스토리텔링 방안을 모색할 필요가 있다고 하겠다.

제주도에 필요한 스토리텔링 전략은 지속적이고 일관적으로 제주도의 정체성이 강화될 수 있도록 지역 공간의 특성에 적절한 스토리텔링의 콘셉트를 개발하고, 그 콘셉트를 중심으로 한 차별적인 제주형 스토리텔링의 유형화라고 할 수 있다. 이를 위해 제주도 스토리텔링의 현황과 실태를 분석하여 기존 스토리텔링의 강점, 약점, 과제를 도출하였고, 제주형 스토리텔링 콘셉트로서 NC(Nature-Communication)를 설정하였으며, 제주도 문화자원의 문화가치 분석을 통해 기존 스토리텔링 공간의 취약점과 보완해야 할 점에 대한 시사점을 이끌어냈다. 따라서 제주형 스토리텔링의 기본 콘셉트는 '자연 커뮤니케이션(NC)'으로 모든 스토리텔링 전략에 기본적인 토대가 되는 개념이며, 이를 바탕으로 제안된 스토리텔링의 방안은 기존 스토리텔링 공간의 취약점을 보완하고 해결해야 할 과제를 반영하여 제시될 수 있다.

본 연구에서 제안하고 있는 제주도 공간의 스토리텔링 방안은 기호학적으로 접근한 스토리텔링 공간의 미적(정신)공간, 의미(교육)공간, 심리(감각)공간, 정보(기술)공간의 네 가지 문화가치 영역에 기초하고 있으며, 제주도의 종합적 스토리텔링으로 제시된 네 가지 방안은 NC-의미가치형, NC-교육비판형, NC-감성유희형, NC-정보기능형으로 구분될 수 있다. 또한 본 연구를 위해 조사하고 분석한 '제주도 문화자원 DB'를 통해 제주도 스토리텔링 방안의 구체적인 내용을 제시해보고자 하였다. 구체적으로는 제주도 문화자원에 대한 연상어휘(내용, 가치)들의 통계적 분석으로 드러난 대표적인 문화적 표상과 인지구조를 공간 스토리텔링의 의미생성모형도로 표현하고자 했다. 이를 통해 4가지 스토리텔링 방안 각각의 핵심 콘셉트를 도출하였으며, 핵심 콘셉트에 적합한 스토리텔링의 방향 및 방법을 제안하고 관련 사례를 들어 구체적으로 설명하고자 하였다. 이와 같이 제주도의 종합적 스토리텔링 방안을 도출해내는 일련의 과정들은 다음 그림과 같이 정리할 수 있다.

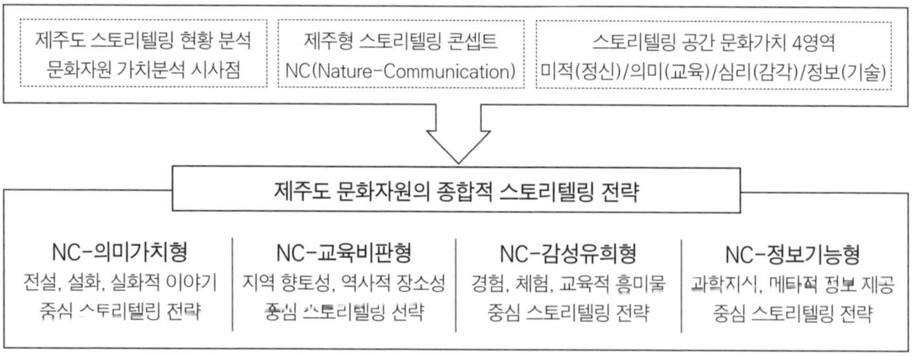

〈그림 6-1〉 제주도 공간의 스토리텔링 개요

2. 제주도의 역사적 의미와 변천과정

좋은 스토리텔링에는 해당 공간의 문화가 충실히 드러나고, 공간 참여자들의 상호 주관적으로 인정하는 지역 공간의 가치가 자연스럽게 녹아 있어야 한다. 이는 지역 문화자원들의 문화적 의미가치를 분석하고 유형화하는 작업을 통해 해당 공간의 독특한 의미체계들을 발견하는 과정을 거친다. 따라서 제주도의 스토리텔링 전략을 구체적으로 풀기 전에 우선 제주도의 역사를 시대순으로 살펴봄으로써 제주도가 어떤 역사적 과정을 거쳐 현재의 장소적 의미와 정체성을 갖게 되었는지를 심층적으로 이해할 필요가 있다.

이를 위해 오장근(2013)의 관점과 같은 맥락에서 제주도 공간을 '거주민의 기억이 축적된 메시지의 생성체', 즉 텍스트로서 간주하고 서사성의 관점에서 분석해보고자 한다. 즉, 공간의 서사적 특성을 밝혀내기 위해 반 데이크(van Dijk 1980; Heinemann/Viehweger 1991, 242; 오장근 2013 재인용)의 서사구조 모델을 토대로 공간의 역사와 기억을 재구성할 것이다. 공간 텍스트는 공간 참여자들이 거주하고 방문한 어떤 환경으로서 공간 그 자체에 대한 이야기일 수도 있고, 공간 참여자들이 이해한 공간의 경험에 대한 해석된 이야기일 수도 있다. 공간의 서사성을 분석함으로써 공간의 형태와 개념을 보다 잘 이해할 수 있을 것이다. 이와 같이 제주도 공간이 지닌 서사성을 구조화하는 과정은 공간의 주요 에피소드(사건, 기억)를 중심으로 구성되는데, 이는 단순히 서사의 구성요소를 확인하는 데 그치지 않고 이들 사이의 관계와 위계구조를 밝히는 데 용이하다.

〈표 6-1〉 제주도의 역사적 기억과 의미

시대	제주도의 시대별 주요 특성
고대~1900년대	• 석기시대, 청동기시대, 철기시대: 제주도 개벽신화 3성 신화 • 삼국시대: '탐라' 국호, 신라를 섬김 • 938년(고려 태조 21년): 탐라국 태자 고말로 고려 입조 • 1105년(고려 숙종 10년): 탐라 국호 폐지, 탐라군 설치 • 1192~1259년(고려 고종 연대): 탐라군, 제주로 개편 • 1275년(충렬왕 원년): 탐라국 회복, 총관부 설치 • 1294년(충렬왕 20년): 고려로 환속, 제주로 복호 • 1653년(효종 30년): 서양인 네덜란드 하멜 일행 대정현에 표도 • 1906년(광무 10년): 정의, 대정현 제주군에 통합 • 1907년: 근대학교 관립 제주보통학교와 사립 의신학교 설립
1910~1960년대	• 1915년(일제강점기): 군제 폐지 후 도제로 개편 • 1932년: 제주잠녀항쟁 • 1946년: 도제 실시(2군, 1읍, 12면) • 1948년: 제주 4 · 3사건 • 1955년: 제주읍, 제주시 승격(1시, 2군) • 1968년: 제주국제공항 승격
1970~2000년대	• 1981년: 서귀읍 중문면 통합 서귀포시 승격 • 2002년: 생물권보전지역 지정 • 2006년 6월: 2시, 2군, 7읍, 5면, 31개동 • 2006년 7월: 제주특별자치도 출범(제주시, 서귀포시) • 2007년: 세계자연유산 등재
2010년대~현재	• 2010년: 세계지질공원 인증 • 2011년: 한 · 중 · 일 크루즈 운항 개시

위의 표는 제주도의 역사적 기억을 연대기적으로 정리한 것이다. 제주도는 약 180만 년 전부터 약 1,000년 전까지 있었던 화산활동으로 만들어진 섬이다. 극동 아시아에 위치한 대한민국에서 가장 큰 섬으로, 면적은 1,848km^2, 온도는 연평균 16℃ 내외, 인구는 약 63만 명(2015년 8월 기준)이며, 동서로 약 73km, 남북으로 31km인 타원

형의 화산섬으로, 섬 중심부에 높이 1,950m의 한라산이 우뚝 솟아 있다. 화산활동으로 만들어진 제주도는 섬 전체에 걸쳐 다양하고 독특한 화산 지형을 자랑한다. 제주도에는 크고 작은 368개 오름이 펼쳐져 있고, 제주도 땅 아래에는 160여 개의 용암동굴이 섬 전역에 흩어져 있는데, 작은 섬 하나에 이렇게 많은 오름과 동굴이 있는 경우는 세계적으로 드문 일이다. 또한 제주도는 섬이라는 특수한 지리적 환경으로 육지부와 상이한 의식주, 신앙, 세시풍습 등 독특한 제주민속권을 이룬다. 이처럼 제주도는 고유의 지리환경과 옛 탐라국의 역사에 바탕을 둔 차별적인 민속문화로 타 지역에서는 볼 수 없는 특유의 관광성을 가지고 있다. 이와 같이 제주도의 역사적 배경과 기억을 반 데이크의 '서사구조 모델'을 통해 연대별 서사구조를 구축하면 다음 〈그림 6-2〉와 같이 제주도에서 일어난 역사적 사건들의 의미적 상관관계를 확인할 수 있다.

제주도의 서사성은 '물리적 공간이 장소의 속성'을 획득하는 제1역(외딴 화산섬, 고대에서 1900년대까지)에서, '장소가 또 다른 아픔의 장소'로의 변화가 일어나는 제2역(저항투쟁과 해방공간, 1910~1960년)의 공간 변화를 경험한 후, '아픔의 장소가 생산의 장소'로의 변

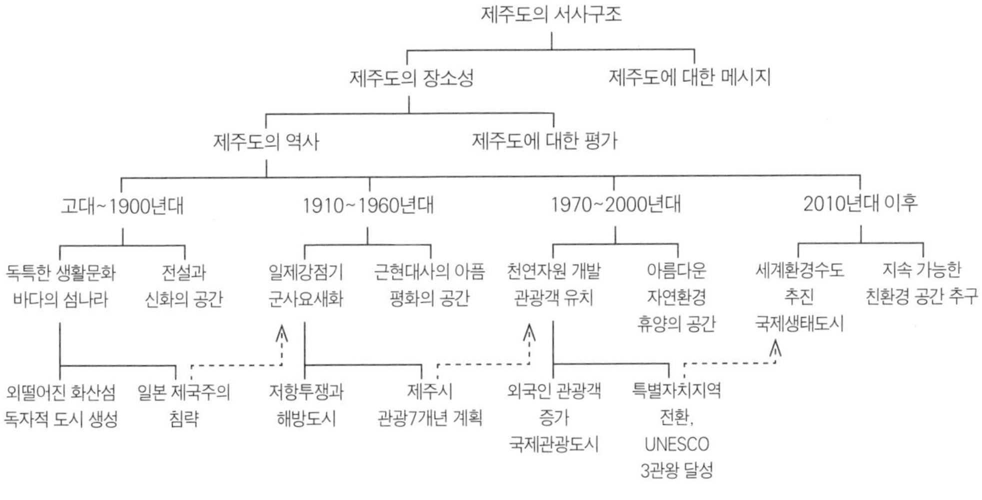

〈그림 6-2〉 제주도의 서사구조

화가 일어나는 제3역(국제관광도시로서 생산공간, 1970~2000년대)의 공간 변화가 있었고, 현재는 '생산의 장소가 지속 가능한 생태 장소'로 변화하며 아름다운 휴양 공간과 지속 가능한 친환경 공간으로 자리매김하는 제4역에 이르는 전 과정을 통해 정의될 수 있다. 이와 같은 역사적 과정에서 제주도가 지니는 서사성은 '자기생산적 창조 공간'으로서 정의될 수 있는데, 이는 공간의 기능과 의미가 공간 소비자 스스로에 의해 규정되고 창출되었기 때문이다. 따라서 제주도를 단순히 자연적인 환경으로서가 아니라, 공간 사용자인 거주민들이 공유하는 역사적 상황에서 만들어지고 이들의 일상적 실천 속에서 경험되는 것으로 간주하여 제주도의 공간 텍스트를 읽어보고자 한다. 이를 위해 앞서 분석한 제주도의 서사구조와 NC 핵심 콘셉트를 바탕으로 제주도의 전체적인 의미생성 과정을 네 가지로 유형화하면 다음과 같이 제시될 수 있다.

3. 제주형 NC-스토리텔링 전략

1) 제주도 NC-의미가치형 스토리텔링

'NC-의미가치형 스토리텔링'이란 열린 구조의 공간 이야기를 바탕으로 공간 수용자의 의지, 즉 목적 또는 과제에 따라 공간의 의미가 자율적으로 구성되는 능동

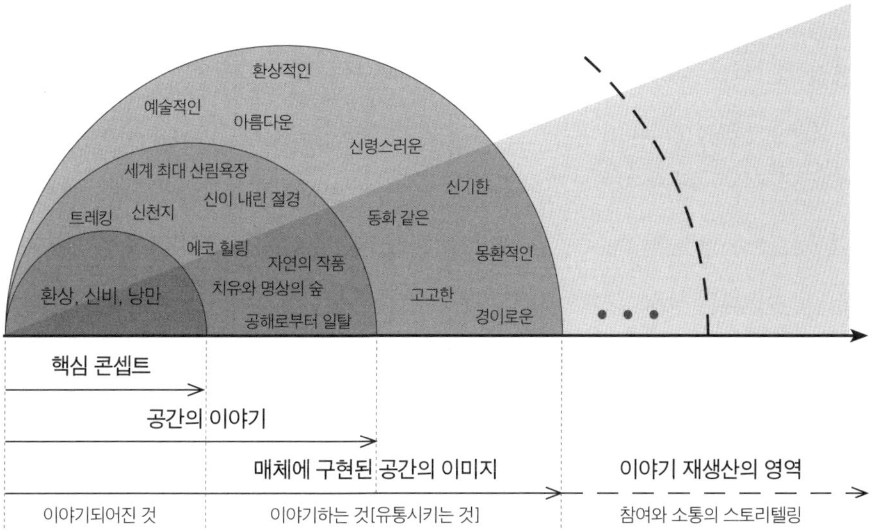

〈그림 6-3〉 NC-의미가치형 스토리텔링 의미생성 도식

적 · 계획적 · 성찰적 성격의 스토리텔링 유형을 말한다. 본 연구에서 조사하여 작성된 '제주도 문화자원 DB'에 따르면 수용자가 생각하는 NC-의미가치형 스토리텔링 공간으로서 제주도의 문화적 표상과 인지구조는 위 그림과 같은 도식으로 표현할 수 있다.

위 그림은 제주도의 'NC-의미가치형 스토리텔링' 공간이 전제하고 있는 메시지를 키워드 중심으로 정리한 것으로, 대표적인 공간으로는 사려니 숲길, 협재해변, 한라생태숲, 거문오름 트레킹코스, 예래생태마을, 산지등대, 제주허브동산 등이 있다. 'NC-의미가치형 스토리텔링' 공간으로서 제주도를 표현하는 이미지는 경이로운, 고고한, 그리운, 동화 같은, 몽환적인, 신기한, 신령스러운, 아름다운, 환상적인, 예술적인, 기이한, 서정적인, 포근한 등으로 나타났다. 또한 'NC-의미가치형 스토리텔링' 공간으로서 제주도를 표현하는 이야기의 내용은 신천지, 트레킹, 에코 힐링, 천연기념물, 자연의 작품, 천연자연과의 온전한 어울림, 치유와 명상의 숲, 신이 내린 절경, 아름다운 백사장, 일몰이 아름답기로 유명 등으로 확인할 수 있었다. 이와 같이 문화적으로 표상된 이미지와 공간의 이야기가 내포하고 있는 'NC-의미가치형 스토리텔링' 공간으로서 제주도에 담겨 있는 핵심 콘셉트는 '환상', '신비', '낭만'으로 정리될 수 있다.

제주도의 'NC-의미가치형 스토리텔링'은 해당 공간을 찾는 방문객이 제주도 천혜의 자연이 주는 이상적인 분위기 속에서 내면의 상처를 치유하고 자신의 본래 모습을 되돌아볼 수 있도록 하는 것을 의미한다. 제주도를 찾는 방문객에게 여행 과정을 통해 일시적 혹은 상징적으로 자신의 본래적 실존성, 즉 진정성을 찾고자 하는 기대를 충족시켜줄 수 있는 스토리텔링 전략이 필요하다. 'NC-의미가치형'에 가장 적합한 스토리텔링 방법은 해당 자연 공간이 가지고 있는 신화, 설화, 전설 등의 이야기를 활용하여 방문객이 스스로 만든 상상의 공간 속에서 자신을 되돌아보고 성찰할 수 있는 환경을 조성하는 것이다. 대표적인 예로서 스페인의 '산티아고 순례길'은 예수의

〈그림 6-4〉 '산티아고 순례길'(좌)과 '시코쿠 헨로미치 사찰 순례길'(우)

12사도 중 하나인 야곱이 복음을 전파하러 걸었던 것을 기념하는 순례길이다. 스페인 북서부에서 야곱의 무덤이 있는 '산티아고 데 콤포스텔라'에 이르는 약 800km의 길로, 오늘날 전 세계에서 도보여행을 즐기는 사람들에게 대표적인 트레킹코스로 자리 잡았다. 또한 일본의 '시코쿠 헨로미치 사찰 순례길'은 일본 시코쿠에 남아 있는 홍법대사의 자취를 따라 88개의 절을 참배하는 약 1,200km의 순례길로 천년을 이어 내려오고 있으며, 1번 절부터 시계방향으로 88번째 절까지 순례하고 다시 출발점으로 되돌아오는 회귀순환적 구조를 가지고 있다.

제주도에서 개발된 'NC-의미가치형 스토리텔링'의 대표적인 사례는 '신선 찾아 방선문 가는 숲길'로서, 제주시 보건소에서 방선문 일대에 이르는 약 5km 구간에 펼쳐진 풍광과 유적지, 자연 · 문화 · 과학 · 유적지 · 명승지 · 신화를 연계하여 풍류와 문예의 길을 조성하였다. 방선문 스토리텔링의 과정을 살펴보면 다음과 같다. 우선 ① POI(Points of Interest)를 선정한다. ② 향토지, 향토사학자, 구전녹취, 서적 등을 통해 POI에 해당하는 이야기를 조사한다. 그리고 ③ 설정 구간에 대한 이야기 자료를 수집한다. ④ 해당하는 지형(공간) 사이의 조화를 추구하며 이야기를 선별한다. ⑤ 사실에 근거하되 정보의 나열이 아닌 이야기(story)로 공간을 묘사한다. ⑥ 자연, 유산, 문화, 이야기, 설화를 복합적으로 활용하여 입체적인 스토리를 창조한다. ⑦ 방문객이 하나의 이야기로서 체험하고 스스로 스토리를 구성하도록 유도한다. 이와 같은 과정을 통해 스토리텔링으로 구성된 '신선 찾아 방선문 가는 숲길'은 다음 〈표 6-2〉와 같다.

〈표 6-2〉 '신선 찾아 방선문 가는 숲길' 이야기 구성

구분	POI	내용	비고(테마)
1코스 고지래또 ~ 깅이소	고지래또	첫 발디딤 옛 고을	이야기가 샘솟는 숲속의 길: 굽이굽이 사연 따라 걸어가는 길
	족도리바위(족감석)	설문대 할망	
	항소	올곧은 마음 항아리에 담아	
	창꼼소	숲길 사이 한천 하늘	
	다람쥐궤	다람쥐(박쥐), 아기 무덤	
	판관소	어진 목사의 덕행	
	애기소	애랑과 배비장	
	깅이소	깅이(게)	
2코스 한라도서관 ~ 거북바위	한라도서관	오라동 귤림서원: 문예향(文藝香)	사색과 명상의 길: 예술의 향기가 감도는 진밭
	제주아트센터	숲 속의 공연장	
	감귤낭	소리 없이 피어난 하얀 귤꽃	
	호거(虎踞)바위	바위로 남은 호랑이	
	거북바위	바다의 영물	
3코스 몰독개 ~ 방선문	몰독개	말테우리 소리	풍류와 치유의 길: 내가 신선이고 숲일지어다
	가카원이	몬 가본 저곳	
	걸락쿰 폭포	신선이 감춘 병풍	
	좀팍물	들렁귀	
	마애명(磨崖銘)	방선문의 풍류	
	영구춘화(靈丘春花)	신선의 언덕	

2) 제주도 NC-교육비판형 스토리텔링

'NC-교육비판형 스토리텔링'이란 공간이 가지고 있는 고유한 성격의 이야기를 바탕으로 공간 수용자에게 공간 체험의 중요한 규칙을 제안하여 공간의 의미를 창출하는 수동적 · 교육적 · 비판적 스토리텔링 유형을 의미한다. 본 연구에서 조사하여 작성된 '제주도 문화자원 DB'에 따르면 수용자가 생각하는 NC-교육비판형 스토리텔링 공간으로서 제주도의 문화적 표상과 인지구조는 다음 그림과 같은 도식으로 표현할 수 있다.

아래 그림은 제주도의 'NC-교육비판형 스토리텔링' 공간이 전제하고 있는 메시지를 키워드 중심으로 정리한 것으로, 대표적인 공간으로는 제주세계자연유산센터, 평화박물관, 제주4 · 3평화공원, 닥종이인형박물관, 하멜선상전시관, 제주도예원 등이 있다. 'NC-교육비판형 스토리텔링' 공간으로서 제주도를 표현하는 이미지는 가슴 아픈, 교육적인, 숙연한, 숭고한, 의미 있는, 자랑스러운, 존경스러운, 평화로운, 독

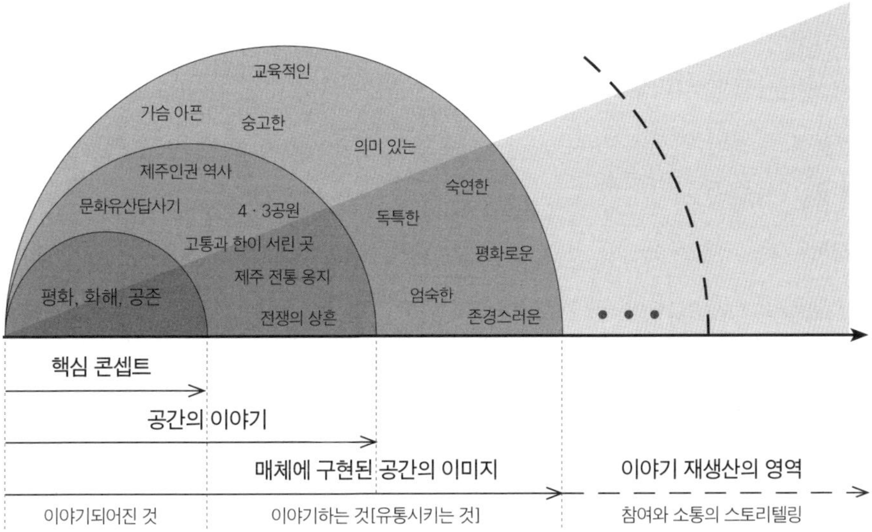

〈그림 6-5〉 NC-교육비판형 스토리텔링 의미생성 도식

특한, 개성 있는, 안전한 등으로 나타났다. 또한 'NC-교육비판형 스토리텔링' 공간으로서 제주도를 표현하는 이야기의 내용은 문화유산답사기, 제주도의 역사, 하멜 표류기, 근대문화유산 등록문화재, 제주 전통, 제주 인권역사의 발자취, 전쟁의 상흔이 남은 동굴, 비통한 여인의 눈물어린 곳, 제주만의 문화 등으로 확인할 수 있었다. 이와 같이 문화적으로 표상된 이미지와 공간의 이야기가 내포하고 있는 'NC-교육비판형 스토리텔링' 공간으로서 제주도에 담겨 있는 핵심 콘셉트는 '평화', '화해', '공존'으로 정리될 수 있다.

제주도의 'NC-교육비판형 스토리텔링'은 해당 공간을 찾는 방문객이 제주도가 가지고 있는 향토성 또는 역사적 장소성을 전제로 공간 본래의 의미를 탐구하여 비판적으로 학습하는 것을 의미한다. 즉, 제주도를 찾는 방문객에게 여행 과정을 통해 교육적인 의미를 찾고자 하는 기대를 충족시켜줄 수 있는 스토리텔링 전략이 필요한 것이다. 'NC-교육비판형'에 가장 적합한 스토리텔링 방법은 해당 공간이 가지고 있는 지역 특유의 향토적이고 교육적인 이야기들을 활용하여 방문객 또는 지역 주민이 과거를 회상하며 비판하고 반성할 수 있는 환경을 조성하는 것이다. 대표적인 예로서 오키나와의 향토지(鄕土誌)는 류큐(琉球) 왕국이 일본에 복속되고, 미군의 점령통치를 받은 오키나와의 과거를 '그들의 입으로 그들의 역사에 대해 스스로 말하게 하라'는 자기형성 실천의 취지에서 1,000여 곳 촌락을 중심으로 향토지 500여 종을 발행한 사회운동이다. 이와 같이 구술(口述)할 수는 있었지만 이야기로 구성할 수 없었던 사연을 향토지를 통해 정돈하고 전승하여 문화적 기억의 순환궤도에 올린 오키나와의 사례는 제주에 시사하는 바가 크다고 할 수 있다.

제주도는 숱한 아픔을 겪었고, 고통의 대부분은 사람들의 가슴에 풀리지 않은 응어리로 박혀 있기 때문에 국가로부터의 박제된 역사가 제주도민 자신에 관하여 그들의 입에서 흘러나오는 생생한 스토리텔링은 자기치유의 효과를 기대할 수 있다. 또한 역사의 아픔과 분노가 다른 한편으로 평화롭고 아름다운 개인사로서 향토사와 생애사로 승화될 때 스토리텔링의 색다른 가능성, 즉 이야기를 하는 것 자체가 이야기의 목적이 되는 합목적성을 통해 치료를 도모하는 한 차원 성숙된 사회적 심리극(psycho-drama)의 효과를 거둘 수 있다. 학술적인 역사서와 달리 향토지에서는 역사적 정밀성이나 학문적 검증과정에서 모호한 부분이 간혹 지적되기도 하지만, 객체적 사료와 사실에 근거하되 마을과 개인이 엮어온 숱한 사연을 재구성하여 이야기를 만들어내고 삶 속에서의 소통과정에 오히려 초점을 맞추어야 한다.

국가에 준엄한 역사(history)가 있다면 지역에는 고유한 향토사(local history)가 있고 개인에게는 애틋한 생애사(biography)가 있듯이, 스토리텔링의 진정한 가치는 일과성 전시효과를 넘어 공동체와 개인의 흔적을 이야기로 녹여내는 소통과 치유에 있다. 하지만 제주도의 경우 4 · 3사건, 한국전쟁, 제2차 세계대전 등 'NC-교육비판형 스토리텔링'으로 활용할 수 있는 소재들 대부분이 무거운 주제들과 연관되어 있으며, POI가 부족하고, 역사적 사실에 대한 다양한 계층들로부터의 이견이 존재하는 민감한 문제가 존재한다. 그럼에도 불구하고 제주도의 'NC-교육비판형 스토리텔링'은 향토사 및 새로운 인물을 적극적으로 발굴하여 힐링관광의 새로운 콘셉트를 도출하고, 상처받은 트라우마의 치료와 치유의 방법으로서 활용될 수 있다.

3) 제주도 NC-감성유희형 스토리텔링

'NC-감성유희형 스토리텔링'이란 수용자의 공간 참여에 있어 가장 중요한 요소가 유희성에 있는 오락적 성격 중심의 스토리텔링 유형을 의미한다. 본 연구에서 조사하여 작성된 '제주도 문화자원 DB'에 따르면 수용자가 생각하는 NC-감성유희형 스토리텔링 공간으로서 제주도의 문화적 표상과 인지구조는 다음 그림과 같은 도식으로 표현할 수 있다.

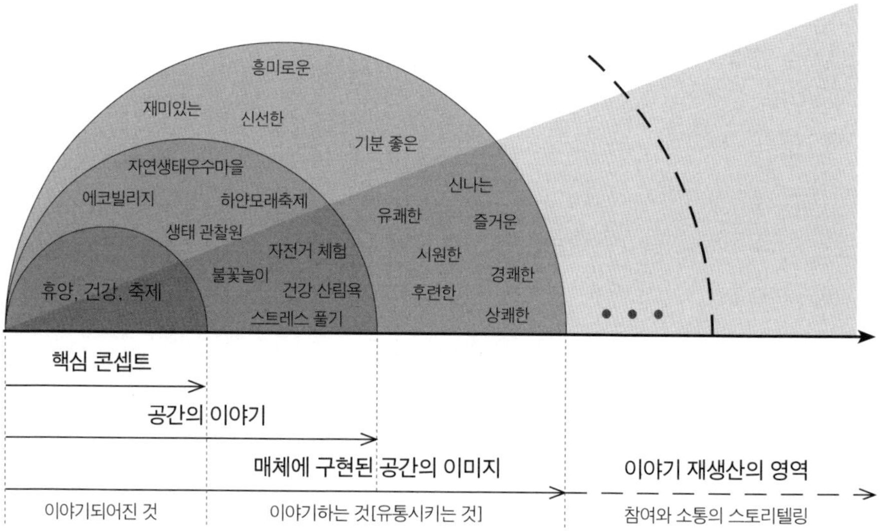

〈그림 6-6〉 NC-감성유희형 스토리텔링 의미생성 도식

위 그림은 제주도의 'NC-감성유희형 스토리텔링' 공간이 전제하고 있는 메시지를 키워드 중심으로 정리한 것으로, 대표적인 공간으로는 제주테디베어뮤지엄, 제주러브랜드, 제주해변공연장, 제주경마공원, 오설록 티 뮤지엄, 소리섬박물관, 털과 도깨비 박물관 등이 있다. 'NC-감성유희형 스토리텔링' 공간으로서 제주도를 표현하는 이미지는 신선한, 탐스러운, 상쾌한, 후련한, 청량한, 귀여운, 신나는, 기분 좋은, 즐거운, 흥미로운, 재미있는, 유쾌한 등으로 나타났다. 또한 'NC-감성유희형 스토리텔링' 공간으로서 제주도를 표현하는 이야기의 내용은 지상낙원, 커플여행, 자전거 체험, 야영장, 불꽃놀이, 추억, 전시, 에코빌리지, 건강을 생각한 산림욕, 스트레스 풀기에 제격, 상록의 풍치, 제주판 모세의 기적, 성공적인 관광휴양목장 등으로 확인할 수 있었다. 이와 같이 문화적으로 표상된 이미지와 공간의 이야기가 내포하고 있는 'NC-감성유희형 스토리텔링' 공간으로서 제주도에 담겨 있는 핵심 콘셉트는 '휴양', '건강', '축제'로 정리될 수 있다.

따라서 제주도의 'NC-감성유희형 스토리텔링'은 제주도 공간의 정체성과 의미 창출에 적절한 콘텐츠를 발굴하고, 이것을 오락적인 성격과 연계하여 수용자가 공간의 의미를 자발적으로 구성하도록 유도하는 교육적 오락물(edutainment) 성격의 스토리텔링 전략을 뜻한다. 'NC-감성유희형'에 가장 적합한 스토리텔링 방법은 테마파크나 축제 등의 유희적인 문화콘텐츠를 통해 의미 창출을 유도할 수 있는 환경을 조성하는 것이라고 할 수 있다.

올레 13코스에 있는 제주도 낙천리 '아홉굿 의자마을'은 다양한 크기의 재미있는 모양의 의자들을 전시하는 기발한 아이디어로 지역의 랜드마크를 만들었고, 제주의 정체성과 잘 어울리는 특색 있는 개발로 지역 주민도 살린 성공적인 스토리텔링 사례로 꼽힌다. 또한 '오설록 티 뮤지엄'의 경우 차에 관한 다양한 전시품과 전시회장이 마련되어 있어 녹찻잎을 직접 볶아 차를 마실 수 있는 시음이 가능한 공간으로, 제주에서 자란 돼지로 만든 소시지나 제주바다에서 채취한 톳으로 만든 샐러드를 파는 등 지역의 정체성에 잘 어울리는 다양한 체험 프로그램으로 공간을 잘 조성한 스토리텔링 사례로 꼽힌다.

제주도에서 개발된 'NC-감성유희형 스토리텔링'의 대표적인 사례는 '북촌 돌하르방공원'으로서 제주의 숲 곶자왈에 자리한 제주도의 대표적인 문화예술공원이며, 그림을 전공한 김남홍 원장에 의해 10년이 넘는 기간 동안 외부 지원 없이 독립적으

〈그림 6-7〉 아홉굿 의자마을(좌)과 오설록 티 뮤지엄(우)

로 운영한 생명평화공원의 콘셉트를 가지고 있다. '북촌 돌하르방공원'이 위치한 곶자왈은 나무와 가시덩굴, 바위가 한데 뒤엉킨 원초의 수풀을 의미하는데, 제주인들은 이곳을 산곶, 즉 '살아있는 땅'이라 부른다. '북촌 돌하르방공원'은 제주의 역사와 문화가 깃든 돌하르방을 원형 그대로 복원한 것으로 꽃을 든 돌하르방, 사랑을 전하는 돌하르방, 돌하르방 음악대, 돌하르방 정낭 등 새로이 창작된 돌하르방을 전시한 공간이다. 또한 '북촌 돌하르방공원'에는 제주도 내외에 산재한 48기의 돌하르방이 원형 그대로 복원되어 있으며, 돌하르방은 제주의 세 고을인 제주목 · 정의현 · 대정현 성문 앞에 세워져 있는데 마을마다 사람들의 표정이 다양하듯 돌하르방의 생김도 고을마다 다른 특징을 가지고 있다. 제주도가 화산섬이라는 자연환경적 배경을 토대로 돌하르방이라는 독특한 문화적 특성을 반영하여 방문객의 흥미를 유도하고 제주 특유의 문화를 체험하도록 한다는 점에서 성공적인 스토리텔링의 사례로 꼽힌다.

〈표 6-3〉 '북촌 돌하르방공원' 이야기 공간 구성

공간	세부 설명	비고
입구	북촌 돌하르방공원 입구	–
섬사람들의 얼굴	옛날 제주의 성문을 지키던 돌하르방 48기의 각기 다른 얼굴, 섬사람의 심성을 닮은 우직하고 순박한 표정	재현전시 공간
섬땅 지킴이	제주를 지키는 수호신, 경계를 알리는 표지석, 아이를 점지해주는 기자석 등	기능전시 공간
다시 새긴 몸짓	새로운 모습으로 태어난 돌하르방	창작전시 공간
철학의 의자	숲의 바람, 햇살, 새의 지저귐 등 생명과 평화가 숨 쉬는 곳에서의 명상	–
곶자왈 산책길	삶의 여정을 따라가듯 작은 길을 거닐며 산책	–
제주정원	용암이 흘러내려 형성된 빌레못(돌 연못)은 다양한 생명을 키워내는 천혜의 습지로, 도롱뇽, 맹꽁이, 북방산 개구리 등을 관찰할 수 있음	–
하늘 갤러리	별자리를 수놓은 갤러리 하늘의 천장, 벽과 바닥까지 우주별로 가득 채워진 전시공간	–
아트숍/찻집	핸드 메이드 하르방과 동자석, 다양한 재질의 하르방 선시, 차와 휴식	–
체험공방	옹기토로 만드는 하르방과 토우, 아트 스크래치, 판화 찍기 등 다양하고 재미있는 체험	–
소원의 자리	세상에서 가장 큰 돌하르방의 공간	–

4) 제주도 NC-정보기능형 스토리텔링

'NC-정보기능형 스토리텔링'이란 공간 기획자의 의도에 따라 제시되는 공간의 의미를 수용자가 받아들이는 유형으로, 공간에 대한 설명이 주어지면 이를 수용자가 확인하는 가장 전형적인 스토리텔링 방식을 의미한다. 본 연구에서 조사하여 작성된 '제주도 문화자원 DB'에 따르면 수용자가 생각하는 NC-정보기능형 스토리텔링 공간으로서 제주도의 문화적 표상과 인지구조는 다음 그림과 같은 도식으로 표현할 수 있다.

아래 그림은 제주도의 'NC-정보기능형 스토리텔링' 공간이 전제하고 있는 메시지를 키워드 중심으로 정리한 것으로, 대표적인 공간으로는 혼인지, 유수암마을, 제주향교, 자연사랑갤러리, 중문대포해안 주상절리대, 쇠소깍, 우도등대, 용두암 해수랜드 등이 있다. 'NC-정보기능형 스토리텔링' 공간으로서 제주도를 표현하는 이미지는 사실적인, 섬세한, 유명한, 이국적인, 이색적인, 편리한, 친절한, 자세한, 생생한,

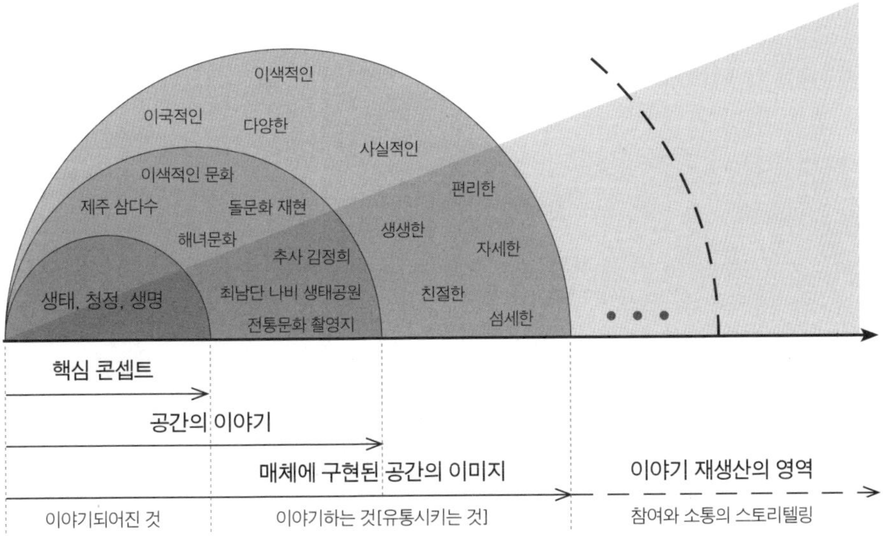

〈그림 6-8〉 NC-정보기능형 스토리텔링 의미생성 도식

깨끗한, 화려한, 놀라운 등으로 나타났다. 또한 'NC-정보기능형 스토리텔링' 공간으로서 제주도를 표현하는 이야기의 내용은 제주 삼다수, 캠핑장, 전통가옥, 최남단 나비생태공원, 돌문화 재현, 전통문화, 아트 체험, 희귀한 바이크, 추사 김정희의 유배지, 해녀문화의 새로운 평가, 세계 최초 조가비아트뮤지엄 등으로 확인할 수 있었다. 이와 같이 문화적으로 표상된 이미지와 공간의 이야기가 내포하고 있는 'NC-정보기능형 스토리텔링' 공간으로서 제주도에 담겨 있는 핵심 콘셉트는 '생태문화', '청정', '생명'으로 정리될 수 있다.

제주도의 'NC-정보기능형 스토리텔링'은 해당 공간을 찾는 방문객이 제주도의 자연을 감성적으로만 접근하는 것이 아니라, 과학적이고 합리적인 사고를 통해 자연환경이 형성하게 된 배경 및 과정을 이해함으로써 지식을 습득할 수 있도록 하는 것을 의미한다. 즉 세계자연유산 · 지질공원 · 생물권 보존지역 선정을 통해 알려진 제주도의 독특한 지질과 지형(한라산, 오름, 섬), 이야기 자원(수월봉 등)을 활용한 과학 스토리텔링을 뜻한다. 'NC-정보기능형'에 가장 적합한 스토리텔링 방법은 해당 공간의 독특한 자연환경에 대한 과학적 지식과 생태문화적인 이야기 자원 등을 활용하여 자연과 문화, 지식이 공존하는 환경을 조성하는 것이다. 대표적인 예로서 전라남도의 '함평나비축제'는 나비와 자연을 소재로 다양한 생태학습 스토리텔링을 적용하여 성공

〈그림 6-9〉 '함평나비축제'(좌)와 '순천만국제정원박람회'(우)

한 사례로, 10만 평의 유채꽃과 24만 평의 자운영꽃, 수만 마리의 아름다운 나비를 감상할 수 있으며, 국내외 나비 · 곤충 · 조류 표본 전시, 나비 · 곤충 생태관 체험, 나비 날리기 등에 참여하여 자연현상을 관찰하고 학습할 수 있다. 또한 '순천만국제정원박람회'는 AIPH(국제원예생산자협회)에서 2009년 유치 확정되었고, 세계 5대 연안습지인 순천만에서 개최한 축제로서 세계의 정원, 나무, 꽃, 갯벌생태에 대한 교육적 환경을 조성하여 가족단위 방문객의 많은 관심을 받았다.

제주도에서 개발된 'NC-정보기능형 스토리텔링'의 대표적인 사례는 제주대 스토리텔링학과에서 간행한 '지질공원 안내책자'와 '지질공원 이야기'라고 할 수 있다.

〈표 6-4〉 아코디언 북('아미의 꿈')의 이야기 자료

<table>
<tr><th colspan="7">화산활동 관련 자료</th></tr>
<tr><td rowspan="11">화산생성물</td><td>마그마
(지하)</td><td colspan="5">암석이 녹으면서 만들어진 물질</td></tr>
<tr><td rowspan="10">화산
분출물</td><td>화산가스</td><td colspan="4">이산화탄소, 일산화탄소, 황산화물 염화수소, 수증기</td></tr>
<tr><td rowspan="3">용암
(지표)</td><td rowspan="3">분화구에서
뿜어져 나온
뜨거운 액체</td><td>파호이
호이용암</td><td colspan="2">새끼줄이 여러 겹 붙어 있는 모양</td></tr>
<tr><td>아아용암</td><td colspan="2">울퉁불퉁한 암석 파편이 거칠게 붙어 있는 모양</td></tr>
<tr><td>괴상용암</td><td colspan="2">편평한 바위 덩어리가 불규칙적으로 쌓여 있는 모양</td></tr>
<tr><td rowspan="4">화산
쇄설물
(화성
쇄설물)</td><td rowspan="4">분화구에서
나온 크고 작은
고체덩어리</td><td colspan="2">화산재</td><td>지름 2mm 이하</td></tr>
<tr><td>화산력</td><td>2~64mm</td><td>분석, 송이, 스코리아</td></tr>
<tr><td>화산탄</td><td>64mm 이상의
원형이나
타원형</td><td>빵 껍질 모양, 둥근 모양,
막대 모양, 판자 모양</td></tr>
<tr><td colspan="2">화산암괴</td><td>64mm 이상 큰 암석
(각진 모서리)</td></tr>
<tr><td>화산
쇄설류</td><td colspan="3">공중 분출된 뜨거운 화산가스와 암석 파편, 화산재 같은 화산쇄설물이 빠른 속도로 산비탈을 따라 쏟아져 내리는 것</td><td>최고시속 200km
온도 300~800℃</td></tr>
<tr><td>화산이류</td><td colspan="4">화산쇄설물들이 물과 섞여 흘러 내리는 것, 시속 100km 이상</td></tr>
</table>

이는 해당하는 POI에 지질학적 정보를 형상화하여 설명하는 ICON을 도입하였고 화살활동 등에 대한 과학적 지식을 쉽게 설명하였다. 과학지식 스토리텔링의 과정은 다음과 같이 설명될 수 있다. 우선 ① POI(Points of Interest)를 선정하고, 향토지, 향토사학자, 구전, 참여관찰 등을 통해 적합한 이야기를 조사한다. ② 설정한 POI 구간에 대한 이야기를 서사구조로 재구성한다. ③ 서사구조에 적절한 스토리와 실제 지형(공간)의 조화도를 점검한다. ④ 사실에 근거하되 정보의 나열이 아닌 이야기로 묘사한다. ⑤ POI에 대한 자연유산, 문화재, 이야기, 사연 등을 보완한다. ⑥ 전체로서 하나의 이야기로 체험하고 방문객 스스로 사연을 구성하도록 유도한다. 이와 같은 과정을 통해 구성된 과학지식 스토리텔링의 예로서 앞에서 예시한 '아미의 꿈'(122쪽 참조)을 들 수 있다.

4. 제주도 스토리텔링을 위한 제언

제주도는 세계자연유산에 선정되어 세계적으로 인지도가 상승하고 있으며, 최근 스토리텔링에 관한 문화산업 트렌드와 연계하여 제주도의 독특한 문화를 관광자원화하는 방안에 대한 관심이 증가하고 있다. 스토리텔링은 제주도의 다양한 문화적 속성을 관광자원으로 활용하여 장소의 의미를 풍부하게 만들고 방문객의 지적 호기심을 자극하며 새로운 관광시장을 창출한다는 점에서 주목을 받는다. 특히 제주도는 섬 특유의 전설, 유래, 인물 등 차별화된 다양한 이야기를 다수 가지고 있기 때문에 스토리텔링을 적극적으로 활용한다면 타 지역에 비해 스토리텔링 분야에서 비교우위를 차지할 수 있는 가능성이 있다.

제주도는 스토리텔링 산업에 있어서 다양한 시도와 노력을 해오고 있지만, 스토리를 체계적으로 연결하고 제주도의 정체성을 강화할 수 있는 일관적인 스토리텔링 전략의 측면은 다소 미흡한 측면이 있다. 현재까지 진행된 스토리텔링 사업의 추이를 살펴보면, 제주도 문화자원 각각의 스토리텔링을 진행한 경우가 많으며, 제주도 문화자원 혹은 문화사업의 통일된 이미지를 어떻게 구축하고 정립할 것인지에 대한 종합적인 스토리텔링의 계획이 필요한 것으로 판단된다. 즉, 제주도만의 차별화된 이미지 구축을 위해서는 섬 특유의 문화와 천혜 자연의 지역성을 강조하는 제주형 스토리텔링 전략으로서 유형화되고 세분화된 단기 및 중장기 계획을 수립하여 일관적이고 지속적인 이미지 구축으로서의 체계적인 스토리텔링 수행이 필요하다.

기존에 수행된 제주도 스토리텔링은 '자연형' 스토리텔링과 '문화형' 스토리텔링, 그리고 '과학형' 스토리텔링의 유형으로 구분할 수 있다. '자연형' 스토리텔링의 대표적인 사례는 '제주올레길', '사려니 숲길', '장생의 숲길' 등이 있으며 풍부한 지형과 자연문화유산, 이야기 자원 등의 활용이 용이하다는 강점이 있는 반면 도심지 내 POI가 부족하며, 탐방객의 안전 문제 등의 약점이 있다. 그리고 '문화형' 스토리텔링의 대표적인 사례는 '제주 유배문화 스토리텔링'이 있으며, 제주 유배사에 대한 연구실적을 축적할 수 있고, 유배문화와 관련한 다양한 행사를 개최하여 OSMU의 가능성을 제고할 수 있다는 강점이 있는 반면 정치적 입장에 따른 해석의 역사적 부담이 있는 문제 등의 약점이 있다. 마지막으로 '과학형' 스토리텔링의 대표적 사례는 '제주 지질공원 스토리텔링'이 있으며 제주도 특유의 지형과 풍부한 지질문화가 존재하고, 세계문화유산에 선정되어 인지도가 높다는 강점이 있는 반면 과학이라는 정보에 대한 낮은 접근성과 전문 스토리텔러가 부족하다는 문제 등의 약점이 있다. 제주도 문화자원의 종합적 스토리텔링을 위해서는 기존에 수행된 '자연형', '문화형', '과학형' 등의 단편적인 접근보다 복합적이고 다양한 접근의 스토리텔링의 방식이 필요하다.

따라서 본 연구에서는 설화, 신화, 화산지역 생성 유래 같은 제주도 천혜의 자연자원 이야기를 문화, 소통, 소비의 측면에서 적극 활용할 수 있도록 하는 타 지역과 차별되는 제주형 스토리텔링의 특화된 콘셉트로 NC(Nature Communication)를 설정하였다. 제주형 스토리텔링의 특화 콘셉트 NC는 N(자연)을 기반으로 Culture(문화) · Communication(소통) · Consume(생산/소비: 경제)의 응용 분야에 적합한 스토리텔링을 수행하는 것을 의미한다.

제주도의 문화자원을 총체적으로 분석해 정확한 현황을 파악하고 문화가치를 분석적으로 매핑 · 포지셔닝하여 작성된 제주도 문화지도는 종합적인 스토리텔링 방안 모색에 중요한 토대가 될 수 있을 것이다. 제주도 문화자원의 문화적 가치는 총체적으로 정보(기술)공간, 미적(정신)공간, 심리(감각)공간, 의미(교육)공간의 순으로 나타나고 있어 방문객의 비판적인 사고를 자극할 수 있는 교육적이고 의미적인 가치의 스토리텔링 공간이 가장 취약한 것으로 드러났다. 또한 많은 공간의 경우가 방문객의 단순 흥미와 관심을 끌기 위한 단순 정보 제공의 스토리텔링 공간으로 구성되어 있어 보다 메타적이고 융합적인 스토리텔링 방식의 접근이 필요한 것으로 나타났다.

위의 연구 결과들의 시사점을 반영하여 제주도의 문화자원들을 효과적으로 활용할 수 있도록 본 연구에서 제안하고 있는 종합적인 스토리텔링 방안은 다음의 네 가지로 설명할 수 있다. 첫째는 'NC-의미가치형 스토리텔링' 방안으로, 제주 공간의 전설, 설화 등의 신화적 이야기를 적극 활용하는 스토리텔링 전략이다. 이는 천혜의 자연이 주는 '환상', '신비', '낭만'을 콘셉트로 삼아 방문객이 내면의 상처를 치유하고, 스스로 성찰할 수 있는 공간을 조성하는 것이다. 둘째는 'NC-교육비판형 스토리텔링' 방안으로, 지역의 향토성이나 역사적 장소성의 이야기를 적극 활용하는 스토리텔링 전략이다. 이는 제주도 역사적 배경의 '평화', '화해', '공존'을 핵심 콘셉트로 삼아 방문객이 해당 지역에 비판적으로 접근하여 교육적인 효과를 기대할 수 있도록 공간을 조성하는 것이다. 셋째는 'NC-감성유희형 스토리텔링' 방안으로, 경험과 체험, 교육적 오락물을 적극 활용하는 스토리텔링 전략이다. 이는 대표적인 유희적 속성으로서 '휴양', '건강', '축제'를 핵심 콘셉트로 삼아 방문객이 해당 지역의 문화를 체험 · 공감하며 즐길 수 있도록 공간을 조성하는 것이다. 넷째는 'NC-정보기능형 스토리텔링' 방안으로, 과학지식이나 메타적인 정보 제공을 중심으로 구성하는 스토리텔링 전략이다. 이는 제주도의 '생태문화', '청정', '생명'의 이미지를 핵심 콘셉트로 삼아 방문객이 해당 공간에 대해 과학적이고 논리적으로 접근할 수 있도록 제주도의 자연환경에 대한 지식을 습득할 수 있는 공간을 조성하는 것이다.

제주도 문화자원의 종합적 스토리텔링의 네 가지 방안은 제주도 테마체험공간의 합리적인 평가모델 개발에 토대를 제공할 수 있을 것이며, 이를 기반으로 하는 학교 기업이나 사회적 기업(문화 컨설팅)의 설립에도 기여할 수 있을 것이다. 이와 같은 맥락에서 제주도 스토리텔링을 위한 몇 가지 제언을 하자면 다음과 같다.

가장 우선적으로는 제주도의 종합적인 스토리텔링을 위한 중장기 계획 수립이 필요하다. 기존의 산발적으로 이뤄지고 있는 스토리텔링을 지양하고, 종합적 스토리텔링을 위한 마스터플랜과 분야별(영역별) 시행 계획을 수립해야 할 것이다. 이를 위해 제주자치도 내 혹은 제주발전연구원 내 스토리텔링 기획, 연구, 관리 등의 업무를 담당할 전담 연구원 채용을 통해 종합적 스토리텔링 사업 추진을 수행해야 한다. 이 사업에는 당면한 스토리텔링 관련 문제 해결은 물론 우선순위를 선정해 차년도별 계획을 구체적으로 작성하고, 더 나아가 10~20년 후의 장기적 스토리텔링 로드맵 구축이 요구된다. 또한 제주자치도 내 종합적 스토리텔링을 위한 마스터플랜위원회(가칭)를 구성하도록 예산을 편성하고 국내외 스토리텔링 전문가를 자문위원으로 선정하도록 하며, 이 위원회에서는 종합적 스토리텔링 중장기 계획을 위한 심포지엄, 워크숍 등의 학술행사는 물론 이 사업의 필요성을 부각시킬 수 있는 언론 홍보 사업을 병행하는 것이 필요할 것이다.

그리고 제주도 스토리텔링의 기본 인프라 조성이 필요하다. 스토리 발굴 및 개발을 위해 전국 대학, 대학원생 제주 스토리텔링 공모전을 시행하여 제주 종합 스토리텔링 기본 인프라 구축을 위한 적극적인 홍보활동 체계를 구축하는 것을 제안한다. 제주대학교 스토리텔링학과를 비롯한 전국 대학교의 스토리텔링 관련 전공 학과, 스토리텔링 관련 학회에 대해 제주스토리텔링 관련 개발사업에 관한 연구용역을 수행하는 한편 방학 중 '제주 스토리텔링 캠프'를 개최하여 제주 종합 스토리텔링에 관한 관심을 집중하게 하는 전략도 필요하다. 또한 이들 학과에 관련 교과목 개설지원 등을 통한 제주형 전문 스토리텔러를 양성해야 할 것이다. 제주발전연구원, 제주대학교 등에 디지털 제주 문화자원 DB를 구축하여 제주 문화자원 디지털 맵을 제작하고 이를 전담할 수 있는 전문인력을 채용하는 방안을 검토할 필요가 있다. 특히 제주 문화자원 DB 구축을 위한 구술 자료 수집, 자료 조사 등의 현지 조사(field work)를 수행할 기관을 선정하여 운영한다면 스토리텔링을 위한 토대 자료를 탄탄하게 구축할 수 있을 것이다. 스토리텔링을 전담할 연구기관을 지정하여 제주 문화관광지의 방문객 니즈를 분석하고, 스토리텔링 관련 문화콘텐츠를 개발하며, 문화기술(CT)개발 연구를 지원할 수 있도록 해야 한다. 이를 통해 제주 스토리텔링 콘텐츠 연구개발 인프라를 구축할 수 있도록 노력할 필요가 있다.

지속 가능한 제주도 스토리텔링 산업을 이끌기 위해서는 스토리텔링 글로컬 거버넌스 구축에도 관심을 가져야 할 것이다. 종합적 스토리텔링이란 문화자원의 스토리텔링화는 물론 기관 간 네트워크 같은 스토리텔링의 외적 요소도 중요하다고 할 수 있다. 따라서 종합적 스토리텔링을 위한 정부-광역지자체-기초지자체 등의 경제적 · 행정적 협력체계의 구축이 필요하다. 또한 제주대 스토리텔링학과와의 연계를 통해 산 · 관 · 학 협동 연구체제를 구축하여야 한다. 국내 및 국외 스토리텔링의 경험을 공유하고 축적하기 위한 문화교류 네트워크가 필요하며, 학 · 연 · 산 · 관 및 민간단체가 참여하는 '제주 스토리텔링 도시 포럼'(가칭)을 구성하거나 '제주 스토리텔링 축제' 등을 개최하여 글로컬 거버넌스를 도모할 필요가 있다. 예컨대 '내가 쓰는 제스(제주 스토리텔링)'를 제주 디지털 문화 맵에 설치하여 제주자치도민 및 제주 방문객이 스스로 스토리를 적도록 하는 개방적 쌍방향적 콘텐츠를 구축하고, 시민의 참여를 적극 지원하여 스토리텔링 추진을 위한 거버넌스 구축을 제안할 수 있다.

마지막으로 제주도 문화자원의 지속 가능한 활용 방안을 모색해야 한다. 제주도 생태계와 정의 사회의 지속 가능성을 위해 공정관광, 에코관광 등의 개념을 활용한 스토리텔링 콘텐츠를 개발하여 제주도 방문객 스스로 미래세대를 위한 양보와 배려의 이야기를 구성하고 의미를 부여할 수 있도록 유도할 필요가 있다. 이것은 아름다운 제주 생태계 보존에 동참하는 방문객에게 사회적인 인정을 공유할 수 있도록 하여 제주도의 지속 가능성에 공감하고 비판적으로 학습할 수 있는 환경을 조성하는 것을 의미한다. 생태, 문화, 관광 등 다양한 측면에서의 복합적 연계를 통해 복잡하고 다원적인 방문객의 요구 지점을 다차원적으로 충족시킬 수 있도록 스토리텔링 체인(chain)을 형성해야 한다. 이는 곧 제주도 문화자원의 각각의 이야기들에 노드(node)를 만들어 연결하여 전체의 큰 이야기를 만드는 옴니버스(omnibus)식의 구조를 의미한다. 이와 같은 스토리텔링 체인은 제주도의 일관적이고 통일된 이미지와 정체성의 강화에 기여할 수 있을 것이다. 제주문화를 보존하고 계승하는 지역주민의 스토리텔링 참여를 독려하고, 스토리텔링으로 접근한 문화 다양성 프로그램 및 ESD(지속가능발전교육)를 실행하여 제주문화의 정체성을 유지할 수 있는 지역 자체의 역량을 함양하는 방향으로 꾸준히 노력해야 할 것이다.

에필로그

공간에서 만난 스토리텔링, 필자와의 대화

1. 이 책을 읽게 될 독자들에게 저자로서 이 책의 독서 팁 혹은 집필의 주안점은 어떤 것들이었는지를 말씀해주세요.

김영순: 문화기호학이 이 책을 이해하는 키워드다. 일단 1장의 이론적인 내용으로 제시된 문화기호학의 과제와 문화기호학의 주요 개념들을 이해해야 할 것이다. 이를 위해서는 기호학에 관한 기본 저서들을 숙독하는 것이 좋을 듯하다. 기호학을 처음 시작하는 독자들에게 추천하고 싶은 책은 『하룻밤의 지식여행 – 기호학』 편이다. 만화로 되어 있어서 이해하기 쉽다. 기호학의 기본 지식이 있으면 이 책을 이해하고 공간기호학을 자기 것으로 소화하는 데 유리하기 때문이다.

기존의 스토리텔링 관련 저서들은 이론을 바탕으로 하지 않았는데, 이 책은 문화기호학이라는 탄탄한 학문적 이론을 바탕으로 한다는 점이 주목해 볼 만하다. 특히 이 책의 집필 주안점은 문화기호학을 바탕으로 공간의 스토리텔링을 정립하는 것이었고, 여기에 제주도라는 공간을 활용했다는 점이다.

즉, 이론이 어떻게 현장에 실천되는지를 보여주고자 한 것이다. 독자 여러분은 이 책에서 익힌 문화가치 분석 방법이나 NC 공간 스토리텔링 방법을 다른 지역이나 특정 공간에 적용할 수 있는 역량을 갖게 될 것이다.

박여성: 이 책은 일단 문화기호학의 기본개념들을 바탕으로 특정한 지역의 자연문화자원을 평가하고 그것을 바탕으로 이야기를 구성하는 흐름을 제시한 국내에서 흔치 않게 시도된 연구서인 동시에 학생들에게는 구체적인 활용서가 될 것이다.

문화기호학의 전문적인 이론적 연구도 중요하지만, 우리 주위의 현실을 읽어내고 그것을 문화상품으로 만드는 기본역량의 함양에 주안점을 두었다. 따라서 이곳에서 개진된 광주 충장로와 제주도의 여러 곳에 대한 기술적 분석을 참고하여 독자 여러분이 사는 도시, 마을에 대한 창의적인 구상에 활용할 수 있도록 책을 구성했다.

이 책을 통해 강의하는 연구자들도 이 책의 방법론을 도식적으로 이용하는 것을 넘어 국가-지방-도시-마을 및 기업-상품-서비스 그리고 인물에 이르기까지 다양한 과제를 제시할 수 있을 것이다.

오장근: 이 책의 관심은 어떻게 특정한 공간이 의미를 구축하는지, 또는 어떻게 공간이 공통의 문화적 이해를 기반으로 차별화된 내러티브 구조를 형성하는지에 있다. 따라서 이 책은 공간의 기억을 바탕으로 구체화되는 공간의 고유한 이미지를 형상화하기 위한 스토리텔링의 표준모델 개발을 목적으로 한다. 보다 구체적으로 말하자면, 공간의 심층적인 코드를 이야기와 플롯의 형식으로 엮어내기 위한 서사성과 문화 정체성을 파악하기 위한 도구를 개발하는 것이다. 이를 통해 이 책은 지역 거주민들이 삶을 영위해나가고 있는 지

리적 공간 안에서 시간의 흐름과 더불어 생성되는 다양한 의미들의 총체를 고유한 내러티브로 구성해내는 메커니즘을 도출해내고자 한다. 이처럼 공간 스토리텔링의 표준모델 개발을 위한 문화기호학적 연구는 단순한 공간위상적 이해를 넘어서서 개별 공간들에서의 소통구조와 문화기호학적 포지셔닝, 그리고 도시공간의 소통구조에 대한 새로운 접근 가능성을 환기한다. 그런 점에서 연구대상으로 선택된 제주도 공간과 광주 충장로는 연구의 단서를 제공하는 표본공간의 특성을 제시함은 물론이고 그 밖의 도시공간들을 세분된 방식으로 그리고 초지역적으로 고찰하는 원근법을 제공하는 출발도시가 될 것이다.

임지혜: 이 책은 문화기호학의 개념들을 활용하여 어떤 공간이 의미를 내포하는 과정과 그 공간의 의미를 향유하는 방법에 대해 다룬다. 그리고 동시에 지속가능한 공간과 인간의 삶에 대한 질문을 던지고 있다. 특히 제주도라는 공간을 중심으로 문화자원의 속성과 가치를 분석하여 제시한 NC-스토리텔링의 네 가지 제안은 인간의 기억과 공간이 품고 있는 의미를 발굴해내고, 그 의미를 확장하여 더욱 창조적인 가치를 생산해낼 수 있는 가능성을 살펴본 것이다. 미래의 공간은 자본의 이해와 인간의 욕심을 채우기 위함이 아닌 지속가능한 공간의 삶을 위한 새로운 의미 창출의 장소로서 이해되어야 할 것임을 강조하고 싶다. 이를 위해서는 공간을 인간적으로 이해하고, 인간적인 공간을 만들기 위한 인문학적인 성찰의 되새김질이 필요할 것이다. 이 책은 우리나라의 대표적인 생태의 보고이며 이야기의 보물섬으로 간주되는 제주도를 대상으로 인간과 공간의 공감적 소통을 위한 공간 스토리텔링을 시도한 연구의 결과이다. 이 책이 독자들이 원하는 지속 가능한 공간의 기획 및 구축에 필요한 안목과 영감을 얻는 데 도움이 될 수 있기를 바란다.

2. 이 책의 내용을 좀 더 이해하기 위하여 읽어야 할 도서 3권을 추천하면 어떤 것들이 있을까요?

김영순: 누구에게 어떤 책을 추천한다는 것이 매우 어려운 일임에는 틀림없다. 이러한 어려움을 다루어본 본인의 책을 추천하는 것은 어떨까 한다. 본인의 졸저 『스토리텔링의 사회문화적 확산과 변용』(북코리아, 2011)을 우선 추천한다. 이 책에서는 스토리텔링이 텍스트 층위에서만 머무르지 않고 이미지에서 문화교육에 이르기까지 스토리텔링이 어떻게 사회문화적으로 확장되고 변용되는지를 보여주고 있다.

또한 두 번째 책으로는 이 책의 공동 저자인 오장근 교수와 공동 저술한 『텍스트와 문화콘텐츠』(한국문화사, 2006)를 소개한다. 이 추천 도서에서는 텍스트학이 어떻게 미디어를 만나는지를 보여주고 탄탄한 분석 방법론을 제안한다. 특히 이 책의 6장에 소개된 '소비의 공간 텍스트 읽기'는 텍스트학이 공간에 어떻게 관여하는지를 보여주고 있다.

세 번째 책은 김영순, 박한준 외 공저 『지역문화 콘텐츠와 스토리텔링: 검단의 기억과 이야기』이다. 이 책에서는 지역문화자원을 어떻게 스토리텔링으로 전환하는가에 대해 '창조성' vs. '사실성'을 기준으로 두 가지 유형의 스토리텔링을 제안한다. 아울러 이들 유형을 기반으로 한 검단의 기억과 이야기가 실제로 스토리텔링 되어 독자를 만난다.

박여성: 일단 텍스트언어학 분야에서 읽어야 할 책 중에서는 단연 반 데이크(van Dijk, A. T.)의 『Textwissenschaft.. Eine interdiziplinäre Einleitung』(München, dtv., 1980)를 꼽는다. 언어학적인 시각에서 텍스트의 구조와 장르, 거시구조와 초시구조에 대한 명확한 이론을 제시한 중요한 저서로서, 특히 서사구조의 다양한 면

을 문예학과 텍스트언어학에 비추어 저술했다. 정시호 교수님(경북대 명예교수)이 『텍스트학』(아르케, 2001)이라는 제목으로 한국어 번역본을 내놓았다.

두 번째 책으로, 스토리텔링 분야에서는 이인화 교수의 『스토리텔링의 진화』(해냄, 2014)를 추천한다. 이 책은 이야기를 구성하는 성층모형에 기반을 두고 국내 최초로 개발되어 서비스 중인 이야기 저작도구 '스토리헬퍼'의 사용방법 및 이를 통한 이야기 구조를 완성하는 방법을 다룬 책으로, 이 시대 스토리텔러들의 필독서이다.

끝으로, 다양한 연원의 지식을 개괄하기 위하여 국내 각 분야의 대표적인 필진 수십 명이 공동 집필한 4권짜리 교양서 『新 지식의 최전선』(전4권, 한길사, 2008)을 추천한다. 인문학, 사회과학, 자연과학 및 문화예술 분야의 지식의 최전선을 파악하고 어떤 지식을 바탕으로 글쓰기를 할 것인가에 대한 방향을 잡는 데 도움이 될 것이다.

오장근: 이 책의 내용을 구성하는 가장 중요한 이론은 문화기호학이다. 문화기호학을 이해하는 데 있어 도움이 되는 책으로는 모스크바-타르투 학파의 거장 로트만(Yuri Lotman)의 『기호계: 문화연구와 문화기호학』(문학과 지성사, 2013)을 권하고 싶다. 로트만의 '문화기호학'은 기호학적 체계로서의 문화 자체, 즉 총체로서 작동하는 문화 자체의 기호학적 메커니즘을 탐구하는 학문 분야라 할 수 있다. 이 책은 로트만의 문화기호학과 관련된 논문 12편을 번역하여 수록한 것으로, 이 논문들에는 '공간적 모델링'을 비롯해 '비문화/반문화', '경계', '문화적 기억', '복수 언어주의', '대화' 등 로트만 문화기호학의 대표적인 이론적 개념들이 빠짐없이 논의되고 있다. 이와 더불어 스토리텔링의 이해를 위해 일독을 부탁하는 책으로는 '광고'라는 구체적인 예를 통해 스토리 구성의 인식론적 가능성을 타진한 『광고텍스트 읽기의 즐거움』(연극과 인간,

2004)과 문화콘텐츠 스토리텔링의 정체와 특성, 분석방법을 제안한 『문화콘텐츠 스토리텔링 구조와 전략』(논형, 2015)을 전한다. 이 책들은 스토리텔링의 이론적 이해와 더불어 구체적 실례를 통해 스토리텔링이 생산되고 수용되는 과정을 상세히 설명하고 있어 스토리텔링을 공부하고자 하는 학생이나 연구자들에게 쉽게 읽힐 수 있는 책들이 되리라 생각한다.

임지혜: 이 책과 함께 읽으면 도움이 될 도서를 꼽으라고 한다면, 공간에 대한 인문학적인 이해에 관한 책, 기호학에 관한 책, 스토리텔링에 관한 책을 추천하고 싶다. 첫 번째로 추천하고 싶은 책은 인간과 환경의 관계, 공간과 장소의 관계에 대한 인문학적인 성찰을 바탕으로 인간이 세계를 경험하고 의미를 부여하는 방식에 대해 자세히 설명하고 있는 이-푸 투안의 『공간과 장소』(구동회 · 심승희 공역, 대윤, 2007)이다. 두 번째로 추천하고 싶은 책은 국내외 여러 대학에서 기호학 및 기호학 관련 학문을 전공한 학자들이 모여 저술한 『기호학으로 세상 읽기』(2002, 소명출판)이다. 이 책은 기호학에 처음 접근하는 사람들에게 기호학을 좀 더 쉽고 깊이 있게 이해할 수 있도록 안내하는 역할을 한다. 또한 기호학에 조금 더 관심을 가지고 연구하고자 한다면, 기호학을 통해 세계의 의미를 해석한 다양한 연구 결과들을 살펴볼 수 있는 「기호학연구」 학술지를 추천하고 싶다. 이 학술지는 매년 2회 발간하며, 한국기호학회 홈페이지(http://www.koreansemiotic.com)에서 더 자세한 정보를 찾아볼 수 있다. 마지막으로 문화산업과 문화콘텐츠의 다양한 영역에서 마음을 움직이는 스토리텔링이 성공한 실제 사례를 찾아 그 의미와 가치를 이해하기 쉽게 잘 정리한 최혜실 교수의 『문화 콘텐츠, 스토리텔링을 만나다』(삼성경제연구소, 2006)와 『문화산업과 스토리텔링』(다할미디어, 2007)을 추천한다.

3. 문화기호학을 바탕으로 공간 스토리텔링을 연구하려고 하는 연구자들에게 연구의 가능한 방향은 어떤 것들이 있을까요?

김영순: 요즘 학생들은 이론 공부를 겁낸다. 기호학은 매우 어렵다. 본인이 독일 유학 시 기호학 전문석사과정에 있을 때 지도교수이신 롤란트 포스너 교수는 "자연과학의 형이상학이 물리학이라면, 기호 세계의 물리학은 기호학이다. 그래서 천재들에게만 기호학을 가르친다."라고 하셨다. 그러나 나는 포스너 교수의 말을 뒤집어 생각해본다. "기호학을 배운 사람은 천재가 된다." 물론 액면 그대로의 뜻이 아니라 우리 현실에 접근하여 세상을 아름답게 만드는 그런 진정한 의미의 인재가 될 수 있다는 뜻이다.

그렇기 때문에 역으로 먼저 현상에 대한 이해를, 실천에 대한 관찰을 수행하고 그 후에 이론을 공부하라는 것이다. 이론은 실천을 위한 첫걸음이기 때문이다. 기호학은 머리로 이해하면 어려우므로 마음으로 이해해야 한다. 기호학의 이해가 공간 스토리텔링을 연구하기 위한 초석이라고 본다.

이미 기호학의 기초를 마친 연구자들에게 공간 스토리텔링 연구에 기호학은 무한한 가능성을 열어줄 수 있는 학문기제라고 강조하고 싶다. 공간 스토리텔링은 박물관, 미술관의 전시는 물론 백화점 쇼핑 공간의 배치, 테마 파크의 배치, 축제 공간의 장소화 등 무한한 연구의 가능성을 열어놓고 있다. 물론 기호학만이 이와 같은 연구에 강력한 방법을 제공한다고 볼 수는 없지만 적어도 다양한 자료수집과 분석 등을 체계적으로 할 수 있도록 논리적인 연구 구조를 제공할 것이라고 본다.

박여성: 세 가지를 제안하고 싶다.

첫째, 인문학적으로는 기존의 문학적 재능을 갖춘 사람의 문학적 글쓰기를 넘어서 일정한 소양을 바탕으로 매력 있는 문학적 상품을 만드는 목표를 추진할 수 있다. 스토리텔링은 문학적 재능을 가진 천부적인 글쟁이의 독점 영역이 아니라, 인문 사회 자연과학의 지식을 습득하고 그것을 이해할 수 있는 형태의 글로 짜는 능력을 가진 사람이라면 그리고 그렇게 교육받은 사람이라면 해낼 수 있는 영역이기 때문이다.

둘째, 문화콘텐츠 또는 스토리텔링은 기본적으로 문화와 문학, 역사와 과학, 지식을 상품으로 가공하고 이를 통해 문화산업의 경영을 요구한다. 그런 점에서 경영학적인 마인드를 게을리하면 안 된다. 학문도 그렇고 스토리텔링도 그렇고, 이 영역의 활동은 자선사업이 아니라 사업이며, 그런 점에서 투자 대비 성과를 거두어야 할 의무가 있는 것이다.

끝으로, 기존의 글쓰기 교육을 넘어서 제반 기호대상을 주제로 삼는 무궁무진한 분야가 기다리고 있다. 국가, 지방, 도시는 물론 기업과 상품, 서비스 그리고 인물 브랜드에 이르기까지 글쓰기 생태계의 총체적인 확장에 도전할 것을 당부하고 싶다. 여러분이 스마트폰과 SNS에 기울이는 노력 정도만 투자하면 충분히 해낼 수 있는 일이기 때문이다.

오장근: 문화기호학 기반의 공간 스토리텔링 연구는 도시기호학 분야에서 그 성과를 볼 수 있으리라 생각한다. 도시기호학은 두 가지 분야의 연구 가능성을 함의하고 있는데, 하나는 '기호로서의 도시공간'이며, 다른 하나는 '도시공간에서의 기호'가 그것이다. '기호로서의 도시공간'은 도시공간에 대한 인식론적 접근으로, 이 책이 제시하고 있는 공간 스토리텔링과 함께 도시 브랜딩, 도시 기획론 등 도시공간에 배태된 문화적 상징성과 이데올로기를 다루는 연구 분야이다. 반면, '도시공간에서의 기호'는 도시공간에 흔적처럼 남아 있는 '도시 건축물', '도시 고유의 관습과 의식', '거리의 이름', '도시의 간판' 등 도

시민의 삶 속에서 체험되고 있는 도시텍스트의 형태와 표상을 연구하는 분야이다. 이 연구 분야는 도시공간의 구조적 의미와 그와 연관된 역사성의 문제를 다룬다.

임지혜: 문화기호학의 접근방식은 공간의 의미 생산과 유통에 대한 공간스토리텔링을 연구함에 있어서 쓸모가 많다. 문화기호학은 인간 속에서 공간을, 또한 공간 속에서 인간을 찾고 연결하는 데 매우 유용한 개념들을 제공하기 때문이다. 그래서 문화기호학을 바탕으로 한 공간 스토리텔링 연구의 가능성은 무한하다고 볼 수 있을 것이다. 그중에서도 특히 유용할 것으로 생각되는 것은 공간 기획으로서 '공간 디자인'과 '공간 브랜딩'에 관련된 연구라고 생각한다. 공간을 디자인한다는 것은 단순한 기능의 영역을 넘어서 의미를 부여하고 해석하는 소통의 차원에서 고민해야 할 문제일 것이다. 또한 공간을 브랜딩하는 것 역시 공간이 어떻게 인간에게 기억되고 공간의 새로운 의미를 어떻게 창출할 수 있을 것인가에 대한 전략적 접근일 것이다. 문화기호학은 현시대가 요구하는 융복합 사고의 유용한 수단으로서 공간에 대한 창조적 상상력을 현실에 구현시키는 데 적절한 도구로 활용될 수 있다.

4. 스토리텔링에 처음 입문하는 대학원생들에게 하고 싶은 말이 있다면 무엇인가요?

김영순: 스토리텔링은 인문, 사회과학을 아우르는 학제적 연구 분야이다. 그래서 대학에 단일 전공으로서 학과 설치가 미흡하다. 아울러 스토리텔링은 연구방법론인 동시에 연구대상이다. 따라서 스토리텔링은 인문 및 사회과학 전 학

문에 걸쳐 연구방법론으로 사용될 수 있고, 동시에 구체적인 스토리텔링을 연구할 수 있다.

스토리텔링을 공부하는 데 있어서 인문학적 상상력과 아울러 사회과학적 분석력을 필요로 한다. 다시 말해 인문학과 사회과학적 융합 능력을 요구한다. 따라서 인문학을 전공하는 대학원생들에게는 사회과학적 연구방법을, 사회과학을 공부하는 대학원생들에게는 인문정신을 함양할 수 있는 인문학 제 과목들, 즉 문학, 사학, 철학 등의 학문적 지식과 배경이 요구된다. 그 이유는 스토리텔링이 저자의 상상력이 풍부하거나 글을 잘 쓰는 것만으로는 이루어지지 않기 때문이다.

훌륭한 스토리텔러들은 세계의 다양한 현상과 문화들을 파악할 줄 알고, 분석할 줄 알아야 하며, 인간 내면의 감수성을 읽어낸다. 따라서 스토리텔링에 막 입문하려는 대학원생들은 자신의 전공과는 다른 다양한 전공을 경험하고 현장 감각을 익힐 수 있는 체험 교육에 노출되어 있어야 한다.

박여성: 스토리텔링 분야는 불과 10여 년밖에 안 된 신생 분야여서 여전히 독자적인 학문 틀을 갖추었다고 말하기는 어렵다. 물론 이 분야는 어느 한 분야의 지식만으로 헤쳐가기에는 상당히 복합적인 사고를 요구하기 때문에 인접 분과의 성과들을 알면 매우 도움이 된다.

특히 글을 쓴다는 그 자체의 능력을 얻으려면 올바른 문장 작성과 이야기 구조에 대해 확고한 구상을 가져야 하는데, 그것이 바로 문예학적 지식이다. 또한 개념들을 정확하게 구성하고 그것을 바탕으로 이야기의 실제를 쓰기 위한 언어학적인 기본훈련이 필수적이다. 이때 어휘의 정확한 구사는 물론이고 문장을 작성하는 통사적 능력 그리고 가장 중요한 것은 스토리텔링의 산물인 텍스트를 완성하는 능력이다. 여기에 덧붙여 시, 소설, 희곡, 동화, 우화, 다큐멘터리 등 제반 텍스트 장르에 대한 전문적인 수련이 결정적이다. 이 모든 것의 토대에는 이야기의 원형을 이루는 이야기 소재(설화, 역사, 과학, 사건, 지식)를 부단히 확보하여 데이터베이스를 만들어가는 부단한 노력이 필요하다. 단적으로 매력 있는 스토리텔링이란 참신한 주제를 매력 있고 이해하기 쉬운 글(문장과 텍스트)로 작성하는 동시에 그것이 하나의 경쟁력 있는 문화상품으로 애호받도록 추구하는 종합적인 작업이다.

오장근: 스토리텔링에 처음 입문하는 대학원생들에게 강조하고 싶은 말은 스토리텔링이 '문예창작'은 아니라는 것이다. 스토리텔링이 일정 부분 이론과 방법론적으로 문예창작 또는 국문학의 영역에 의존하고 있음을 부인할 수 없지만, 스토리텔링(storytelling)은 '이야기를 전달하거나 수용자로 하여금 이야기를 받아들이게 하는 행위'이지, 이야기를 만들어내는 스토리메이킹(storymaking)이 아니라는 것이다. 따라서 스토리텔링에 있어서 중요한 것은 이야기의 단순한 창작을 넘어 이야기를 설득력 있게 전달하는 행위를 포함해야 한다는 것이며, 그러기에 미디어와 SNS 등 다양한 커뮤니케이션 형식이 발달한 오늘날 스토리텔링은 영화, 애니메이션, 만화, 드라마, 게임 등 문화콘텐츠 분야의 중요한 방법론이자 연구 분야로 각광받게 되었다는 것이다.

임지혜: 바르트는 1970년에 발간된 『텍스트의 즐거움』이란 책에서 저자의 죽음과 독자의 탄생을 선언했다. 그에 따르면 저자와 독자는 텍스트를 생산하고 소비하는 일방적인 관계가 아니라 텍스트 속에서 서로를 찾고 만나고 텍스트를 즐겨야 할 관계로 바뀌어야 한다는 것이다. 스토리텔링은 바르트의 선언에서부터 시작된 것이 아닐까 한다. 현대사회에서 스토리텔링의 저자는 독자의, 독자에 의한, 독자를 위한 콘텐츠를 생산하는 더욱 적극적인 역할을

요구받는다. 이를 위해서는 무엇보다도 저자 스스로에게 스토리텔링의 충실한 독자로서의 경험과 이해가 선행되어야 할 것이다. 이와 같은 맥락에서 스토리텔링에 처음 입문하는 대학원생에게 꼭 하고 싶은 말이 있다면, 책으로 배우는 것보다 몸소 체험하고 느끼는 것에 게을리하지 않기를 권하고 싶다. 충분히 즐기고, 그 즐거움에 대해 충분히 성찰한 결과를 책에서 확인하고, 더 나아가 자신의 경험과 책에 기록된 것 사이의 괴리를 찾아낼 수 있다면 당신은 이미 훌륭한 연구자이다. 늘 스토리텔링의 '현장'에서 좋은 스승과 동료들이 함께 경험을 공유하면서 꼬리에 꼬리를 무는 의미의 연쇄를 즐길 수 있기를 바란다.

5. 이 저서를 집필하면서 느꼈던 것, 깨달은 것, 반성하고 싶은 것들이 있다면 무엇인가요?

김영순: 머리말에서 밝혔듯이 이 책의 집필의 근간은 제주발전연구원의 제주 스토리텔링 개발이라는 공동 프로젝트에 의한 것이다. 그렇기 때문에 저자들은 상호 협력적으로 공동연구를 할 수밖에 없는 운명공동체였다. 프로젝트 진행을 위해 자주 만나서 연구의 방향을 의논했으니 공동 집필에 있어서 큰 어려움이 없었다고 생각한다.

그럼에도 몇 가지 아쉬움은 '자기 창의적 스토리텔링 모형'의 제안에 있어서 용어답게 창의적 모형을 제안해야 하는데도 불구하고 이미 기존 기호학적 분석 및 텍스트 연구 이론의 분석 기제들을 물리적으로 결합시켰다. 그 결과 이를 스토리텔러 주체들의 창의성만을 강조하는 모형이 되었고……, 이런 점에서 조금은 아쉬움이 있다고 본다. 그런데 이 모형의 적용이 다른 지역으로의 적용 가능성을 열어두고 있기에 독자들의 호기심 혹은 도전성을 자극하기에 충분하다고 본다. 이 모형을 바탕으로 훌륭한 독자들이 다른 지역이나 공간에 적용하여 우리의 모형을 비판하고 개선하는 일들을 기대한다.

박여성: 네 명의 저자가 일정한 주제를 벗어나지 않는 범위 내에서 글을 쓰다 보니 자유로운 상상력을 발휘하는 부분이 아쉬웠다. 그리고 오늘날의 실증주의적인 요구를 무시할 수 없는 상황에서 자연 및 문화자원의 매핑과 평가라는 다소 딱딱한 통계적인 부분이 불가피했는데, 이는 향후의 구체적인 이야기 자원의 분석을 다루는 다른 책에서 보완될 것으로 기대한다. 여러분이 사는 지방, 도시, 마을에 스며든 이야기 자원을 발굴하여 서사구조로 재구성하고 그것을 매력있는 스토리 상품으로 만드는 과제는 무궁무진하다.

본 공저에서 시도한 의미가치 매핑을 통해 제주도뿐만 아니라 우리나라 전역의 테마공간의 가치평가를 실시하고 이를 바탕으로 테마공간 평가척도법 개발 등의 과제가 기다리고 있다. 이를 통해 인문학과 사회과학 및 자연과학의 협업은 물론 이 분야의 직업 진출에 새로운 지형도를 제공할 수 있기를 희망한다.

오장근: 서로 다른 지역에서 연구하는 네 명의 저자가 공동 작업을 하다 보니 동일한 주제에 대한 다양한 시각을 펼칠 수 있었다는 점에서 글의 풍요성을 더할 수 있었지만, 글의 문체와 주장을 조정할 수 있는 시간이 다소 부족했음을 면하기는 어려울 듯하다. 물론 이 책의 근간이 된 제주도 프로젝트를 함께 수행하며, 방법론적 또는 내용적으로 충분한 의견 교류가 있었지만, 책을 쓰는 과정에서 독자들에게 전달하고자 하는 메시지의 통일성을 유지하기는 쉽지 않았던 것 같다. 그럼에도 불구하고 이 책을 세상에 내놓음에 부끄럽지 않

은 것은 이 책이 제시하는 문화기호학 기반의 공간 스토리텔링 방법과 실제 적 적용은 기존의 인문학적 공간 이해나 사회과학적 공간 이해와는 다른 보다 창의적이고 실천 가능한 공간 기획이기에 추후 이 분야를 공부할 연구자들에게 좋은 단서를 제공해줄 수 있으리라 생각하기 때문이다. 무엇보다도 이 책은 서로 다른 전공의 네 명의 연구자가 공동 작업한 브리콜라주(Bricolage) 형식의 새로운 연구 시도로, 기존의 공동 작업이 융합적 성격이라면, 본 저술 작업은 참여교수들의 특화된 분과지식이 연합하여 그 정체성이 확보되는 지식 연대적 저술 작업이었다는 점에서 그 의미가 있을 듯하다.

임지혜: 이 책을 공동 집필한 저자들은 모두 나의 스승들이다. 스승들을 만나뵐 수 있었던 기회는 강의실에서, 프로젝트 현장에서, 치열한 학문 논의의 장에서뿐이었다. 존경하는 스승들의 집필 작업에 함께할 수 있다는 것 자체가 나에겐 매우 감사한 경험이다. 특히 개성이 강한 공동 집필자들이 서로의 아이디어를 북돋아주는 방식, 함께 논의하고 의견을 조율하는 방식, 양보하고 마음 써주는 방식 등 이 책을 집필하는 모든 과정은 배움의 장이었다. 이 책에는 공동 저자들의 스토리텔링에 대한 애정뿐만 아니라 함께 연구하는 동료에 대한 배려의 마음이 듬뿍 담겨 있다. 이러한 집필진들의 정성이 이 책을 읽는 독자들의 마음에까지 닿기를 바란다.

부록:

제주도 문화자원 DB

연번	대분류	중분류	항목명	항목 키워드	연상 어휘 (개념 1)	연상 어휘 (개념 2)	연상 어휘 (개념 3)	연상 어휘 (의미 1)	의미가치 영역 1	의미가치 영역 2	연상 어휘 (의미 2)	의미가치 영역 1	의미가치 영역 2	연상 어휘 (의미 3)	의미가치 영역 1	의미가치 영역 2
1	자연자원	등산로/탐방로	거문오름 트레킹코스	천연자연과의 온전한 어울림	유네스코 세계유산	트레킹	신천지(밀림)	신령스러움	미적(이상)공간	감성적 유토피아	웅감함	미적(이상)공간	감성적 유토피아	조용함	정보(기술)공간	비교 비판
2	자연자원	등산로/탐방로	사려니 숲길	치유와 명상의 숲	유네스코 생물권보존지역	에코힐링, 제주의 허파	숲길, 산책	신비로움	미적(이상)공간	감성적 유토피아	울창함	정보(기술)공간	합리적 실용	아름다움	미적(이상)공간	감성적 유토피아
3	인문자원	고택/생가/민속마을	예래생태마을	반짝반짝 반딧불	올레 8코스	자연경관, 해안절경, 반딧불	생태마을체험(축제)	순수함	미적(이상)공간	감성적 유토피아	청정함	의미(교육)공간	비판적 유토피아	아름다움	미적(이상)공간	감성적 유토피아
4	인문자원	고택/생가/민속마을	교래삼다수마을	드넓은 초원	토종닭 특구, 성미가든	오솔길, 숲길	제주 삼다수(물)	고요함	정보(기술)공간	비교 비판	아늑함	심리(감각)공간	기능적 유희	아름다움	미적(이상)공간	감성적 유토피아
5	인문자원	고택/생가/민속마을	알토산마을	수평선 너머엔 뭐가 있을까	알토산 게스트 하우스	4.3 유적지	정보화 마을	소박함	정보(기술)공간	비교 비판	순수함	미적(이상)공간	감성적 유토피아	아름다움	미적(이상)공간	감성적 유토피아
6	인문자원	고택/생가/민속마을	저지마을	자연과 문화예술이 함께 숨쉬는 에코 빌리지	저지예술인마을	제주현대미술관	자연생태 우수마을	호젓함	심리(감각)공간	기능적 유희	멋스러움	의미(교육)공간	전문가적 비판	이국적	정보(기술)공간	비교 비판
7	인문자원	고택/생가/민속마을	장전마을	자연을 그대 품안에	장전마을회관	쉬질, 녹고뫼	자연생태 우수마을	고요함, 한적함	정보(기술)공간	비교 비판	정겨움	미적(이상)공간	감성적 유토피아	포근함	미적(이상)공간	감성적 유토피아
8	인문자원	고택/생가/민속마을	동광마을	오름이 아름다운 마을	동광문화마을	녹색농촌체험마을	영화 지슬, 큰 넓궤	그림 같음	미적(이상)공간	예술적 유희	이국적	정보(기술)공간	비교 비판	아름다움	미적(이상)공간	감성적 유토피아
9	인문자원	고택/생가/민속마을	온평혼인지마을	곱게 피어난 아름다운 전설	올레 2코스 마지막 지점, 3코스 출발점	백년해로나무	성산일출봉	고즈넉함	미적(이상)공간	감성적 유토피아	평화로움	의미(교육)공간	비판적 유토피아	시원함	심리(감각)공간	기능적 유희
10	인문자원	고택/생가/민속마을	청수7리 체험마을	자연과 역사가 생생하게 살아있는 곳	친환경영농체험	역사문화체험	녹색농촌 체험마을	상쾌함	심리(감각)공간	오락적 실용	청정함	의미(교육)공간	비판적 유토피아	–	–	–
11	인문자원	고택/생가/민속마을	성읍민속마을	제주인의 역사의식이 살아 숨쉬는 곳	전통마을, 제주의 옛 모습	초가집	문화체험	소박함	정보(기술)공간	비교 비판	자연스러움	심리(감각)공간	기능적 유희	고즈넉함	미적(이상)공간	감성적 유토피아
12	인문자원	고택/생가/민속마을	남원2리	감귤이 넘실거리는 마을	남원큰엉해안경승지	올레 5코스	데이트	시원함	심리(감각)공간	기능적 유희	아름다움	미적(이상)공간	감성적 유토피아	–	–	–
13	인문자원	고택/생가/민속마을	무릉도원마을	여기가 바로 무릉도원	곶자왈	광활한 평야	난장축제	평화로움	의미(교육)공간	비판적 유토피아	아름다움	미적(이상)공간	감성적 유토피아	자연적	심리(감각)공간	기능적 유희
14	인문자원	고택/생가/민속마을	유수암마을	중간산의 한가로운 시골풍경을 즐기자	팽나무 군락	예술인 마을	쉬질	한적함	정보(기술)공간	합리적 실용	평화로움	의미(교육)공간	비판적 유토피아	전형적	정보(기술)공간	비교 비판
15	자연자원	등산로/탐방로	성판악 등산로	숲의 정취를 듬뿍	한라산 백록담 등산길	진달래밭 대피소(사발면)	삼나무숲	몽환적, 신비로움	미적(이상)공간	감성적 유토피아	아름다움	미적(이상)공간	감성적 유토피아	근사함	심리(감각)공간	기능적 유희
16	자연자원	등산로/탐방로	관음사 등산로	한라산의 지옥코스	삼각봉 대피소	한라산 풍경, 비경	산림욕장	수려함	정보(기술)공간	비교 비판	웅장함	심리(감각)공간	오락적 실용	기이함	미적(이상)공간	예술적 유희
17	자연자원	등산로/탐방로	영실 등산로	노부부와 신혼여행 부부에 제격	영실계곡	윗세오름	문화유산답사기	멋스러움	의미(교육)공간	전문가적 비판	아득함	미적(이상)공간	예술적 유희	아름다움	미적(이상)공간	감성적 유토피아
18	자연자원	등산로/탐방로	어리목 등산로	하얀 눈의 설경, 그 아름다움	자연의 걸작	윗세오름	남벽	선선함	심리(감각)공간	기능적 유희	신비로움	미적(이상)공간	감성적 유토피아	아름다움	미적(이상)공간	감성적 유토피아
19	자연자원	등산로/탐방로	돈내코 등산로	재정비를 마친 새로운 모습	한란자생지	피서지	평궤대피소	감동적인	심리(감각)공간	기능적 유희	멋스러움	의미(교육)공간	전문가적 비판	아름다움	미적(이상)공간	감성적 유토피아
20	인문자원	경승지 (해안도로)	용담-이호	연인 필수 데이트 코스	해안도로	도두항	야경	상쾌함	심리(감각)공간	오락적 실용	시원함	심리(감각)공간	기능적 유희	구불구불함	정보(기술)공간	합리적 실용
21	인문자원	경승지 (해안도로)	표선	돌담을 끼고 제주를 느끼는 도로	표선해비치해변	해안도로	해비치리조트	시원함	심리(감각)공간	기능적 유희	이국적	정보(기술)공간	비교 비판	멋스러움	의미(교육)공간	전문가적 비판
22	인문자원	경승지 (해안도로)	하귀-애월	야생의 제주와 만남	해안도로	드라이브	바다풍경, 해안절벽	시원함	심리(감각)공간	기능적 유희	푸르름	정보(기술)공간	합리적 실용	상쾌함	심리(감각)공간	오락적 실용

연번	대분류	중분류	항목명	항목 키워드	연상 어휘 (개념 1)	연상 어휘 (개념 2)	연상 어휘 (개념 3)	연상 어휘 (의미 1)	의미가치 영역 1	의미가치 영역 2	연상 어휘 (의미 2)	의미가치 영역 1	의미가치 영역 2	연상 어휘 (의미 3)	의미가치 영역 1	의미가치 영역 2
23	인문자원	경승지 (해안도로)	세화-종달	계절따라 변화하는 해안도로	해안도로	지미봉	올레 21코스	한적함	정보(기술)공간	합리적 실용	투명함	정보(기술)공간	비교 비판	아름다움	미적(이상)공간	감성적 유토피아
24	인문자원	경승지 (해안도로)	신창	숨막히는 일몰 풍경	풍력발전기	풍차	풍차해안도로	무서움	심리(감각)공간	기능적 유희	멋스러움	의미(교육)공간	전문가적 비판	이색적	정보(기술)공간	비교 비판
25	인문자원	경승지 (해안도로)	고산-일과리	한 폭의 수채화 같은 해안도로	해안도로	수월봉	차귀도 유람선	시원스러움	심리(감각)공간	기능적 유희	후련함	심리(감각)공간	오락적 실용	아름다움	미적(이상)공간	감성적 유토피아
26	인문자원	경승지 (해안도로)	김녕-행원	풍차가 주는 이국적인 해안도로	해안도로	행원풍력단지	올레 20코스	멋스러움	의미(교육)공간	전문가적 비판	시원스러움	심리(감각)공간	기능적 유희	아름다움	미적(이상)공간	감성적 유토피아
27	인문자원	경승지 (해안도로)	사계	모든 자연이 조화로운 해안도로	올레 10코스	해안도로	산방산	고요함	정보(기술)공간	비교 비판	한적함	정보(기술)공간	합리적 실용	아름다움	미적(이상)공간	감성적 유토피아
28	인문자원	경승지 (해안도로)	함덕	고즈넉한 바다와 해안도로	서우봉해변	에메랄드색 바다	지상낙원	시원함	심리(감각)공간	기능적 유희	청량함	심리(감각)공간	오락적 실용	이국적	정보(기술)공간	비교 비판
29	자연자원	경승지	혼인지	신혼부부	제주 건국신화	신방굴	연못	한적함	정보(기술)공간	합리적 실용	여유로움	의미(교육)공간	비판적 유토피아	이국적	정보(기술)공간	비교 비판
30	자연자원	경승지	섭지코지	잔디밭	올인 하우스	산책로	바람	시원함	심리(감각)공간	기능적 유희	아름다움	미적(이상)공간	감성적 유토피아	푸르름	정보(기술)공간	합리적 실용
31	인문자원	전시/박물관/테마파크	제주테디베어뮤지엄	예쁜 곰인형	문화관광부 등록 제218호 박물관	테마	아이들	앙증맞음	심리(감각)공간	기능적 유희	귀여운	심리(감각)공간	기능적 유희	재미남	심리(감각)공간	오락적 실용
32	자연자원	생태자원 (자연동굴)	만장굴	어두운 굴	세계최장 용암동굴	용암동굴	유네스코 세계 문화유산	신비로움	미적(이상)공간	감성적 유토피아	거대한	정보(기술)공간	비교 비판	시원함	심리(감각)공간	오락적 실용
33	자연자원	섬/등대	우도	밤하늘 별자리	바다	맑은 물	서빈백사장	맑음	정보(기술)공간	비교 비판	아름다움	미적(이상)공간	감성적 유토피아	푸름	정보(기술)공간	합리적 실용
34	인문자원	전시/박물관/테마파크	제주러브랜드	성(姓)	조각공원	성인	커플여행	야릇함	심리(감각)공간	오락적 실용	재미있는	심리(감각)공간	기능적 유희	발칙함	심리(감각)공간	기능적 유희
35	인문자원	전시/박물관/테마파크	제주유리의성	거울 미로	유리 조형물	가족여행 코스	테마공원	아름다움	미적(이상)공간	감성적 유토피아	시원함	심리(감각)공간	오락적 실용	예쁨	심리(감각)공간	기능적 유희
36	인문자원	전시/박물관/테마파크	제주유리박물관	유리 공예품	유리 조형물	야간 관람	체험	분위기 있는	심리(감각)공간	기능적 유희	환상적인	미적(이상)공간	감성적 유토피아	즐거움	심리(감각)공간	기능적 유희
37	자연자원	섬/등대	새섬	새연교	새연교	노래가 나오는 의자	산책로	멋스러움	의미(교육)공간	전문가적 비판	신기함	미적(이상)공간	감성적 유토피아	여유로움	의미(교육)공간	비판적 유토피아
38	인문자원	기타	모구리 야영장	야영장	바람이 머무는 캠핑장	넓은 캠핑장	제주 캠핑의 메카	넓음	정보(기술)공간	합리적 실용	깨끗함	정보(기술)공간	비교 비판	친환경적	의미(교육)공간	전문가적 비판
39	자연자원	해수욕장	이호 테우해변	등대	검은 모래사장	조랑말 등대	일몰, 일출	머물고 싶은	의미(교육)공간	전문가적 비판	아름다운	미적(이상)공간	감성적 유토피아	이국적인	정보(기술)공간	비교 비판
40	자연자원	섬/등대	마라도	최남단	짜장면	국토 최남단	바람	변함없는	정보(기술)공간	비교 비판	환상적인	미적(이상)공간	감성적 유토피아	거셈	정보(기술)공간	비교 비판
41	인문자원	공연/행사장	제주해변공연장	노천극장	야외 공연장	탑동 3대 명물	성(방사탑 형태)	시원함	심리(감각)공간	오락적 실용	그림 같은	미적(이상)공간	예술적 유희	즐겨 찾는	정보(기술)공간	비교 비판
42	인문자원	전시/박물관/테마파크	초콜릿박물관	초콜릿	세계 10대 초콜릿 박물관	초콜릿 교육장	찰리와 초콜릿 공장	아이들이 좋아하는	의미(교육)공간	전문가적 비판	시원함	심리(감각)공간	오락적 실용	특색 있는	의미(교육)공간	전문가적 비판
43	인문자원	고택/생가/민속마을	낙천리아홉굿마을	천 개의 의자	로컬푸드 페스티벌	낙천 의자공원	재미있는 의자	맛있는	정보(기술)공간	비교 비판	특별한	의미(교육)공간	전문가적 비판	재미있는	심리(감각)공간	기능적 유희
44	인문자원	전시/박물관/테마파크	김녕미로공원	거대한 미로	국내 최초 미로공원	종	구름다리	재미있는	심리(감각)공간	기능적 유희	상쾌한	심리(감각)공간	오락적 실용	향기가 좋은	심리(감각)공간	오락적 실용

연번	대분류	중분류	항목명	항목 키워드	연상 어휘 (개념 1)	연상 어휘 (개념 2)	연상 어휘 (개념 3)	연상 어휘 (의미 1)	의미가치 영역 1	의미가치 영역 2	연상 어휘 (의미 2)	의미가치 영역 1	의미가치 영역 2	연상 어휘 (의미 3)	의미가치 영역 1	의미가치 영역 2
45	자연자원	생태자원	하도리철새도래지	철새도래지	습지대	철새 보호구역	철새	분위기 있는	심리(감각)공간	기능적 유희	고요한	정보(기술)공간	비교 비판	신비로운	미적(이상)공간	감성적 유토피아
46	인문자원	기타	종달리체험어장	체험어장	조개체험어장	바릇잡이 체험	맛조개	가족이 좋아하는	의미(교육)공간	전문가적 비판	이색적인	정보(기술)공간	비교 비판	드넓은	정보(기술)공간	비교 비판
47	인문자원	전시/박물관/테마파크	제주미니랜드	미니어처 박물관	세계 유명 건축물, 조각상	수학여행	미니어처 테마파크	아이들과 가기 좋은	의미(교육)공간	전문가적 비판	재미있는	심리(감각)공간	기능적 유희	다양한	정보(기술)공간	비교 비판
48	자연자원	생태자원	산굼부리	희귀한 화구	억새	분화구	넓은 초원	희귀한	의미(교육)공간	전문가적 비판	나무가 우거진	정보(기술)공간	합리적 실용	여유로운	의미(교육)공간	비판적 유토피아
49	인문자원	전시/박물관/테마파크	(주)세리월드	카트체험장	카트체험장	미로공원	승마체험	신나는	심리(감각)공간	기능적 유희	아이들이 좋아하는	의미(교육)공간	전문가적 비판	아기자기한	정보(기술)공간	비교 비판
50	인문자원	전시/박물관/테마파크	감귤따기체험농장	유기농 감귤	아이들	바구니	최남단 나비생태공원	주렁주렁	정보(기술)공간	합리적 실용	소소한	정보(기술)공간	비교 비판	맛좋은	정보(기술)공간	비교 비판
51	인문자원	전시/박물관/테마파크	트릭아트뮤지엄	트릭아트	착시아트	명화	사진	입체적인	의미(교육)공간	전문가적 비판	신기한	미적(이상)공간	예술적 유희	재미있는, 유쾌한	심리(감각)공간	기능적 유희
52	인문자원	전시/박물관/테마파크	별빛누리공원	최첨단 천문우주 과학시설	천체투영실	별자리, 토성	한여름밤 가족 나들이	신비로운	미적(이상)공간	감성적 유토피아	신기한	미적(이상)공간	감성적 유토피아	재미있는	심리(감각)공간	기능적 유희
53	인문자원	전시/박물관/테마파크	닥종이인형박물관	전통 한지와 과거	전통 한지	이색 박물관	전통 생활상	색다른	의미(교육)공간	전문가적 비판	창의적인	의미(교육)공간	전문가적 비판	생동감 있는	의미(교육)공간	비판적 유토피아
54	인문자원	전시/박물관/테마파크	제주경마공원	제주향토마-제주마	마차, 승마체험	무료입장	자전거 체험	기분좋은	심리(감각)공간	기능적 유희	귀여운	심리(감각)공간	기능적 유희	이국적인	정보(기술)공간	비교 비판
55	인문자원	전시/박물관/테마파크	세계비엘바이크파크 박물관㈜	가족유락박물관	전 세계 바이크	희귀한 바이크	체험	이색적인	정보(기술)공간	비교 비판	신기한	미적(이상)공간	감성적 유토피아	재미있는	심리(감각)공간	기능적 유희
56	인문자원	전시/박물관/테마파크	아쿠아플라넷	아시아 최대 수족관	바다 속	공연	돌고래	신비로운	미적(이상)공간	감성적 유토피아	환상적인	미적(이상)공간	감성적 유토피아	색다른	의미(교육)공간	전문가적 비판
57	자연자원	생태자원(오름)	아부오름	부모님과 함께하는 여행	기생화산구	트레킹	산책	엄청난	정보(기술)공간	비교 비판	인상적인	미적(이상)공간	예술적 유희	가벼운	정보(기술)공간	비교 비판
58	인문자원	유적지/사적지	제주목관아	복원과 다양한 볼거리	관아시설	재연, 복원	관덕정	쓸쓸한	심리(감각)공간	기능적 유희	고즈넉한	미적(이상)공간	감성적 유토피아	한적한	정보(기술)공간	합리적 실용
59	자연자원	자연휴양림/수목원	비자림	세계 최대 산림욕장	산책로	피톤치드, 힐링	숲속	편안한	미적(이상)공간	감성적 유토피아	건강한	의미(교육)공간	비판적 유토피아	맑은	정보(기술)공간	비교 비판
60	인문자원	기타	민속 오일장	할머니 장터	시장구경	7일장	재래시장	복잡한	정보(기술)공간	비교 비판	친절한	정보(기술)공간	비교 비판	분주한	정보(기술)공간	비교 비판
61	자연자원	해수욕장	삼양검은모래해변	이국적 경치와 정서	모래찜질	철분	상수원보호 구역	깨끗한	정보(기술)공간	비교 비판	예쁜	심리(감각)공간	기능적 유희	아름다운	미적(이상)공간	감성적 유토피아
62	자연자원	자연휴양림/수목원	절물자연휴양림	건강을 생각한 산림욕	삼나무(숲)	힐링	숲속의 집	시원한	심리(감각)공간	오락적 실용	편안한	미적(이상)공간	감성적 유토피아	맑은	정보(기술)공간	비교 비판
63	자연자원	자연휴양림/수목원	서귀포자연휴양림	자연의 추억	숲길	힐링	캠핑	조용한	정보(기술)공간	비교 비판	시원한	심리(감각)공간	오락적 실용	멋있는	의미(교육)공간	전문가적 비판
64	자연자원	생태자원	제주다원	싱그러운 녹차 향기	녹차미로공원	차문화 전승관	녹차밭	여유로운	의미(교육)공간	비판적 유토피아	한가로운	정보(기술)공간	비교 비판	맛있는	정보(기술)공간	비교 비판
65	자연자원	생태자원	다희연	유기농 녹차파크	녹차밭	동굴카페	비누 만들기	고풍스러운	미적(이상)공간	예술적 유희	시원한	심리(감각)공간	오락적 실용	아름다운	미적(이상)공간	감성적 유토피아
66	인문자원	전시/박물관/테마파크	오설록티뮤지엄	푸르른 녹차밭	녹차밭	녹차아이스크림, 녹차라떼, 녹차 롤케익	아모레퍼시픽, 이니스프리	감각적인	심리(감각)공간	오락적 실용	푸른	정보(기술)공간	합리적 실용	즐거운	심리(감각)공간	기능적 유희
67	인문자원	공연/행사장	더마파크	상설기마공연장	승마체험	마상공연	당근 주기	넓은	정보(기술)공간	합리적 실용	즐거운	심리(감각)공간	기능적 유희	감동적인	심리(감각)공간	기능적 유희

연번	대분류	중분류	항목명	항목 키워드	연상 어휘 (개념 1)	연상 어휘 (개념 2)	연상 어휘 (개념 3)	연상 어휘 (의미 1)	의미가치 영역 1	의미가치 영역 2	연상 어휘 (의미 2)	의미가치 영역 1	의미가치 영역 2	연상 어휘 (의미 3)	의미가치 영역 1	의미가치 영역 2
68	인문자원	공연/행사장	몽골리안마상쇼	마상쇼	몽골리안	칭기즈칸 공연	포니밸리	아찔한	심리(감각)공간	오락적 실용	아이들이 좋아하는	의미(교육)공간	전문가적 비판	기대되는	심리(감각)공간	기능적 유희
69	인문자원	전시/박물관/ 테마파크	휴애리 자연생활공원	제주 속의 제주	사랑, 휴식이 머무는 마을	흑돼지쇼, 거위쇼	생활공원	재미있는	심리(감각)공간	기능적 유희	유쾌한	심리(감각)공간	기능적 유희	아이들이 좋아하는	의미(교육)공간	전문가적 비판
70	인문자원	전시/박물관/ 테마파크	이중섭 미술관	이중섭 미술관	이중섭 생가	황소	작가의 산책길	따뜻한	심리(감각)공간	오락적 실용	편리한	정보(기술)공간	비교 비판	가볼 만한	의미(교육)공간	전문가적 비판
71	자연자원	경승지	외돌개	고즈넉한 외돌개	올레 7코스	「대장금」 촬영지	명승 제79호	웅장한	정보(기술)공간	비교 비판	아찔한	심리(감각)공간	오락적 실용	신비로운	미적(이상)공간	감성적 유토피아
72	인문자원	유적지/사적지	제주추사관	추사 김정희의 유배지	김정희 유배지	돌담	승효상, 유홍준	조용한	정보(기술)공간	비교 비판	평온한	미적(이상)공간	감성적 유토피아	고유한	의미(교육)공간	비판적 유토피아
73	인문자원	유적지/사적지	제주향교	제주 유형문화재 - 제주향교	유형문화재 제2호	인재양성	사색	단정한	정보(기술)공간	비교 비판	한적한	정보(기술)공간	합리적 실용	조용한	정보(기술)공간	비교 비판
74	자연자원	해수욕장	신양해변	보드 세일링	망아지	야영장	섭지코지	깨끗한	정보(기술)공간	비교 비판	한적한	정보(기술)공간	합리적 실용	안전한	의미(교육)공간	전문가적 비판
75	인문자원	전시/박물관/ 테마파크	생각하는 정원	어느 한 농부의 정원	분재	자연	정성	고풍스러운	미적(이상)공간	예술적 유희	신기한	미적(이상)공간	감성적 유토피아	정돈된	정보(기술)공간	비교 비판
76	인문자원	전시/박물관/ 테마파크	제주현대미술관	다양한 미술작품	저지문화 예술인마을	김흥수 화백	조형물, 작품	이국적인	정보(기술)공간	비교 비판	재미있는	심리(감각)공간	기능적 유희	신선한	심리(감각)공간	오락적 실용
77	자연자원	생태자원	월령선인장자생지	이색적인 선인장	선인장 군락지	천연기념물	올레 14코스	신기한	미적(이상)공간	감성적 유토피아	아름다운	미적(이상)공간	감성적 유토피아	그림 같은	미적(이상)공간	예술적 유희
78	인문자원	전시/박물관/ 테마파크	소리섬박물관	스트레스 풀기에 제격	축음기, 오디오	체험(악기연주)	소리	흥미로운	심리(감각)공간	기능적 유희	독특한	의미(교육)공간	전문가적 비판	아이들이 좋아하는	의미(교육)공간	전문가적 비판
79	인문자원	전시/박물관/ 테마파크	건강과 성 박물관	다채로운 성문화	커플관광지	첫날밤 훔쳐보기	미성년자 출입금지	다양한	정보(기술)공간	비교 비판	재미있는	심리(감각)공간	기능적 유희	민망한	심리(감각)공간	기능적 유희
80	자연자원	생태자원(명산	성산일출봉	일출이 아름다운 곳	유네스코 세계지질공원	제주도 일출 명소	경치	웅장한	정보(기술)공간	비교 비판	매력적인	심리(감각)공간	기능적 유희	가파른	정보(기술)공간	합리적 실용
81	자연자원	폭포/계곡/ 유원지	정방폭포	제주의 3대 폭포	동양 유일 해안폭포	제주 3대 폭포	장관	시원한	심리(감각)공간	오락적 실용	청량한	심리(감각)공간	오락적 실용	상쾌한	심리(감각)공간	오락적 실용
82	인문자원	전시/박물관/ 테마파크	김영갑갤러리 두모악	마음을 정화시키는 사진	무인카페	삼달국민학교, 폐교	정원	싱그러운	심리(감각)공간	오락적 실용	여유로운	의미(교육)공간	비판적 유토피아	평화로운	의미(교육)공간	비판적 유토피아
83	인문자원	전시/박물관/ 테마파크	제주민속박물관	민속촌 테마공원	제주의 역사, 문화	대장금 촬영지	전통가옥	다양한	정보(기술)공간	비교 비판	자세한	정보(기술)공간	비교 비판	생생한	정보(기술)공간	비교 비판
84	인문자원	전시/박물관/ 테마파크	석부작 박물관	살아있는 예술	분재예술원	귤림성	수석, 분재	아기자기한	정보(기술)공간	비교 비판	신기한	미적(이상)공간	감성적 유토피아	환상적인	미적(이상)공간	감성적 유토피아
85	자연자원	해수욕장	중문색달해변	다양한 해양 스포츠	중문해변	야영장	해수욕	거친	심리(감각)공간	기능적 유희	이국적인	정보(기술)공간	비교 비판	유명한	정보(기술)공간	비교 비판
86	인문자원	유적지/사적지	제주4.3평화공원	제주 인권역사의 발자취	베를린장벽	역사공부	과거	비극적인	의미(교육)공간	전문가적 비판	무거운	정보(기술)공간	비교 비판	조용한	정보(기술)공간	비교 비판
87	인문자원	전시/박물관/ 테마파크	국립제주박물관	제주만의 톡톡한 역사와 문화	탐라국 개국신화	제주도 역사, 문화	스테인드 글라스	깔끔한	정보(기술)공간	비교 비판	다양한	정보(기술)공간	비교 비판	재미있는	심리(감각)공간	기능적 유희
88	자연자원	해수욕장	곽지과물해변	상쾌한 곽지과물해변	노천탕	용천수	백사장	시원한	심리(감각)공간	오락적 실용	특이한	의미(교육)공간	전문가적 비판	푸른	정보(기술)공간	합리적 실용
89	자연자원	생태자원	중문대포해안 주상절리대	자연의 신비	경관	기둥	용암	뛰어난	정보(기술)공간	비교 비판	아름다운	미적(이상)공간	감성적 유토피아	신기한	미적(이상)공간	감성적 유토피아
90	인문자원	기타	카페 물고기	정겹고 평화로운 카페	장선우 감독	대평리	올레 8코스	멋스러운	의미(교육)공간	전문가적 비판	전통적인	의미(교육)공간	비판적 유토피아	서정적인	미적(이상)공간	예술적 유희
91	인문자원	기타	오월의 꽃	새로운 경험 - 무인카페	무인카페	산호초	동화속 집	아기자기한	정보(기술)공간	비교 비판	이국적인	정보(기술)공간	비교 비판	아름다운	미적(이상)공간	감성적 유토피아

연번	대분류	중분류	항목명	항목 키워드	연상 어휘 (개념 1)	연상 어휘 (개념 2)	연상 어휘 (개념 3)	연상 어휘 (의미 1)	의미가치 영역 1	의미가치 영역 2	연상 어휘 (의미 2)	의미가치 영역 1	의미가치 영역 2	연상 어휘 (의미 3)	의미가치 영역 1	의미가치 영역 2
92	인문자원	전시/박물관/테마파크	자연사랑갤러리	고즈넉한 폐교 갤러리	시골길	폐교	서재철 작가	소박한	정보(기술)공간	비교 비판	여유로운	의미(교육)공간	비판적 유토피아	쓸쓸한	심리(감각)공간	기능적 유희
93	인문자원	전시/박물관/테마파크	아프리카박물관	이색적인 아프리카 문화	사파리	동물원	아이들 교육	다양한	정보(기술)공간	비교 비판	신기한	미적(이상)공간	감성적 유토피아	신비로운	미적(이상)공간	감성적 유토피아
94	인문자원	전시/박물관/테마파크	세계자동차제주박물관	아시아 최대 자동차 박물관	전기자동차 체험	클래식카	자동차 역사	멋있는	의미(교육)공간	전문가적 비판	다양한	정보(기술)공간	비교 비판	신기한	미적(이상)공간	감성적 유토피아
95	인문자원	전시/박물관/테마파크	제주신영영화박물관	한국 최초의 영화박물관	배우 신영균	최초의 영화전용박물관	한국영화 역사	아름다운	미적(이상)공간	감성적 유토피아	재미있는	심리(감각)공간	기능적 유희	생생한	정보(기술)공간	비교 비판
96	인문자원	전시/박물관/테마파크	한림공원	다양한 볼거리를 간직한 곳	야자수	협재굴	식물	이국적인	정보(기술)공간	비교 비판	시원한	심리(감각)공간	오락적 실용	아름다운	미적(이상)공간	감성적 유토피아
97	자연자원	생태자원	숲터널	비오는 날 드라이브 코스	5.16도로	풍경	산림욕	구불구불한	정보(기술)공간	합리적 실용	푸르른	정보(기술)공간	합리적 실용	시원한	심리(감각)공간	오락적 실용
98	인문자원	고택/생가/민속마을	걸매예술마을	예쁜 벽화들	걸매생태공원	풍경이 있는 오솔길	서귀포 벽화 마을	풍경이 아름다운	미적(이상)공간	감성적 유토피아	소박한	정보(기술)공간	비교 비판	작은	정보(기술)공간	합리적 실용
99	인문자원	공연/행사장	퍼시픽랜드	아이, 어른 모두 즐거운 곳	돌고래 공연	아이들	원숭이, 바다사자 공연	다이나믹한	정보(기술)공간	비교 비판	재미있는	심리(감각)공간	기능적 유희	귀여운	심리(감각)공간	기능적 유희
100	자연자원	해수욕장	용머리 해안	드라마 추노 촬영지	천국으로 오르는 계단	절경	자연의 작품	경이로운	미적(이상)공간	감성적 유토피아	위대한	의미(교육)공간	비판적 유토피아	거대한	정보(기술)공간	비교 비판
101	인문자원	전시/박물관/테마파크	파크써던랜드	드라마 태왕사신기 촬영지	태왕사신기	영상테마 리조트	세트장	감동적인	심리(감각)공간	기능적 유희	사실적인	정보(기술)공간	비교 비판	멋진	의미(교육)공간	전문가적 비판
102	인문자원	전시/박물관/테마파크	올인하우스	드라마 올인 촬연지	섭지코지	일본인, 중국인 관광객	예배당	아름다운	미적(이상)공간	감성적 유토피아	멋진	의미(교육)공간	전문가적 비판	그림 같은	미적(이상)공간	예술적 유희
103	자연자원	경승지	송악산	드라마 인생은 아름다워 촬영지	절울이 오름	일제 강점기 군사시설	능선	그림 같은	미적(이상)공간	예술적 유희	아름다운	미적(이상)공간	감성적 유토피아	부드러운	심리(감각)공간	오락적 실용
104	인문자원	축제	정월대보름 들불축제	고유의 전통 민속축제	불꽃놀이	샛별 오름	기원	따뜻한	심리(감각)공간	오락적 실용	활활 타오르는	심리(감각)공간	오락적 실용	화려한	정보(기술)공간	비교 비판
105	인문자원	축제	탐라국 입춘굿놀이	한 해 동안의 안정 추구	낭쉐코사	무사안녕, 축복	관덕정	다양한	정보(기술)공간	비교 비판	훈훈한	심리(감각)공간	오락적 실용	신명나는	심리(감각)공간	기능적 유희
106	인문자원	축제	왕벚꽃축제	벚꽃 축제	천연기념물	자생지	볼거리, 먹거리	복잡한	정보(기술)공간	비교 비판	화사한	정보(기술)공간	비교 비판	탐스러운	심리(감각)공간	오락적 실용
107	인문자원	축제	서사라문화거리축제	다양한 체험 프로그램	체험장	지역주민	봄	풍요로운	의미(교육)공간	비판적 유토피아	아늑한	심리(감각)공간	기능적 유희	정겨운	미적(이상)공간	감성적 유토피아
108	인문자원	축제	제주유채꽃큰잔치	유체꽃 한마당	봄 향기	우도	우도소라축제	아름다운	미적(이상)공간	감성적 유토피아	샛노란	정보(기술)공간	합리적 실용	탐스러운	심리(감각)공간	오락적 실용
109	인문자원	축제	우도소라축제	우리 알리미 축제	유채꽃큰잔치	우도	전복	맛있는	정보(기술)공간	비교 비판	다양한	정보(기술)공간	비교 비판	즐거운	심리(감각)공간	기능적 유희
110	인문자원	축제	한라산 청정고사리축제	자연과 지역문화 축제	지역문화체험	궐채	공연	넉넉한	심리(감각)공간	기능적 유희	푸근한	미적(이상)공간	감성적 유토피아	흥겨운	심리(감각)공간	기능적 유희
111	인문자원	축제	가파도 청보리밭 1박 2일축제	청보리의 맛과 멋	1박 2일 프로그램	장관	비경	아름다운	미적(이상)공간	감성적 유토피아	푸른	정보(기술)공간	합리적 실용	고요한	정보(기술)공간	비교 비판
112	인문자원	축제	방선문축제	방선문의 아름다움	영주십이경	마애명	참꽃	뛰어난	정보(기술)공간	비교 비판	아름다운	미적(이상)공간	감성적 유토피아	멋진	의미(교육)공간	전문가적 비판
113	인문자원	축제	도새기축제	제주의 대표먹거리 축제	돼지고기	체험	공연	다채로운	정보(기술)공간	비교 비판	즐거운	심리(감각)공간	기능적 유희	흥겨운	심리(감각)공간	기능적 유희
114	인문자원	축제	보목자리돔 큰잔치	수산관광축제	자리물회	보목포구	공연00	시원한	심리(감각)공간	오락적 실용	북적이는	정보(기술)공간	비교 비판	풍성한	정보(기술)공간	비교 비판
117	인문자원	축제	삼양검은모래축제	삼양 검은모래해변 이야기	검은모래찜질	윈드서핑	스킨스쿠버	뜨끈한	심리(감각)공간	오락적 실용	자유로움	의미(교육)공간	비판적 유토피아	즐거운	심리(감각)공간	기능적 유희
118	인문자원	축제	표선 해변백사 대축제	하얀모래 축제	비치사커대회	백사야간영화제	해변보물찾기	즐거운	심리(감각)공간	기능적 유희	이색적인	정보(기술)공간	비교 비판	아름다운	미적(이상)공간	감성적 유토피아
119	인문자원	축제	추자도 참굴비축제	추자군도 축제 한마당	체험프로그램	먹거리	이벤트	다양한	정보(기술)공간	비교 비판	독특한	의미(교육)공간	전문가적 비판	신명나는	심리(감각)공간	기능적 유희

연번	대분류	중분류	항목명	항목 키워드	연상 어휘 (개념 1)	연상 어휘 (개념 2)	연상 어휘 (개념 3)	연상 어휘 (의미 1)	의미가치 영역 1	의미가치 영역 2	연상 어휘 (의미 2)	의미가치 영역 1	의미가치 영역 2	연상 어휘 (의미 3)	의미가치 영역 1	의미가치 영역 2
120	인문자원	축제	이호테우축제	이호테우와 색다른 경험	제주 고유의 어로문화	테우승선체험	테우노젓기 대회	이색적인	정보(기술)공간	비교 비판	전통적인	의미(교육)공간	비판적 유토피아	–	–	–
121	인문자원	축제	도두오래물 수산물 대축제	무더위를 날려주는 시원한 축제	체험	용천수	먹거리	즐거운	심리(감각)공간	기능적 유희	신선한	심리(감각)공간	오락적 실용	–	–	–
122	인문자원	축제	환경사랑 쇠소깍축제	쇠소깍의 향연	효돈마을	연못	체험	아름다움	미적(이상)공간	감성적 유토피아	신나는	심리(감각)공간	기능적 유희	시원한	심리(감각)공간	오락적 실용
123	인문자원	축제	봉개 평화트레킹축제	건강과 가족의 한마당	오름	트레킹	환경체험	빼어난	의미(교육)공간	전문가적 비판	깨끗한	정보(기술)공간	비교 비판	–	–	–
124	인문자원	축제	예래 논짓물축제	예래 논짓물의 이야기	예래생태마을축제	체험	논짓물해수족욕카페	수려한	정보(기술)공간	비교 비판	후련한	심리(감각)공간	오락적 실용	색다른	의미(교육)공간	전문가적 비판
125	인문자원	축제	산지천축제	옛추억과 축제와의 만남	용천수	체험	추억	시원한	심리(감각)공간	오락적 실용	재미있는	심리(감각)공간	기능적 유희	생생한	정보(기술)공간	비교 비판
126	인문자원	축제	덕수리 전통민속재현축제	10월 덕수리와의 첫 만남	무형문화재 9호	불무공예	공동체 의식	전통적인	의미(교육)공간	비판적 유토피아	즐거운	심리(감각)공간	기능적 유희	–	–	–
127	인문자원	축제	서귀포칠십리축제	제주의 풍습과 음식	섬돌이, 해순이	불로장생 작은 올레걷기	칠십리대행진	재미있는	심리(감각)공간	기능적 유희	특색있는	의미(교육)공간	전문가적 비판	분주한	정보(기술)공간	비교 비판
128	인문자원	축제	탐라대전	예술인과 주민과의 화합	제주 최대축제	탐라문화제	문화예술 축제	성대한	정보(기술)공간	비교 비판	화려한	정보(기술)공간	비교 비판	웅장한	정보(기술)공간	비교 비판
129	인문자원	축제	이중섭 예술제	이중섭의 추억	이중섭 거리	문화예술 향수	이중섭 예술혼	풍요로운	의미(교육)공간	비판적 유토피아	–	–	–	–	–	–
130	인문자원	축제	제주해녀축제	제주해녀의 잔상	제주의 정체성	해녀 패션쇼	해녀 물질체험	특색있는	의미(교육)공간	전문가적 비판	전통적인	의미(교육)공간	비판적 유토피아	흥겨운	심리(감각)공간	기능적 유희
131	인문자원	축제	정의고을 민속한마을축제	제주향교와의 어울림	성읍민속마을	전통체험	민속재현축제	흥겨운	심리(감각)공간	기능적 유희	생생한	정보(기술)공간	비교 비판	전통적인	의미(교육)공간	비판적 유토피아
132	인문자원	축제	제주마축제	말과 함께하는 잊지못할 추억	체험	마상쇼	아이들	신나는	심리(감각)공간	기능적 유희	아쉬운	정보(기술)공간	비교 비판	재미있는	심리(감각)공간	기능적 유희
133	인문자원	축제	혼인지 축제	가장 제주적이고 제주만의 문화	탐라국 삼성신화	전통혼례 재연	본향제	특색있는	의미(교육)공간	전문가적 비판	자율적인	의미(교육)공간	비판적 유토피아	전통적인	의미(교육)공간	비판적 유토피아
134	인문자원	축제	최남단 방어축제	제주 특산물 대축전	방어구이	돼지구이	방어잡기 체험	풍성한	정보(기술)공간	비교 비판	떠들썩한	정보(기술)공간	비교 비판	저렴한	정보(기술)공간	비교 비판
135	인문자원	축제	성산일출축제	제주의 경이로움	새해맞이	불꽃놀이	공연	설레이는	심리(감각)공간	오락적 실용	장엄한	정보(기술)공간	합리적 실용	고고한	미적(이상)공간	감성적 유토피아
136	인문자원	전시/박물관/테마파크	갓전시관	갓 전시관	갓 전시	갓 제작	–	흥미로운	심리(감각)공간	기능적 유희	전통적인	의미(교육)공간	비판적 유토피아	–	–	–
137	인문자원	전시/박물관/테마파크	교육박물관	교육 박물관	조형물 전시	제주 교육의 역사	체험	재미있는	심리(감각)공간	기능적 유희	한적한	정보(기술)공간	합리적 실용	교육적인	의미(교육)공간	비판적 유토피아
138	자연자원	생태자원(명산)	수월봉	오름	유네스코 세계지질공원	수월정	쉼터	아름다운	미적(이상)공간	감성적 유토피아	망망한	심리(감각)공간	기능적 유희	평온한	미적(이상)공간	감성적 유토피아
139	인문자원	기타	신비의도로	도깨비 도로	착시효과	도깨비 도로	실험	신기한	미적(이상)공간	감성적 유토피아	한적한	정보(기술)공간	합리적 실용	즐거운	심리(감각)공간	기능적 유희
140	자연자원	폭포/계곡/유원지	안덕계곡	구가의서 촬영지	추사 김정희	추노 촬영지	바위	신비로운	미적(이상)공간	감성적 유토피아	아름다운	미적(이상)공간	감성적 유토피아	시원한	심리(감각)공간	오락적 실용
141	자연자원	경승지	용두암	용의 머리를 닮은 바위	일출	화산용암	야경	시원한	심리(감각)공간	오락적 실용	멋있는	의미(교육)공간	전문가적 비판	역동적인	정보(기술)공간	비교 비판
142	자연자원	섬/등대	우도등대	첫번째 무인등대	우도봉등대공원	등대 모형	우도 풍경	한적한	정보(기술)공간	합리적 실용	시원한	심리(감각)공간	오락적 실용	친근한	미적(이상)공간	감성적 유토피아
144	인문자원	전시/박물관/테마파크	중국피난선	그냥 지나치기 쉬운 여행지	범선	피난생활 모습	모형 전시	그리움	미적(이상)공간	감성적 유토피아	생생한	정보(기술)공간	비교 비판	불쌍한	의미(교육)공간	전문가적 비판

연번	대분류	중분류	항목명	항목 키워드	연상 어휘 (개념 1)	연상 어휘 (개념 2)	연상 어휘 (개념 3)	연상 어휘 (의미 1)	의미가치 영역 1	의미가치 영역 2	연상 어휘 (의미 2)	의미가치 영역 1	의미가치 영역 2	연상 어휘 (의미 3)	의미가치 영역 1	의미가치 영역 2
145	자연자원	생태자원(국립공원)	한라산국립공원	인기명산	백록담	등산	절경, 장관	신비로운	미적(이상)공간	감성적 유토피아	순수한	미적(이상)공간	감성적 유토피아	아름다운	미적(이상)공간	감성적 유토피아
146	자연자원	자연휴양림/수목원	한라수목원	힐링여행 코스	휴식공간, 힐링	산책	제주시민의 휴양지	아름다운	미적(이상)공간	감성적 유토피아	여유로운	의미(교육)공간	비판적 유토피아	한적한	정보(기술)공간	합리적 실용
147	인문자원	기타	황금룡골든힐허브팜	빅사이즈 햄버거 맛집	빅사이즈 햄버거	커플버거	허브제품	맛있는	정보(기술)공간	비교 비판	엄청난	정보(기술)공간	비교 비판	아기자기한	정보(기술)공간	비교 비판
148	자연자원	생태자원(명산)	한라산	우리나라 3대 명산	등반	백록담	대피소	뿌듯함	의미(교육)공간	비판적 유토피아	힘듦	정보(기술)공간	비교 비판	운치 있는	미적(이상)공간	예술적 유희
149	자연자원	생태자원(명산)	산방산	다양한 전설을 간직한 산방산	펜션	병풍	산방굴사	웅장함	심리(감각)공간	오락적 실용	–	–	–	–	–	–
150	자연자원	생태자원(명산)	고근산	재미있는 이야기가 있는 고근산	쉼터	오름	정산	시원함	심리(감각)공간	오락적 실용	친근함	미적(이상)공간	감성적 유토피아	개운함	심리(감각)공간	오락적 실용
151	자연자원	생태자원(명산)	단산	신기한 모양의 단산	바굼지오름	탐방로	바위산	멋진	의미(교육)공간	전문가적 비판	아담함	정보(기술)공간	비교 비판	웅장함	심리(감각)공간	오락적 실용
152	자연자원	생태자원(자연동굴)	금봉곡(석굴암)	깊은 숲 속의 기암괴석	암자	탐방로, 트레킹	수험생 부모님	울창한	정보(기술)공간	합리적 실용	험한	정보(기술)공간	비교 비판	신비로운	미적(이상)공간	감성적 유토피아
153	자연자원	생태자원(자연동굴)	미천굴	지하의 신비를 간직한 미천굴	일출랜드	자연의 신비	천연용암동굴	시원한	심리(감각)공간	오락적 실용	신기한	미적(이상)공간	감성적 유토피아	웅장한	정보(기술)공간	비교 비판
154	자연자원	생태자원(자연동굴)	협재굴	살아있는 동굴	한림공원	학술적 가치	세계 3대 동굴	시원한	심리(감각)공간	오락적 실용	신기한	미적(이상)공간	감성적 유토피아	살아있는	정보(기술)공간	비교 비판
155	자연자원	생태자원(자연동굴)	검멀레동굴	신이 내린 해안절경	우도 8경 중 제7경	동안경굴	고래 콧구멍	신비한	미적(이상)공간	감성적 유토피아	이색적인	정보(기술)공간	비교 비판	위대한	의미(교육)공간	비판적 유토피아
156	자연자원	생태자원(자연동굴)	쌍용굴	제주의 대표적 용암동굴	용암동굴	협재굴	용의 형상	시원한	심리(감각)공간	오락적 실용	신기한	미적(이상)공간	감성적 유토피아	신비한	미적(이상)공간	감성적 유토피아
157	자연자원	생태자원(자연동굴)	송악산 진지동굴	전쟁의 상흔이 남은 동굴	외륜 일제 동굴진지	알뜨르 비행장	일제	슬픈	의미(교육)공간	전문가적 비판	스산한	심리(감각)공간	오락적 실용	아름다운	미적(이상)공간	감성적 유토피아
158	자연자원	생태자원(자연동굴)	황금굴	거대한 제주 용암동굴	한림공원	황금색	천연기념물	시원한	심리(감각)공간	오락적 실용	어마어마한	심리(감각)공간	기능적 유희	신비로운	미적(이상)공간	감성적 유토피아
159	자연자원	생태자원(자연동굴)	황우지해안열두굴	보존가치가 우수한 동굴	태평양전쟁	역사	갱도해안동굴	슬픈	의미(교육)공간	전문가적 비판	아름다운	미적(이상)공간	감성적 유토피아	아픈	의미(교육)공간	비판적 유토피아
160	자연자원	생태자원(자연동굴)	빌레못동굴	세계에서 가장 긴 동굴	구석기시대	세계 최장 동굴	4.3사건	복잡한	정보(기술)공간	비교 비판	좁은	정보(기술)공간	합리적 실용	답답한	정보(기술)공간	비교 비판
161	자연자원	폭포/계곡/유원지	천지연폭포	하늘과 땅이 이룬 연못	테우	3대 폭포	물줄기	시원함	심리(감각)공간	오락적 실용	신비로움	미적(이상)공간	감성적 유토피아	환상적인	미적(이상)공간	감성적 유토피아
162	자연자원	폭포/계곡/유원지	돈내코	백중날의 문전성시	원앙폭포	용천수	숲	멋진	의미(교육)공간	전문가적 비판	시원한	심리(감각)공간	오락적 실용	선선한	심리(감각)공간	기능적 유희
163	자연자원	폭포/계곡/유원지	천제연폭포	옥황상제 선녀들의 이야기	제2폭포	옥황상제의 못	제주의 3대 폭포	시원한	심리(감각)공간	오락적 실용	거센	정보(기술)공간	비교 비판	맑은	정보(기술)공간	비교 비판
164	자연자원	폭포/계곡/유원지	소정방폭포	아담한 물줄기의 소리	정방폭포	올레 6코스	물맞이	멋진	의미(교육)공간	전문가적 비판	한적한	정보(기술)공간	비교 비판	친근한	미적(이상)공간	감성적 유토피아
165	자연자원	폭포/계곡/유원지	엉또폭포	사시사철 상록의 풍치	비	무인카페	폭포소리	웅장함	심리(감각)공간	오락적 실용	보람찬	미적(이상)공간	감성적 유토피아	고요함	정보(기술)공간	비교 비판
168	자연자원	폭포/계곡/유원지	무수천	근심을 해결해주는 냇가	광령계곡	암벽등반	산책로	아름다운	미적(이상)공간	감성적 유토피아	한가한	정보(기술)공간	비교 비판	고요한	정보(기술)공간	비교 비판

연번	대분류	중분류	항목명	항목 키워드	연상 어휘 (개념 1)	연상 어휘 (개념 2)	연상 어휘 (개념 3)	연상 어휘 (의미 1)	의미가치 영역 1	의미가치 영역 2	연상 어휘 (의미 2)	의미가치 영역 1	의미가치 영역 2	연상 어휘 (의미 3)	의미가치 영역 1	의미가치 영역 2
169	자연자원	폭포/계곡/유원지	강정천유원지	서귀포시 최남단 마을	은어(축제)	제주 식수	한라산 천연 암반수	아름다운	미적(이상)공간	감성적 유토피아	깨끗한	정보(기술)공간	비교 비판	수려한	정보(기술)공간	비교 비판
170	자연자원	경승지	쇠소깍	정적한 그곳	투명카약	테우(체험)	자연 풍경, 비경	맑은	정보(기술)공간	비교 비판	그림 같은	미적(이상)공간	예술적 유희	푸른	정보(기술)공간	합리적 실용
173	자연자원	경승지	용연	용이 놀던 호수	구름다리	청록색	절경	신비로운	미적(이상)공간	감성적 유토피아	멋진	의미(교육)공간	전문가적 비판	깨끗한	정보(기술)공간	비교 비판
174	자연자원	경승지	큰엉	때묻지 않은 남국의 해안절경	해안경승지	남원큰엉	산책	멋진	의미(교육)공간	전문가적 비판	아름다운	미적(이상)공간	감성적 유토피아	멋있는	의미(교육)공간	전문가적 비판
175	자연자원	경승지	쉬리의 언덕	「쉬리」의 마지막 장면	해안 언덕	조망	일출, 일몰	시원한	심리(감각)공간	오락적 실용	멋진	의미(교육)공간	전문가적 비판	아름다운	미적(이상)공간	감성적 유토피아
178	자연자원	경승지	절부암	비통한 여인의 눈물 어린 곳	전설	이야기	올레길 12, 13 코스 분기점	슬픈	의미(교육)공간	전문가적 비판	쓸쓸한	심리(감각)공간	기능적 유희	숙연한	의미(교육)공간	비판적 유토피아
179	자연자원	경승지	전망대	제주 절경을 한눈에	해녀박물관	–	–	멋진	의미(교육)공간	전문가적 비판	–	–	–	–	–	–
181	자연자원	경승지	5.16도로숲도로	제주와 서귀포의 만남	드라이브 코스	숲터널	제주 목장	우거진	정보(기술)공간	합리적 실용	아름다운	미적(이상)공간	감성적 유토피아	멋있는	의미(교육)공간	전문가적 비판
182	자연자원	경승지	구좌풍력발전기	삼다도의 매력	풍차	풍력발전 시범단지	하얀 풍차	멋진	의미(교육)공간	전문가적 비판	이국적인	정보(기술)공간	비교 비판	소박한	정보(기술)공간	비교 비판
184	자연자원	경승지	서귀포해양도립공원	아름다운 미항	일출, 일몰	경관	서귀포 칠십리 해안경승지	빼어난	의미(교육)공간	전문가적 비판	아름다운	미적(이상)공간	감성적 유토피아	웅장한	정보(기술)공간	비교 비판
188	자연자원	섬/등대	차귀도	빼어난 아름다움	배낚시	수월봉	해적잠수함	아름다운	미적(이상)공간	감성적 유토피아	한적한	정보(기술)공간	합리적 실용	멋진	의미(교육)공간	전문가적 비판
189	자연자원	섬/등대	섶섬	동식물의 보고	숲섬	파초일엽 자생지	스쿠버다이빙	아름다운	미적(이상)공간	감성적 유토피아	슬픈	의미(교육)공간	전문가적 비판	대단한	정보(기술)공간	비교 비판
190	자연자원	섬/등대	산지등대	궁금한 점이 많은 산지등대	야경	제주시 숨은 비경	타이타닉	동화 같은	미적(이상)공간	감성적 유토피아	아름다운	미적(이상)공간	감성적 유토피아	우아한	미적(이상)공간	예술적 유희
191	자연자원	섬/등대	토끼섬	토끼를 닮은 토끼섬	문주란 자생지	굴동포구	작은 섬	아름다운	미적(이상)공간	감성적 유토피아	은은한	미적(이상)공간	예술적 유희	토끼 같은	정보(기술)공간	비교 비판
192	자연자원	섬/등대	형제섬	생물들이 만드는 비경	주상절리 절경	무인도	산방산	예술적인	미적(이상)공간	예술적 유희	아름다운	미적(이상)공간	감성적 유토피아	멋진	의미(교육)공간	전문가적 비판
193	자연자원	섬/등대	범섬	신비함을 자아내는 섬	콧구멍 바위	해양스포츠	자연의 모습	멋진	의미(교육)공간	전문가적 비판	아름다운	미적(이상)공간	감성적 유토피아	신비로운	미적(이상)공간	감성적 유토피아
195	자연자원	섬/등대	문섬	서귀포항의 관문	스쿠버 다이빙	잠수함	산호	아름다운	미적(이상)공간	감성적 유토피아	찬란한	의미(교육)공간	비판적 유토피아	–	–	–
196	자연자원	섬/등대	서건도	제주판 모세의 기적	모세의 기적	썩은섬	올레 7코스	설레는	심리(감각)공간	오락적 실용	아름다운	미적(이상)공간	감성적 유토피아	맑은	정보(기술)공간	비교 비판
197	자연자원	해수욕장	협재해변	아름다운 백사장	옥색	에메랄드 빛	비양도	아름다운	미적(이상)공간	감성적 유토피아	맑은	정보(기술)공간	비교 비판	–	–	–
198	자연자원	해수욕장	금능 으뜸원 해변	환상적인 낙조	비양도	낙조	낮은 수심	수려한	정보(기술)공간	비교 비판	잔잔한	정보(기술)공간	합리적 실용	환상적인	미적(이상)공간	감성적 유토피아
199	자연자원	해수욕장	김녕성세기해변	사람들의 마음을 사로잡는 해변	푸른 하늘	제주도 최고의 해변	정자	환상적인	미적(이상)공간	감성적 유토피아	시원한	심리(감각)공간	오락적 실용	아름다운	미적(이상)공간	감성적 유토피아
200	자연자원	해수욕장	우도 산호해변	푸른빛이 감도는 산호해변	서빈백사	에메랄드색 바다	바다 색깔	맑은	정보(기술)공간	비교 비판	시원한	심리(감각)공간	오락적 실용	이국적인	정보(기술)공간	비교 비판
201	자연자원	해수욕장	화순 금모래 해변	동양의 산수화 한폭	모래 색	산방산	담수욕장	맑은	정보(기술)공간	비교 비판	투명한	정보(기술)공간	비교 비판	아름다운	미적(이상)공간	감성적 유토피아

연번	대분류	중분류	항목명	항목 키워드	연상 어휘 (개념 1)	연상 어휘 (개념 2)	연상 어휘 (개념 3)	연상 어휘 (의미 1)	의미가치 영역 1	의미가치 영역 2	연상 어휘 (의미 2)	의미가치 영역 1	의미가치 영역 2	연상 어휘 (의미 3)	의미가치 영역 1	의미가치 영역 2
202	자연자원	해수욕장	하고수동해변	푸른빛이 감도는 아름다운 해변	우도	싸이판 해변	에메랄드	깨끗한	정보(기술)공간	비교 비판	넓은	정보(기술)공간	합리적 실용	얕은	정보(기술)공간	비교 비판
203	자연자원	해수욕장	세화해변	물이 더럽지 않은 순정한 바다	물고기	풍경	등대	얕은	정보(기술)공간	비교 비판	깨끗한	정보(기술)공간	비교 비판	맑은	정보(기술)공간	비교 비판
204	자연자원	해수욕장	하도해변	물이 깨끗하고 백사장이 큰 편	캠핑	모래	해안도로	잔잔한	정보(기술)공간	합리적 실용	조용한	정보(기술)공간	비교 비판	아름다운	미적(이상)공간	감성적 유토피아
205	자연자원	해수욕장	검멀레해변	모래찜질을 겸한 해수욕	검은 모래사장	우도	풍경	푸른	정보(기술)공간	합리적 실용	검은	정보(기술)공간	합리적 실용	운치 있는	미적(이상)공간	예술적 유희
208	자연자원	자연휴양림/수목원	용두암 해수랜드	제주 최대 명품 해수랜드	숙박	찜질방	해수사우나	붐비는	정보(기술)공간	비교 비판	저렴한	정보(기술)공간	비교 비판	깔끔한	정보(기술)공간	비교 비판
209	자연자원	자연휴양림/수목원	한라생태숲	다양한 자연생태계의 자연현상	숲길	소풍	숫모르숲길	아름다운	미적(이상)공간	감성적 유토피아	싱그러운	심리(감각)공간	오락적 실용	편안한	미적(이상)공간	감성적 유토피아
210	자연자원	자연휴양림/수목원	걸매생태공원	인간과 자연이 공존하는 공간	산책로	천지연	생태관찰원	시원한	심리(감각)공간	오락적 실용	친숙한	미적(이상)공간	감성적 유토피아	익숙한	정보(기술)공간	비교 비판
211	인문자원	고택/생가/민속마을	이중섭 거주지	서귀포의 문화 예술의 중심	이중섭 생가	단칸방	피난생활	한적한	정보(기술)공간	합리적 실용	좁은	정보(기술)공간	합리적 실용	불우한	의미(교육)공간	전문가적 비판
212	인문자원	고택/생가/민속마을	송계순집터	추사가 대정에 와서 처음 머문곳	김정희 유배생활	—	—	답답한	정보(기술)공간	비교 비판	—	—	—	—	—	—
213	인문자원	전시/박물관/테마파크	이상한 나라의 앨리스	국내 최초 거울로 된 미로	체험	미스터리 미로공원	테마공원	신비로운	미적(이상)공간	감성적 유토피아	환상적인	미적(이상)공간	감성적 유토피아	즐거운	심리(감각)공간	기능적 유희
214	인문자원	전시/박물관/테마파크	소인국 테마파크	복합 문화적인 성격	가족 여행지	세계여행	수학여행	아이들이 좋아하는	의미(교육)공간	전문가적 비판	유명한	정보(기술)공간	비교 비판	섬세한	정보(기술)공간	비교 비판
215	인문자원	전시/박물관/테마파크	제주워터월드	제주를 대표하는 물놀이 공간	제주 유일의 실내워터 파크	물놀이	가족 여행지	시원한	심리(감각)공간	오락적 실용	재미있는	심리(감각)공간	기능적 유희	아이들이 좋아하는	의미(교육)공간	전문가적 비판
216	인문자원	전시/박물관/테마파크	조랑말체험공원	착하고 유쾌한 체험공간	승마체험	조랑말 체험 축제	가시리 마을	평화로운	의미(교육)공간	비판적 유토피아	친숙한	미적(이상)공간	감성적 유토피아	넓은	정보(기술)공간	합리적 실용
217	인문자원	전시/박물관/테마파크	제주허브동산	공해로부터의 진정한 일탈	향기	테마공원	허브, 야생화	편안한	미적(이상)공간	감성적 유토피아	은은한	미적(이상)공간	예술적 유희	여유로운	의미(교육)공간	비판적 유토피아
218	인문자원	전시/박물관/테마파크	여미지식물원	경이로운 자연의 세계	식물	실내	수학여행	다양한	정보(기술)공간	비교 비판	평범한	정보(기술)공간	비교 비판	아쉬운	정보(기술)공간	비교 비판
220	인문자원	전시/박물관/테마파크	도깨비공원	도깨비가 살 것 같은 곳	조형물 전시	체험	동심	아이들이 좋아하는	의미(교육)공간	전문가적 비판	익살스러운	심리(감각)공간	기능적 유희	거대한	정보(기술)공간	비교 비판
221	인문자원	전시/박물관/테마파크	카멜리아 힐	동백꽃이 피어 있는 그곳	동백수목원	산책	광고	한적한	정보(기술)공간	합리적 실용	신나는	심리(감각)공간	기능적 유희	아름다운	미적(이상)공간	감성적 유토피아
222	인문자원	전시/박물관/테마파크	제주아트랜드	세계최고수준의 초대형 분재공원	반달곰	가족여행 코스	분재공원	넓은	정보(기술)공간	합리적 실용	다양한	정보(기술)공간	비교 비판	아름다운	미적(이상)공간	감성적 유토피아
223	인문자원	전시/박물관/테마파크	코끼리랜드	새로운 볼거리와 즐길 거리	코끼리 트레킹	점보빌리지	공연	신기한	미적(이상)공간	감성적 유토피아	아이들이 좋아하는	의미(교육)공간	전문가적 비판	이국적인	정보(기술)공간	비교 비판
224	인문자원	전시/박물관/테마파크	북촌돌하르방공원	제주의 아름다움 상징	커플 관람	제주도 역사, 문화	조형물	푸른	정보(기술)공간	합리적 실용	다채로운	정보(기술)공간	비교 비판	개성 있는	의미(교육)공간	전문가적 비판
225	인문자원	전시/박물관/테마파크	사라봉공원	일몰이 아름답기로 유명	올레 18코스	사봉낙조	산책로	정겨운	미적(이상)공간	감성적 유토피아	넓은	정보(기술)공간	합리적 실용	다양한	정보(기술)공간	비교 비판
226	인문자원	전시/박물관/테마파크	노루생태관찰원	자연의 신비함을 만끽	먹이 주기	인공사육 관찰원	체험	신기한	미적(이상)공간	감성적 유토피아	신나는	심리(감각)공간	기능적 유희	친근한	미적(이상)공간	감성적 유토피아

연번	대분류	중분류	항목명	항목 키워드	연상 어휘 (개념 1)	연상 어휘 (개념 2)	연상 어휘 (개념 3)	연상 어휘 (의미 1)	의미가치 영역 1	의미가치 영역 2	연상 어휘 (의미 2)	의미가치 영역 1	의미가치 영역 2	연상 어휘 (의미 3)	의미가치 영역 1	의미가치 영역 2
227	인문자원	전시/박물관/테마파크	신산공원	88 서울올림픽 상징 공원	산책코스	휴식	조형물	여유로운	의미(교육)공간	비판적 유토피아	한산한	정보(기술)공간	비교 비판	아름다운	미적(이상)공간	감성적 유토피아
228	인문자원	전시/박물관/테마파크	명도암관광휴양목장	아름다운 초원의 추억	양떼 목장	풍차	초가집	자유로운	의미(교육)공간	비판적 유토피아	아기자기한	정보(기술)공간	비교 비판	이국적인	정보(기술)공간	비교 비판
229	인문자원	전시/박물관/테마파크	시와미로공원	돌담 미로공원	돌담 미로	시	현무암	여유로운	의미(교육)공간	비판적 유토피아	재미있는	심리(감각)공간	기능적 유희	정겨움	미적(이상)공간	감성적 유토피아
230	인문자원	전시/박물관/테마파크	금산자연농원	산교육의 장	체험프로그램	스타팜	귀농	교육적인	의미(교육)공간	비판적 유토피아	친환경적인	의미(교육)공간	전문가적 비판	소중한	미적(이상)공간	감성적 유토피아
231	인문자원	공연/행사장	제주서커스월드 공연장		오토바이 공연	중국서커스	신체 예술	진귀한	의미(교육)공간	비판적 유토피아	아슬아슬한	심리(감각)공간	오락적 실용	재미있는	심리(감각)공간	기능적 유희
232	인문자원	공연/행사장	제주드림랜드	성공적인 관광휴양목장	몽골리안 마상쇼			흥미로운	심리(감각)공간	기능적 유희	—	—	—	—	—	—
233	인문자원	공연/행사장	제주아트리움공연장		설문대 공연	제주설화	제주신화 공연	넓은	정보(기술)공간	합리적 실용	화려한	정보(기술)공간	비교 비판	전통적인	의미(교육)공간	비판적 유토피아
234	인문자원	공연/행사장	제주국제컨벤션센터	세계인의 만남	내국인 면세점	국제회의	중문관광단지	느긋한	심리(감각)공간	기능적 유희	멋진	의미(교육)공간	전문가적 비판	자랑스러운	의미(교육)공간	비판적 유토피아
235	인문자원	공연/행사장	제주아트센터	국내 최고 수준의 공연장	마음토크 콘서트	공연	콘서트	활기찬	정보(기술)공간	비교 비판	멋진	의미(교육)공간	전문가적 비판	열정적인	정보(기술)공간	비교 비판
237	인문자원	공연/행사장	제주문예회관	제주 문화 예술의 메카	공연	전시	조각	쾌적한	정보(기술)공간	비교 비판	여유로운	의미(교육)공간	비판적 유토피아	멋진	의미(교육)공간	전문가적 비판
238	인문자원	전시/박물관/테마파크	제주 세계자연유산센터	세계자연유산 제주를 직접 체험	거문오름	국제 트레킹	교육	멋있는	의미(교육)공간	전문가적 비판	자랑스러운	의미(교육)공간	비판적 유토피아	흥미로운	심리(감각)공간	기능적 유희
239	인문자원	전시/박물관/테마파크	제주돌문화공원	가장 제주다움을 간직한 곳	전설의 통로	돌문화 재현	제주도의 역사	엄청난	정보(기술)공간	비교 비판	흥미로운	심리(감각)공간	기능적 유희	특색있는	의미(교육)공간	전문가적 비판
240	인문자원	전시/박물관/테마파크	박물관은 살아있다	예술교육+테마체험	야간개장 관광지	그리스 신전	착시체험	신나는	심리(감각)공간	기능적 유희	이국적인	정보(기술)공간	비교 비판	재미있는	심리(감각)공간	기능적 유희
241	인문자원	전시/박물관/테마파크	믿거나말거나박물관	세계 최대의 박물관 체인	이색박물관	로버트 리플리	컬렉션	기발한	의미(교육)공간	전문가적 비판	다채로운	정보(기술)공간	비교 비판	기묘한	심리(감각)공간	기능적 유희
242	인문자원	전시/박물관/테마파크	프시케월드	멀티 테마파크	곤충	스토리	가족여행지	생생한	정보(기술)공간	비교 비판	신비한	미적(이상)공간	감성적 유토피아	이색 적인	정보(기술)공간	비교 비판
243	인문자원	전시/박물관/테마파크	제주도민속자연사박물관	제주 자연과 인문문화 한눈에	제주도의 역사	공항에서 가까움	단체 여행객	존경스러운	의미(교육)공간	비판적 유토피아	한산한	정보(기술)공간	비교 비판	의미 있는	의미(교육)공간	비판적 유토피아
245	인문자원	전시/박물관/테마파크	본태박물관	인류 공통의 아름다움 탐색	안도 타다오	작품	현대	아름다운	미적(이상)공간	감성적 유토피아	편안한	미적(이상)공간	감성적 유토피아	깔끔한	정보(기술)공간	비교 비판
246	인문자원	전시/박물관/테마파크	그리스 신화 박물관	새로운 예술 체험	그리스 신화	조각상	명화	재미있는	심리(감각)공간	기능적 유희	신비한	미적(이상)공간	감성적 유토피아	아이들이 좋아하는	의미(교육)공간	전문가적 비판
248	인문자원	전시/박물관/테마파크	하멜선상전시관	바타비아호를 모델로 재현	하멜표류기	용머리 해안	바타비아호	의미 있는	의미(교육)공간	비판적 유토피아	웅장한	정보(기술)공간	비교 비판	—	—	—
249	인문자원	전시/박물관/테마파크	제주공룡랜드	남녀노소 누구나 쉽게 교육	공룡동굴생태 체험관	공룡모형	쥐라기 공원	아이들이 좋아하는	의미(교육)공간	전문가적 비판	오래된	정보(기술)공간	비교 비판	재미있는	심리(감각)공간	기능적 유희
250	인문자원	전시/박물관/테마파크	금능석물원	제주생활의 모습들을 돌로 표현	장공익 석장	제주도의 생활상	돌조각 전시	재미있는	심리(감각)공간	기능적 유희	친근한	미적(이상)공간	감성적 유토피아	외국인이 좋아하는	의미(교육)공간	전문가적 비판
251	인문자원	전시/박물관/테마파크	제주항일기념관	애국, 애향정신 함양 교육의 장	애국선열 충혼탑	독립유공자비	독립운동	적막한	정보(기술)공간	비교 비판	숭고한	의미(교육)공간	비판적 유토피아	가슴 아픈	의미(교육)공간	비판적 유토피아

연번	대분류	중분류	항목명	항목 키워드	연상 어휘 (개념 1)	연상 어휘 (개념 2)	연상 어휘 (개념 3)	연상 어휘 (의미 1)	의미가치 영역 1	의미가치 영역 2	연상 어휘 (의미 2)	의미가치 영역 1	의미가치 영역 2	연상 어휘 (의미 3)	의미가치 영역 1	의미가치 영역 2
252	인문자원	전시/박물관/테마파크	선녀와나무꾼 테마공원	잊혀가는 옛 모습	과거의 모습 재현	추억	가족여행지	흥미로운	심리(감각)공간	기능적 유희	정겨운	미적(이상)공간	감성적 유토피아	재미있는	심리(감각)공간	기능적 유희
254	인문자원	전시/박물관/테마파크	레오나르도 다빈치 과학박물관	레오나르도 다빈치 과학박물관	모나리자	다빈치 발명품	가족여행지	교육적인	의미(교육)공간	비판적 유토피아	창의적인	의미(교육)공간	전문가적 비판	놀라운	정보(기술)공간	비교 비판
255	인문자원	전시/박물관/테마파크	서귀포감귤박물관	제주감귤의 본고장	감귤의 발전과정	식물원	전시	즐거운	심리(감각)공간	기능적 유희	이국적인	정보(기술)공간	비교 비판	교육적인	의미(교육)공간	비판적 유토피아
257	인문자원	전시/박물관/테마파크	제주해녀박물관	해녀문화를 새롭게 평가	해녀의 역사	제주 전통문화	제주의 풍습	이색적인	정보(기술)공간	비교 비판	아이들이 좋아하는	의미(교육)공간	전문가적 비판	교육적인	의미(교육)공간	비판적 유토피아
258	인문자원	전시/박물관/테마파크	방림원	제주의 멋을 그대로 살린 곳	야생화 박물관	산책	자생식물	생기 넘치는	의미(교육)공간	비판적 유토피아	행복한	미적(이상)공간	감성적 유토피아	이색적인	정보(기술)공간	비교 비판
259	인문자원	전시/박물관/테마파크	평화박물관	고통과 한이 서려 있는 곳	전쟁과 평화	근대문화유산 등록문화재	가마오름	의미 있는	의미(교육)공간	비판적 유토피아	생생한	정보(기술)공간	비교 비판	뭉클한	심리(감각)공간	오락적 실용
260	인문자원	전시/박물관/테마파크	네덜란드 엿보기 전시관	'하멜'의 기념비	체험	히딩크	하멜상선	이색적인	정보(기술)공간	비교 비판	이국적인	정보(기술)공간	비교 비판	세세한	정보(기술)공간	비교 비판
261	인문자원	전시/박물관/테마파크	한국야구 명예의 전당	스포츠에 대한 전반적인 정보	이광환	국내외 야구 자료	추억	평범한	정보(기술)공간	비교 비판	–	–	–	–	–	–
262	인문자원	전시/박물관/테마파크	제주돌마을공원	제주돌의 우수성	수석 박물관	한라산 닮은 돌	용암이 지나간 길	인상적인	미적(이상)공간	예술적 유희	아담한	정보(기술)공간	비교 비판	신기한	미적(이상)공간	감성적 유토피아
263	인문자원	전시/박물관/테마파크	정석항공관	미래항공의 메카	대한항공 역사	비행기 내부	비행기 모형	신기한	미적(이상)공간	감성적 유토피아	한적한	정보(기술)공간	합리적 실용	조용한	정보(기술)공간	비교 비판
264	인문자원	전시/박물관/테마파크	서복전시관	설화를 관광자원으로 개발	불로초	정원	산책	신비로운	미적(이상)공간	감성적 유토피아	멋진	의미(교육)공간	전문가적 비판	이국적인	정보(기술)공간	비교 비판
265	인문자원	전시/박물관/테마파크	제주국제평화센터	평화의 섬 상징시설물로 건립	밀랍인형 전시관	유명인	평화의 상징	섬세한	정보(기술)공간	비교 비판	생생한	정보(기술)공간	비교 비판	깔끔한	정보(기술)공간	비교 비판
266	인문자원	전시/박물관/테마파크	제주도예원	제주산 옹기를 만드는 곳	석요	천연 도기	제주 전통 옹지	생명력 넘치는	의미(교육)공간	비판적 유토피아	독특한	의미(교육)공간	전문가적 비판	놀라운	정보(기술)공간	비교 비판
267	인문자원	전시/박물관/테마파크	서귀포시립기당 미술관	세계속의 제주를 선보이는 곳	강구범 선생	최초의 시립 미술관	현대미술작품	독특한	의미(교육)공간	전문가적 비판	–	–	–	–	–	–
268	인문자원	전시/박물관/테마파크	서귀포천문과학 문화관	도내 최초의 천문우주관련 과학관	별 관측	체험	교육	교육적인	의미(교육)공간	비판적 유토피아	아이들이 좋아하는	의미(교육)공간	전문가적 비판	색다른	의미(교육)공간	전문가적 비판
269	인문자원	전시/박물관/테마파크	제주화석박물관	지구 과거로의 여행	체험	지구환경 이해	지구의 역사	교육적인	의미(교육)공간	비판적 유토피아	–	–	–	–	–	–
270	인문자원	전시/박물관/테마파크	소암기념관	현중화 선생의 삶과 예술을 조명	소암 현중화	작가의 산책길	현중화 선생의 업적	열정적인	정보(기술)공간	비교 비판	외로운	미적(이상)공간	감성적 유토피아	신기한	미적(이상)공간	감성적 유토피아
271	인문자원	전시/박물관/테마파크	(주)봉황 솟대 박물관	전통문화의 아름다움을 만끽	솟대 만들기 체험	제주 솟대	전통문화	소박한	정보(기술)공간	비교 비판	수수한	정보(기술)공간	비교 비판	아름다움	미적(이상)공간	감성적 유토피아
273	인문자원	전시/박물관/테마파크	탈과 도깨비 박물관	어린이들의 인성(人性) 교육	이야기	제주 가면		반가운	심리(감각)공간	기능적 유희	색다른	의미(교육)공간	전문가적 비판	유익한	의미(교육)공간	비판적 유토피아
275	인문자원	전시/박물관/테마파크	세계조가비박물관	세계최초 조가비아트 뮤지엄	아트 체험	진주조개	제주도 조개	놀라운	정보(기술)공간	비교 비판	기발한	의미(교육)공간	전문가적 비판	세련된	의미(교육)공간	전문가적 비판
276	인문자원	전시/박물관/테마파크	제주도립미술관	제주의 혼, 그 정신	노출 콘크리트	세계 미술거장	건축물	아름다운	미적(이상)공간	감성적 유토피아	현대적인	미적(이상)공간	예술적 유희	–	–	–
277	인문자원	전시/박물관/테마파크	제주옹기박물관	대표적인 제주옹기 집산지	항아리	예술	대정	고풍스러움	미적(이상)공간	예술적 유희	아름다움	미적(이상)공간	감성적 유토피아	정겨움	미적(이상)공간	감성적 유토피아

참고문헌

강상대(2007),「도시 정체성 구현을 위한 스토리텔링 적용 시론: 천안시를 중심으로」,『인문콘텐츠』10, 인문콘텐츠학회.

강숙희(2007),「디지털 스토리텔링을 이용한 독서지도 방안 연구」,『한국문헌정보학회지』41-1, 한국문헌정보학회.

권혁일(2008),「디지털 스토리텔링이 초등학생의 수학 학업성취도 및 태도에 미치는 효과」,『교육과학연구』39-34, 이화여자대학교 교육과학연구소.

김광욱(2008),「스토리텔링의 개념」,『겨레어문학』41, 겨레어문학회.

김만수 · 육상효(2010),「협업적 디지털 스토리텔링 구축을 위한 인문학적 이론 토대」,『한국문학이론과 비평』14-1, 한국문학이론과 비평학회.

김성도(2007),「도시 브랜딩의 기호학적 접근」,『텍스트언어학』23집, 텍스트언어학회.

______(2014),『도시인간학』, 한국출판사.

김성도 · 다나카 준(2008),『도시공간의 인문학적 성찰』, 에피스테메(창간호).

김성도 · 박여성 · 최용호 외(2004),『유럽 주요국가의 LG 브랜드 인지도 조사』(LG 보고서).

김영순(2011a),「공간 텍스트의 사회문화적 재구성과 공간 스토리텔링」,『인문콘텐츠』19, 인문콘텐츠학회.

______(2011b),『스토리텔링의 사회문화적 확장과 변용』, 북코리아.

______(2011c),『지역문화 콘텐츠와 스토리텔링: 검단의 기억과 이야기』, 북코리아.

김영순 · 박여성 · 오장근 · 임지혜(2013),『제주도 문화자원의 종합적 스토리텔링화 방안』, 제주발전연구원.

김영순 · 임지혜(2008),「텍스트로서 '춘천'의 공간 스토리텔링 전략: 여가도시로서의 의미화를 중심으로」,『언어과학연구』44, 언어과학회.

김영순 · 정미강(2007),「한국문화교육을 위한 '은율탈춤' 스토리텔링 교수법」,『언어와 문화』, 한국언어문화교육학회.

김영주 외(2006),『BI-뮤지엄 스토리텔링 방법론. SKT 뮤지엄 스토리텔링 제작 사례를 중심으로』. 차세대 스토리텔링연구 01. 이화여대 대학원 디지털미디어 학부.

김영주(2008),「국어교육, 전래동화 스토리텔링을 활용한 한국어교육 방안: 다문화 및 재외동포 가정 아동을 대상으로」,『새국어교육』80, 한국국어교육학회.

김왕배 · 박세훈 역(1996),『자본주의 도시와 근대성』, 한울.

김은희(2001), 생태학적 접근에 따른 건축공간구성에 관한 연구, 홍익대학교 산업미술대학원 석사학위논문.

김재춘 · 배지현(2009), 「의미생성 활동으로서의 스토리텔링의 교육적 함의」, 『초등교육연구』 22, 한국초등교육학회.

김정희(2007), 「멜로영화 콘텐츠의 스토리텔링 전략 분석」, 『인문콘텐츠』 10, 인문콘텐츠학회.

김종태(2010), 「박찬욱 감독의 〈올드 보이〉에 나타난 스토리텔링 전략 연구」, 『돈암어문학』 23, 돈암어문학회.

김철수(2006), 『도시공간의 이해』, 기문당.

김한도(2007), 「제주도 박물관의 특성변화와 지역관광개발」, 『지리학논총』 50, 서울대 국토문제 연구소.

김해영(2009), 「연변조선족자치주 민족사교육과 디지털 스토리텔링의 적용」, 『北韓敎育硏究』 19-3, 한국비교교육학회.

노재현(2009), 「〈이산구곡가〉를 활용한 《마이승경》의 스토리텔링 전략」, 『한국전통조경학회지』 27-1, 한국전통조경학회.

류철균 · 윤현정(2008), 『가상세계 스토리텔링의 이론』. 디지털스토리텔링 03.

문화체육관광부(2012), 『녹색관광 발전전략 수립』.

바르트, R.(1970/1997), 『기호의 제국』, 김주환/한은정 옮김, 1997, 민음사. Barthes, R. Das Reich der Zeichen(M. Bischoff), Suhrkamp(L'empire des signes 독일어판 1981).

박기수(2006), 『스토리텔링의 이해』(온라인 강의록). KOCCA.

______(2011), 「소설 〈해리포터 시리즈〉 스토리텔링 전략 연구」, 『한국언어문화』 42, 한국언어문화학회.

박동숙 · 전경란(2001), 「상호작용 내러티브로서의 컴퓨터 게임 텍스트에 대한 연구」, 『韓國言論學報』 45-3, 한국언론학회.

박성수 · 이희승(2007), 「영화 〈형사〉에 이입된 타매체적 특성을 통한 상호매체성에 관한 고찰」, 『언론과학연구』 7-2, 한국지역언론학회.

박여성(2005), 「브랜드 기호학의 체계이론적 정초」, 『기호학연구』 17, 한국기호학회.

______(2007a), 「구성주의 미디어기호학을 위한 학제적 연구」, 『텍스트언어학』 22, 텍스트언어학회.

______(2007b), 「기호학적 공해. 생태기호학을 위한 예비고찰」, 『기호학연구』 21, 한국기호학회.

______(2007c), 「베를린 슈프레보겐의 통시기호학」, 『기호학연구』 22, 한국기호학회.

______(2008), 「도시기호학을 위한 다섯 가지 쟁점」, 『영상문화』 13, 영상문화학회.

______(2014), 『응용 문화기호학 - 몸, 매체 그리고 공간』, 북코리아.

백승국(2004), 『문화콘텐츠와 문화기호학』, 다할미디어.

백승국 · 유동환(2007), 「테마파크 기획을 위한 공간기호학의 방법론 연구」. 『기호학 연구』 23, 한국기호학회.

서성은(2011), 「크로스미디어 스토리텔링의 온라인 구전 양상」, 『한국콘텐츠학회논문지』 11-1, 한국콘텐츠학회.

성민경 · 김종기(2002), 「스토리텔링 기법을 적용한 영화 Opening Title 표현에 관한 연구」, 『디자인학연구』 46, 한국디자인학회.

셈프리니, A. (2004), 『브랜드』(A. Semprini, La Marque[2001] 한국어판, 이은령 옮김) 커뮤니케이션북스.

신경숙 · 김지혜(2008), 「고전 소스의 스토리텔링 기법 연구」, 『漢城語文學』 27, 한성대학교 한성어문학회.

신광철(2008), 「기억의 환기, 재현, 재구축-도시 역사문화박물관과 이미지투르기」, 『영상문화』 13, 영상문화학회, pp. 83-96.

앤홀트, S. (2003), 『국가 브랜드-국가 이미지』(S. Anholt, Brand New Justice. The Upside of Global Branding [2003]의 한국어판, 이유경 옮김), 커뮤니케이션북스.

오장근(2006a), 「문화콘텐츠 분석을 위한 인문학적 분석도구: 텍스트-기호학 기반의 문화연구를 위하여」, 『언어과학연구』 38, 언어과학회.

_____(2009), 「도시 공간 '청계천'의 서사성과 문화정체성: 도시 공간 '서울'의 분석을 위한 인문학적 접근」, 『기호학연구』 25, 한국기호학회.

_____(2009), 「도시 공간 '청계천'의 서사성과 문화정체성-도시 공간 '서울'의 분석을 위한 인문학적 접근」, 『기호학연구』 25, 한국기호학회.

_____(2010), 「텍스트언어학 기반의 도시 이미지 분석 연구: 독일 베를린시의 홍보동영상 분석을 예로 하여」, 『텍스트언어학』 28, 한국텍스트언어학회.

_____(2011), 「공간 디자인을 향한 인문학의 시선: 광주 <충장로>를 중심으로」. 『영상 문화』 17, 한국영상문화학회.

오장근 · 김영순 · 백승국(2006b), 『텍스트학과 문화콘텐츠』, 한국문화사.

윤용택 외(2012), 『학문 융복합의 선구자 석주명』. 제주대 탐라문화연구소.

윤용택 외(2013), 『제주와 오키나와』. 제주대 탐라문화연구소.

이무용(2005), 『공간의 문화정치학』, 논형.

이용욱 · 김인규(2010), 「게임스토리텔링의 재미요소와 기제분석에 대한 기초 연구」, 『인문콘텐츠』 18, 인문콘텐츠학회.

이인화 · 고욱(2003), 『디지털 스토리텔링』. 황금가지.

장미영(2004), 「소설의 문화원형콘텐츠화 방안」, 『한국문학이론과 비평』 24, 한국문학이론과 비평학회.

전명숙(2007), 「스토리텔링을 활용한 관광 콘텐츠 사례연구」, 『한국콘텐츠학회 추계종합학술대회』 5-1, 한국콘텐츠학회.

전형연(2004), 「기호학적 포지셔닝을 통한 명품 브랜드의 정체성 유형 연구」, 『기호학연구』 16, 한국기호학회.

제주관광공사(2012), 『제주 하늘과 바다가 사랑한 섬』.

제주대학교 스토리텔링 연구개발센터(2013a), 『제주 유배길을 걷다』. 디자인키.

———(2013b), 『광해, 유배 길을 걷다』. 디자인키.

———(2013c), 『신선 찾아 방선문 가는 숲길』. 디자인키.

제주대학교 스토리텔링학과(2009), 『아미의 꿈』(아코디언 북). 한국과학창의재단.

———(2010), 『제주도 지질공원 이야기』(스토리북). 한국과학창의재단/넥슨.

제주특별자치도 문화정책과(2010), 『제주도 지질공원(영문판: Jeju Island Geopark)』.

최성실(2010), 「동아시아 담론과 문화 스토리텔링의 가능성: 전쟁과 색슈얼리티 표상 문제를 중심으로」, 『아시아문화연구』 20, 경원대학교 아시아문화연구소.

최용호(2004), 『텍스트의미론 강의』. 인간사랑.

최인호(2008), 「대중문화콘텐츠를 활용한 관광지 스토리텔링」, 『한국콘텐츠학회논문지』 8-12, 한국콘텐츠학회.

최혜실(2004), 「문학의 인력양성: 스토리텔링과 문화콘텐츠산업」, 『한국문화예술위원회 연구보고서』, 한국문화예술위원회.

———(2009), 「문학, 문화산업, 문학교육의 연결고리로서의 스토리텔링」, 『문학교육학』 29, 한국문학교육학회.

한명희(2008), 「현대문학사의 복원-문학사 밖의 문인들: 김유정 문학의 OSMU와 스토리텔링」, 『한국문예비평연구』 27, 한국현대문예비평학회.

한혜원(2007), 「디지털 스토리텔링의 현황 및 활용방안 연구」, 『한국언어문화』 32, 한국언어문화학회.

홍정순(2011), 『제주관광의 고부가가치화를 위한 스토리텔링 활성화 방안』, 제주발전연구원.

황성윤 · 이경훈 · 김용성(2002), 「Storytelling에 의한 디지털 공간구성방법에 관한 연구」, 『학술발표대회 논문집-계획계/구조계』 22-2, 대한건축학회.

Anholt, S. (2005), *How the World sees the World.* http://www.gmi-mir.com.

Aug', M. (1995), *Non-Places. Introduction to an Anthropology of Supermodernity. Verso: London. (Non-Lieux, Introduction a une anthropologie de la surmodernité*의 영어판. J. Howe) 독일어판, M. Bischoff. Orte und Nicht-Orte. Vorüberlegungen zu einer Ethnologie der Einsamkeit. Fischer 1994.

Barthes, R. (1969). "Rhetorik des Bildes", *Der französische Strukturalismus*, Hamburg, 158-166.

Barthes, Roland: Eléments de sémiologie. Paris: Seuil 1964 (dr.: Elemente der Semiologie. Frankfurt a. M.: Syndikat 1979).

Barthes, Roland: Le degré zéro de l'écriture. Paris: Seuil 1953 (dt.: Am Nullpunkt der Literatur. Frankfurt a. M.: Suhrkamp 1982)

Bourdieu, Pierre: Zur Soziologie der symbolischen Formen. Frankfurt a. M.: Suhrkamp 1970.

Brinker, K. (1988), *Linguistische Textanalyse. Eine Einführung in Grundbegriffe und Methoden.* 2.

Aufl. Berlin.

Cassirer, Ernst A.: Philosophie der symbolischen Formen. 3 Bde. Berlin: Bruno Cassirer 1923–29.

Damir–Gelisdorf, S./Hendrich, B. (2005), Orientierungsleistungen räumlicher Strukturen und Erinnerung. Heuristische Potenziale eine Verknüpfung der Konzepte Raum, mental maps und Erinnerung. In: Damir–Gelisdorf, Sabine et ali. 2005.

Damir–Gelisdorf, Sabine et ali. (2005), *Mental Maps–Raum–Erinnerung: Kulturwissen schaftliche Zugänge zum Verhältnis von Raum und Erinnerung*, Hamburg/Münster. LIT.

Deely, John N.: Basics of Semiotics. Bloomington: Indiana UP 1990.

Eco, Umberto: A Theory of Semiotics. Bloomington: Indiana UP 1976 (dt.: Semiotik. Entwurf einer Theorie der Zeichen. München: Fink 1987).

Genske, D. & E. Hess–Lüttich (2004), *Wo steht das Kanzleramt? Der Spreebogen–Eine raumzeitliche Spurensuche*. Berlin. Berlin Edition.

Goodman, Nelson: Languages of Art. An Approach to a Theorz of Symbols. Indianapolis: Bobbs–Merrill 1968 (dt.: Sprachen der Kunst. Frankfurt a. M.: Suhrkamp 1973 bzw. 1997).

Greimas, Algirdas J. (1971), *Strukturale Semantik. Methodologische Untersuchungen*. Autori. Übersetzung aus dem Französischen von Jens Ihwe(1966). Braunschweg.

Hellmann, K.–Uwe/Zurstiege, G. (2008 hg.), *Räume des Konsums*. VS–Verlag. Wies baden.

Jakobson, Roman(1988): Coup d'oeil sur le développment de la sémiotique. Bloomington: Indiana UP 1975 (dt.: "Ein Blick auf die Entwicklung der Semiotik." In: Roman Jakobson: Semiotik. Ausgewählte Texte 1919–1982. Hg. Elmar Holenstein, Frankfurt a. M.: Suhrkamp 1988, S. 108–138).

Johansen, Jørgen D./Larsen, Svend E.(2002): Signs in Use. An Introduction to Semiotis. London: Routledge 2002.

Keller, Rudi/Lüdtke, Helmut(1997): "Kodewandel." In: Posner/Roberling/Sebeok 1997–2003, Bd. 1 1997, S. 414–435.

Kim, Seok–cheol. (2006), Was hat die Restaurierung des Cheonggyecheon – Flusses gebracht? In: *Koreana, Koreanische Kunst und Kultur*, Jahrgang 1, Nr. 3, Herbst 2006. The Korea Foundation.

Krampen, Martin et al. (Hg.): Die Welt als Zeichen. Klassiker der modernen Semiotiker. Berlin: Severin und Siedler 1981.

Leach, Edmund R.(1978): Culture and Communication. The Logic by which Symbols are Connected. Cambridge: Cambridge UP (dt.: Kultur und Kommunikation. Zur Logik symbolischer Zusammenhänge. Frankfurt a. M.: Suhrkamp 1978).

Lévi-Strauss, Claude(1977): *Anthropologie structurale*. Paris: Plon 1958 (dt.: Strukturale Anthropologie. 2 Bde. Frankfurt a. M.: Suhrkamp 1977).

Lotman, Jurij M.(1990): "Über die Semiosphäre." In: Zeitschrift für Semiotik 12,4 (1990), S. 287-305.

LyNCh, Kevin. (1960), *The Image of the City*, The M.I.T. Press.

Moore, Jerry D.(1997): Visions of Culture. An Introduction to Anthropological Theories and Theorists. Walnut Creek: Alta Mira Press.

Morris, Charles W.(1972): Foundations of the Theory of Signs. Chicago: The University of Chicago Press 1938 (dt.: Grundlagen der Zeichentheorie. München Hanser).

Müller, Jürgen E.(1996): Intermedialität. Formen moderner kultureller Komminikation. Münster: Nodus.

Nöth, Winfred(2000/1985): Handbuch der Semiotik. Stuttgart: Metzler.

Oldenburg, R. (1991), *The Great Good Place*. New York.

Park, yo-song. (2009), Bord-Kommunikation als ein interkulturelles Thema für Country-Branding. Eine textsemiotische Analyse am Beispiel von Lufthansa Flugmagazin. Energeia 34. Arbeitskreis für deutsche Grammatik. Tokyo, Japan.

Park, yo-song/R. Posner. (2007), Zeitgenössische koreanische Semiotik. In: *Zeitschrift für Semiotik* 29.

Posner, Roland/Reinecke, Hans-Peter (Hg.)(1977): Zeichenprozesse. Semiotische Forschung in den Einzelwissenschaften. Wiesbaden: Athenaion.

Posner, Roland/Robering, Klaus/Sebeok, Thomas A. (Hg.): Semiotik. Ein Handbuch zu den zeichentheoretischen Grundlagen von natur und Kultur. 3 Bde. Berlin/New York: Walter de Gruyter Bd. 1 1977; Bd. 2 1998; Bd. 3 2003.

Posner, Roland: "Im Zeichen der Zeichen. Sprache als semiotisches System(2001)." In: Oswald Panagl/Hans Goebl/Emil Brix (Hg.): Der Mensch und seine Sprache(n). Wien: Böhlau 2001, S. 77-107.

Posner, Roland: "Kultur als Zeichensystem. Zur semiotischen Explikation kulturwissenschaftlicher Grundbegriffe." In: Aleida Assmann/Dietrich Harth (Hg.): Kultur als Lebenswelt und Monument. Frankfurt a. M.: Fischer 1991, S. 37-74.

Schörich, Gerhard(1999): Semiotik zur Einführung. Hamburg: Junius.

van Dijk, A. (1980), *Textwissenschaft. Eine interdisziplinäre Einleitung*. DTV. Tübingen.

Vivelo, Frank R. Ö Cultural Anthropology Handook. A Basic Introduction(1978/1981). New

York: McGraw-Hill 1978 (dt.: Handbuch der Kulturanthropologie. Eine grundlegende Einführung. Stuttgart: Klett-Cotta 1981).

순천만국제정원박람회 홈페이지(http://www.2013expo.or.kr/).

제주특별자치도 관광정보 홈페이지(http://www.jejutour.go.kr).

통계청 홈페이지(http://kostat.go.kr/).

함평나비축제 홈페이지(http://www.hampyeong.go.kr/).

찾아보기

ㄱ

ㅊ

ㅋ

ㅌ

저자소개

김영순(金永洵) kimysoon@inha.ac.kr

1965년 9월 20일 강원도 양구 출생. 중앙대학교에서 문학사, 문학 석사를 받았으며, 정교사 2급 자격증을 취득했다. 해병대 및 해군부대 교육장교를 거쳐 국비장학생으로 독일 베를린에서 수학하였다. 베를린공대 문화기호학 전문석사, 베를린자유대 문화학 박사를 거쳐 조선대 연구교수, 경북대 연구교수, 교육인적자원부 학술연구교수를 역임하였다. 지금은 인하대학교 사범대학 사회교육과 교수로 재직하며 지역문화탐구, 문화변동론, 다문화교육론 등을 강의하고 있다. 아울러 인천다문화교육연구센터와 아시아다문화융합연구소 소장으로 봉사하고 있으며, 문화기호학자로서, 지역문화연구자로서 소명을 다하고자 노력하고 있다. 주요 논저로는 『미디어와 문화교육』, 『신체언어 커뮤니케이션의 기호학』 등 3권의 저서와 『기호학으로 세상 읽기』, 『대중문화 낯설게 읽기』, 『인문학과 문화콘텐츠』, 『다문화교육의 이해』, 『지역문화 콘텐츠와 스토리텔링』, 『스토리텔링의 사회문화적 확장과 변용』 등 40여 권의 공저, 「결혼이주여성의 자기문화 스토리텔링 활용 표현교육 사례 연구」를 비롯한 100여 편의 논문이 있다.

박여성(朴麗城) pys1006@jejunu.ac.kr

1961년 1월 2일 서울 출생. 고려대학교 독문과 및 대학원을 졸업하였으며, 독일 뮌스터 대학교에서 언어학 · 철학 · 독문학을 수학하고 1994년 언어학 박사학위 취득하였다. 뮌스터 대학교 커뮤니케이션학부 초빙교수를 지냈으며, 현재 제주대학교 인문대학 독일학과 · 사회교육대학원 스토리텔링학과 교수이자 한국기호학회 회장직을 맡고 있다. 『Sign Culture/Zeichen Kultur』, 『Gastrologie』, 『월경(越境)하는 지식의 모험자들』, 『한국 텍스트과학의 제 과제』, 『기호학으로 세상 읽기』, 『기호 · 철학 그리고 예술』, 『책으로 읽는 21세기』, 『텍스트언어학의 이해』, 『신(新)지식의 최전선』, 『기능주의 번역의 이론과 실제』, 『응용 문화기호학』을 저술했으며, 『구성주의』, 『미디어인식론』, 『궁정사회』, 『리처드 로티』, 『칸트와 오리너구리』, 『구성주의 문학체계이론』, 『예술체계이론』, 『사회의 교육체계』를 번역했다. 국내 여러 대학을 비롯하여 독일, 스위스, 프랑스, 일본, 중국 등 여러 나라에서 초청 강연을 했으며, 개념사 · 기호학 · 매체학 · 체계이론 · 텍스트언어학에 관한 여러 논고를 썼다. 연구의 스펙트럼을 니클라스 루만의 체계이론과 지크프리트 슈미트의 구성주의 매체이론으로 넓히고 있으며, 사회학자들과 공동으로 『루만 사전』(*Luhmann Handbuch 2012*, Metzler)의 번역을 진행하고 있다.

오장근(吳長根) domplatz@mokpo.ac.kr

1964년 11월 5일 경기도 평택 출생. 고려대학교에서 문학사와 문학 석사학위를, 독일 뮌스터 대학(Westfälische Wilhelms Universität Münster)에서 광고텍스트학으로 언어학 박사 학위를 받았다. 문화콘텐츠 분석가이자 언어학자이며, 국립목포대학교 독일언어문화학과 교수로 재직 중이다. 현재는 문화기호학과 텍스트학을 기반으로 한 문화연구와 미디어 분석 영역에서 학문적 성과를 보이고 있다. 한국국제문화교류학회 부회장, 한국독일언어문학회 총무이사, 한국기호학회 편집위원, 한국영상문화학회 상임이사 등으로 활동하고 있다. 공저로 『광고텍스트 읽기의 즐거움』, 『텍스트와 문화콘텐츠』, 『문화경영의 33가지 핵심코드』, 『문화산업과 문화콘텐츠』 등 다수가 있으며, 논문으로는 「이미지의 텍스트성에 대하여」, 「아담의 손가락-미켈란젤로 천지창조 중 〈아담의 창조〉에 대한 기호학적 주석」, 「장예모 필모그래피의 기호학적 분석을 통한 신화 읽기」 등 다수의 연구논문이 있다.

임지혜(任智慧) nothinger1137@gmail.com

1983년 11월 23일 경기도 오산 출생. 인하대학교에서 「마을문화콘텐츠의 기호학적 해석 모델에 관한 연구」라는 논문으로 박사학위를 받았고, 현재 인하대학교 교육연구소 전임연구원으로 재직 중이다. 관심 분야는 다문화사회에서 마을문화의 현대적 변용(사례)과 그것의 형성 과정 및 사회적 함의에 있으며, 주요 논문으로는 「미디어 이용 실태와 문화적응에 관한 연구」, 「도시와 생태공간의 어울림: 인천 논현지구의 퍼스 기호학적 해석」, 「디지털 마을지 제작 과정에 관한 연구」, 「지역 기반 다문화 체험교육의 의미와 실제」, 「상호문화학습으로서 다문화 멘토링의 경험과 의미」 등이 있다.